나의 첫 스승이자 멘토이자 할아버지였던
엘버트 넬슨 더밋께
이 책을 바칩니다.

# DIVIDENDS STILL DON'T LIE

The Truth About Investing in Blue Chip Stocks
and Winning in the Stock Market(9780470581568) by Kelley Wright

40년간 증명된 배당가치 투자전략

# 배당은 거짓말하지 않는다

## Dividends Still Don't Lie

켈리 라이트 지음 | 서정아 옮김

국일 증권경제연구소

　나는 켈리 라이트가 집필한 신간을 소개하게 되어 무척 기쁘다. 이 책은 '배당 가치 투자 전략'을 통해, 주식 시장에서 자본과 소득을 평생에 걸쳐 성장시키는 방법을 다룬다.

　배당 가치 투자 전략은 1966년, 당시로서는 신생 투자 자문사이자 소식지였던 「인베스트먼트 퀄리티 트렌드」를 통해 처음 발표되었다. 그로부터 43년이 흐르는 동안 세 권의 책이 출간되었고, 오늘날까지도 「인베스트먼트 퀄리티 트렌드」는 엄선된 블루칩 배당주에 투자함으로써 주식 시장에서 성공할 수 있는 길을 제시해왔다. 더 나아가 어떤 주식이 저평가되어 매수할 만한지, 또 언제 고평가되어 매도해야 하는지를 판단하는 데에도 실질적인 기준을 제공한다.

　주식 시장에서 투자 결정을 내릴 때 '가치'의 중요성은 아무리 강조해도 지나치지 않다. 투자자가 자본을 위험에 노출시키면서까지 투자에 나서는 가장 큰 이유는 그에 상응하는 보상을 얻기 위해서다. 부동산 시장에서는 임대료가, 금융 시장에서는 이자가 그 보상에 해당한다. 그리고 주식 시장에서 그 역할을 하는 것이 바로 '현금 배당'이다.

주식을 고르는 과정에서 배당의 중요성을 외면한다면, 그는 투자자라기보다 투기꾼에 가깝다. 투기꾼은 주가 상승이라는 결과로 보상받기를 기대한다. 반면 투자자는 '배당주 역시 결국 상승한다'는 사실을 이해한다. 무엇보다 배당주 투자자는 주가가 오를 때까지 기다리는 동안에도 배당금이라는 실질적인 보상을 받는다. 그들은 "손안의 새 한 마리가 숲속의 새 두 마리보다 낫다"는 오래된 격언을 믿는다.

주식 투자자들이 배당을 지급하는 기업에 끌리는 것은 부인하기 어렵다. 배당주 투자자들은 자신도 모르는 사이, 종목별로 과거의 '높은 배당수익률'과 '낮은 배당수익률'이라는 양 극단을 기준으로 고유한 '가치 프로필'을 만들어왔다. 이 가치 프로필은 투자자에게 수익성 있는 매수·매도 구간을 제시한다. 주가가 하락해 배당수익률이 역사적 기준으로 높은 수준에 이르면 그 종목은 저평가 상태가 되고, 반대로 주가가 상승해 배당수익률이 역사적 기준으로 낮은 수준에 이르면 고평가 상태가 된다.

그렇다면 배당은 주식 시장에서 어떻게, 그리고 왜 가치를 만들어내는 걸까? 주가가 하락해 배당수익률이 충분히 높아지면, 소득을 추구하는 가치 지향적 투자자들이 해당 종목으로 유입되기 시작한다. 주가가 내려갈수록 배당수익률은 더 올라가고, 그만큼 더 많은 투자자의 관심을 끈다. 그 결과 해당 종목은 저평가 구간에 진입하며 거부하기 어려운 매력을 띠게 되고, 매수세가 매도세를 앞지르면서 하락 추세가 반전되어 주가가 상승하기 시작한다.

반대로 주가가 오를수록 배당수익률은 낮아지고, 그 주식에 매력을 느끼는 투자자도 점차 줄어든다. 낮은 가격대에서 주식을 매수했던 투자자들은 이 시점에서 차익 실현을 위해 매도에 나서는 경향이 있다. 이처럼 주가가 과도하게 상승해 배당수익률이 지나치게 낮아지면 매도자가 매수자보다 많아지면서 주가는 다시 하락하기 시작한다. 대개 이러한 하락 추세는 배당수익률이 다시 높아져 투자자들이 유입되고, 그 힘으로 추세가 다시 반전될 때까지 지속된다. 그러다 저평가 구간에 이르면 가격과 배당수익률의 순환 구조가 다시금 자리 잡고, 저평가에서 고평가로 향하는 여정이 처음부터 시작된다.

투자자는 배당주마다 고유한 가치 프로필이 존재하며, 그것이 배당수익률을 중심으로 장기간에 걸쳐 형성된다는 점을 반드시 유념해야 한다. 모든 종목에 동일하게 적용할 수 있는 단일한 가치 프로필은 없다. 어떤 종목은 배당수익률 4.0%에서 저평가 구간에 진입하지만, 다른 종목은 5.0%에서야 저평가로 판단된다. 또한 배당수익률이 6.0%를 넘어 7.0% 수준까지 상승할 만큼 가격이 하락해야 비로소 역사적 저평가 구간에 들어가는 종목도 있다. 반대로 일부 성장주는 배당수익률이 2.0~3.0%처럼 낮은 수준에서도 저평가로 간주되기도 한다.

고평가 구간에서의 배당수익률 역시 종목별로 다르게 나타난다. 따라서 주식은 여러 차례의 투자 사이클을 거치며 형성된 '그 종목만의' 가치 프로필을 기준으로, 개별적으로 연구하고 평가해야 한다.

이제 핵심으로 들어가 보자. 배당금이 인상될 때마다 저평가 구간과 고평가 구간의 주가는, 장기간 누적된 '높은 배당수익률'과 '낮은 배당수익률'의 기준을 반영하며 점진적으로 상향 이동한다. 그렇기 때문에 오랜 기간 꾸준히 배당을 인상해온 기업이 투자 대상으로 가장 바람직하다. 이런 기업에 투자하면 배당 소득뿐 아니라 자본의 지속적인 성장까지 함께 기대할 수 있다. 배당금 인상이 반복될수록 저평가·고평가 구간을 가르는 기준주가와 배당수익률이 점차 높아지고, 그만큼 투자 관점에서의 유효 기간, 즉 '투자 수명'도 함께 길어진다.

배당금은 주식 가치를 판단할 때 가장 신뢰할 만한 척도다. 기업의 이익은 본질적으로 장부에 기록된 숫자에 불과하며, 법인세 부담을 줄이기 위해 이익을 조정하는 일도 드물지 않다. 때로는 회계사의 '창의적 판단'이 만들어낸 결과일 수도 있다. 실적 보고서의 각주에 어떤 전제가 숨어 있는지, 그 속사정을 투자자가 모두 파악하기란 쉽지 않다.

반면 배당금은 현금으로 지급된다. 한 번 지급된 배당금은 회사의 손을 완전히 떠나며, 그 자체가 실질적인 유출이다. 그래서 현금 배당에는 속임수가 끼어들 여지가 거의 없다. 배당은 지급되거나, 지급되지 않을 뿐이다. 배당이 확정되었다면 해당 기업이 이익을 냈다는 뜻이고, 더 나아가 배당금이 인상되었다면 재무제표를 일일이 들춰보지 않더라도 이익이 증가했음을 짐작할 수 있다.

결국 한 문장으로 정리하면 이렇다. 배당은 거짓말하지 않는다.

주식 시장에 완벽한 투자 방식은 없다. 배당수익률을 활용한 접근법 역시 예외가 아니며, 특히 한 가지 유의해야 할 위험이 있다. 경우에 따라 배당수익률이 비정상적으로 높아지는 현상은 '저평가 신호'가 아니라 '배당 삭감 위험이 커졌다'는 경고일 수 있다.

실제로 배당금이 줄어들면 저평가·고평가 구간을 규정하던 주가 기준 자체가 아래로 이동한다. 그 결과 과거에는 저평가로 간주되던 가격도 더 이상 매력적인 진입 구간이 아닐 수 있다. 따라서 배당이 기업의 실제 이익으로 충분히 뒷받침되는지 반드시 확인해야 한다.

보다 안전하게 접근하려면, 오랜 기간 검증된 고품질 블루칩 가운데 배당 지급을 한 번도 중단한 적이 없고, 이익과 배당이 꾸준히 성장해온 기업으로 투자 대상을 좁히는 것이 바람직하다. 여기에 부채 비율이 일정 수준 이하로 낮은지, 주가수익비율이 과도하게 높지 않은지도 함께 점검해야 한다.

우리는 이러한 기준을 바탕으로 면밀한 분석과 검증을 거쳐 종목을 선별했으며, 그 결과를 발표해왔다.


배당수익률을 통해 주식의 가치를 평가하는 배당 가치 투자 전략은 원칙적으로 모든 배당주에 적용할 수 있다. 다만 이 방법은 고품질 블루칩 주식에 적용할 때 성과가 가장 크다. 「인베스트먼트 퀄리티 트렌드」가 선별해 이 책에 소개된 우수 기업들은, 오랜 기간 안정적으로 배당을 지급해왔을 뿐 아니라 저평가·고평가 구간이 비교적 명확하게 형성되어 있다는 공통점이 있다. 다시 말해 배당수익률의 '역사적 범위'가 뚜렷해, 가치 프로필을 기준으로 매수·매도 판단을 내리기 수월하다.

또한 이들 기업의 대부분은 S&P로부터 A+, A, 또는 A-의 퀄리티 랭킹을 부여받았다. 말 그대로 '진정한 블루칩들'이다.

나는 개인적으로 배당수익률을 통해 가치를 찾아내는 이 방법에 큰 자부심을 느낀다. 배당 가치 투자 전략은 1966년 처음 도입된 이후, 수많은 투자자가 경제적 안정을 이루는 데 실질적으로 기여해 왔다. 무엇보다 이 전략은 투자자들이 자본과 소득을 합리적으로 성장시키고, 은퇴 이후의 삶까지 준비할 수 있도록 구체적인 길을 제시해 왔다. 그리고 나 역시 그 여정의 한가운데에 있었다. 나는 1966년부터 2002년까지 「인베스트먼트 퀄리티 트렌드」의 편집장이자 발행인으로서 이 전략의 확산과 정착을 함께해 왔다.

이제 나는 은퇴하여, 그동안의 노력과 투자가 가져다준 결실을 누리고 있다. 반면 켈리 라이트는 경제적 성공을 향한 쉽지 않은 여정에서 여전히 투자자들의 길잡이로 서 있다. 오랜 시간이 흘렀지만, 배당은 여전히 거짓말하지 않는다는 사실을 다시 확인할 수 있어 기쁘다. 여러분의 투자 성공을 진심으로 기원한다.

제럴딘 와이스

"얘야, 최고의 스승은 인생이다." 최고의 교육은 결국 경험을 통해 이루어진다는 뜻으로, 할아버지는 이 말을 늘 강조하셨다. 나는 그분이 평생 정직한 삶을 살아오신 결과, 그런 깨달음에 이르렀다고 확신한다. 그리고 나 역시 같은 결론에 도달했다.

나는 지난 30년 가까이 금융 자문 전문가이자 개인 투자자로 일하며, 할아버지의 말이 사실임을 몸소 확인했다. 여기서 말하는 경험이란 단지 시장에 오래 머물렀다는 의미가 아니다. 주식 시장에서 실제로 손실을 겪었고, 그럼에도 끝내 시장에서 살아남았으며, 그 과정을 통해 더 유능한 투자자가 되는 법을 배웠다는 뜻이다. 그런 점에서라면, 나는 충분한 경험을 쌓았다고 자신 있게 말할 수 있다.

1988년, 나의 멘토이자 전임자인 제럴딘 와이스Geraldine Weis는 고전으로 평가받는 『배당은 거짓말하지 않는다Dividends Don't Lie』를 집필했다. 이 책은 '배당 가치 투자 전략'을 가장 체계적으로 풀어낸 명저로, 배당 가치 투자 전략은 제럴딘이 창간하고 현재 내가 편집장을 맡고 있는 투자 소식지 「인베스트먼트 퀄리티 트렌드 Investment Quality Trends」의 근간을 이루는 투자 철학이기도 하다.

그로부터 22년이 흐른 지금, 컴퓨터 기술과 인터넷의 발전은 투자 환경을 근본적으로 바꿔놓았다. 방대한 데이터와 정보를 불과 몇 분 만에 수집·정리·분석할 수 있게 되었고, 과거에는 도서관에서 몇 주에서 몇 개월이 걸리던 작업이 이제는 컴퓨터와 인터넷 접속만 있으면 하룻밤 사이에도 가능해졌다.

그럼에도 변하지 않은 사실이 있다. 배당 가치 투자 전략은 주식 시장에서 꾸준한 수익을 창출해 왔다는 점이다. 신기술이 등장하고 투자자가 과거와는 비교할 수 없을 만큼 방대한 정보에 접근하게 되었지만, 전통적인 방식대로 배당수익률을 활용해 블루칩 주식의 가치를 식별하는 방법은, 위험 조정 관점에서 여전히 대부분의 투자 기법을 능가하는 성과를 보여주고 있다.

「인베스트먼트 퀄리티 트렌드」는 출범 44년이 지난 지금도 장기적 안목으로 '제대로 된 종목'을 선별하는 데 집중하고 있다. 시간이 지날수록 주식 시장은 가치를 알아보고 존중하는 투자자에게 높은 보상을 제공하기 때문이다.

결국 투자자가 갖출 수 있는 가장 중요한 역량은 크게 두 가지다. 첫째, 기업의 퀄리티를 식별하도록 돕는 검증된 시스템. 둘째, 가치 판단 능력이다.


배당 가치 투자 전략에 반대하는 목소리는 예나 지금이나 적지 않았다. 특히 1990년대 중반 이후 '대체 투자<sub>부동산, 사모펀드, 헤지펀</sub>

드, 원자재 등 비전통적 자산에 대한 투자'가 확산되고 투자 이론이 빠르게 진화하면서, 반대파의 규모는 급격히 커졌다. 그 과정에서 '최첨단'이라 불리던 투자 기법 상당수가 처절한 실패로 끝났음에도, 오늘날까지도 일부에서는 배당 가치 투자 전략을 '매수 후 보유 전략'의 한 갈래로 치부하며 가볍게 무시하는 태도가 관행처럼 남아 있다.

핵심을 최대한 쉽게 말하면, 매수 후 보유 전략은 한번 투자한 뒤 매도할 의도 없이 장기 보유만으로 영구적인 수익을 기대하는 방식이다. 그러나 배당 가치 투자 전략을 조금만 더 세심하고 객관적으로 들여다보면, 그 안에는 분명한 '매도 규칙'이 존재한다는 사실을 확인할 수 있다. 즉, 이 전략은 종목마다 반복적으로 나타나는 배당수익률 패턴을 근거로 매도 여부를 판단한다. 이 점만 보더라도 배당 가치 투자 전략은 단순한 매수 후 보유와는 성격이 다르며, 그 차이는 결정적이다.

제럴딘 와이스 저서의 후신 격인 본서 『배당은 거짓말하지 않는다Dividends Still Don't Lie』는 바로 이러한 오해를 바로잡고, 그 과정에서 함께 따라붙는 여러 오류들을 교정하는 데 목적이 있다.


우리는 기업의 '퀄리티'와 '가치'라는 두 축이 투자자에게 견고한 기반을 제공함으로써, 주식 투자에 따르기 마련인 수많은 위험과 불안을 실질적으로 줄여준다고 본다. 또한 원금을 보호하면서 배당을 통해 눈에 보이는 투자 수익을 확보하는 일은, 지극히 상식적이고 합리적인 목표라고 믿는다.

그럼에도 원금 보호와 배당 수익 확보는 종종 시대에 뒤떨어진 개념처럼 취급된다. 물론 시장 참여자들 사이의 의견 차이는 시장이 제대로 기능하기 위한 필수 요소다. 그러나 그 이견이 상대를 깎아내리는 오만한 태도로 변질되는 순간, 시장은 쉽게 비이성적으로 과열된다. 그리고 이런 비이성적 과열은, 2008년 결국 세계 금융 위기로 이어져, 1929년 대공황 이후 최악의 약세장을 촉발했다.

흥미로운 점은 2008년의 약세장을 거치며, 한때 구시대적이라고 치부되었던 우리의 신념이 여전히 유효할 뿐 아니라 대부분의 투자 환경에서도 성공적으로 작동한다는 사실이 다시 한번 입증되었다는 것이다.

창간 44년을 맞은 지금까지도 「인베스트먼트 퀄리티 트렌드」는 주식 시장에서 가치를 찾아내고, 매일 주가에 영향을 미치는 수많은 요인을 이해하는 데 역량을 집중하고 있다. 이는 대단히 흥미로운 일이지만 결코 만만한 작업은 아니다. 물론 우리가 언제나 옳은 판단만을 내리는 것은 아니다. 그럼에도 우리는 장기간에 걸쳐 일관되게 우수한 성과를 거두어 왔고, 그 사실 자체가 우리가 올바른 방향으로 나아가고 있음을 보여준다.

기술 발전 덕분에 투자자들은 역사상 그 어느 때보다 방대한 데이터와 정보에 접근할 수 있게 되었다. 그러나 인간의 본성은 태초이래 크게 달라지지 않았다. 정보가 많아졌다고 해서 허구와 오류에 쉽게 현혹되는 성향이 사라지는 것은 아니다. 오히려 넘쳐나는 정보 속에서 판단이 흐려지면서, 투자 기회를 놓치고 복리의 힘이 축적될 소중한 시간을 허비하기도 쉽다.

투자는 엄연한 경제활동이며, 그에 걸맞은 접근법이 필요하다. 도박을 하고 싶다면 라스베이거스로 가면 된다. 심리적 문제가 있다면 심리치료사를 찾아야 한다. 반대로 주식 시장에서 성공하고 싶다면, 역사적으로 가치가 검증된 우량 기업을 식별하는 법을 배우고 자신의 자원을 가장 효율적으로 활용해야 한다.

이 책은 핵심을 빠르게 파악할 수 있도록 간결하게 구성되었다. 이 책이 제시하는 배당 가치 투자 전략은 주식의 내재 가치가 기업 이익의 장부상 숫자나 자본차익 실현 여부가 아니라, 궁극적으로 배당에서 비롯된다는 인식에 기반한다. 우리는 40년이 넘는 연구를 통해 '장기간 일관되고 우수한 성과를 보여온 블루칩 기업이, 이익이 불확실하거나 배당이 들쭉날쭉한 신생 기업 또는 아직 충분히 자리 잡지 못한 기업보다 훨씬 예측 가능하다'는 결론에 이르렀다. 요컨대 배당 가치 투자 전략은 검증된 상식 위에 서 있으며, 장기적으로 안정적인 성과를 지향하는 투자 방식이다.

비록 이 책은 얇은 편이지만, 내용은 결코 가볍지 않다. 나는 경제학계와 금융계에서 활약하는 노벨상 수상자들의 이론을 존중한다. 다만 학위나 화려한 이론이 없더라도 성공적인 투자자가 될 수 있다고 믿는다. 오히려 어머니에게서 배운 상식을 기본기로 갖춘 뒤, 규칙적인 태도를 꾸준히 유지하는 편이 훨씬 더 유익하다.

물론 어떤 독자는 비용을 지불하고 책을 샀으니 복잡한 수학이나 경제 이론을 기대할 수도 있다. 또한 나는 그런 방향의 투자 방법을 안내하는 것도 가능하다. 그러나 이해하기 어려운 난해한 전략을 억지로 적용하려다 보면, 오히려 혼란과 좌절만 커질 가능성이 크다. 단순한 전략은 효과가 없을 것이라는 선입견에 사로잡히지 않았으면 한다.

대체로 투자자들이 주식으로 손실을 보는 이유는 어리석어서가 아니다. 충분한 시간을 들이지 않은 채 위험을 제대로 이해하지 못한 상태에서 성급히 결정을 내리기 때문이다. 행동에 옮기기 전에 자신의 판단을 차분히 점검하는 습관을 기른다면, 수익 목표에 한층 더 가까이 다가갈 수 있다.

마지막으로 투자에서는 방법과 기법만큼이나 인식과 관점이 중요하다. 어떤 사건이나 상황을 마주했을 때 '뭔가 잘못됐다'는 직감이 든다면, 그 신호를 결코 무시하지 말아야 한다. 제럴딘 와이스는 주식 시장에서의 기회를 "노면전차streetcar와 같다"고 자주 비유했다. 기회를 놓치더라도 금세 다음 기회가 다시 찾아온다는 뜻이다.

# 목차



# 제1부 배당 투자 기법

제1부
배당 투자 기법

# 1 | 맨 처음 알아둘 정보



나는 치료사가 아니며, 이 책은 자기 성찰이나 자기 발견의 과정
을 담은 책이 아니다. 그럼에도 여기서만큼은 반드시 짚고 넘어가
야 할 지점이 있다.

투자자의 심리와 정서는 투자에 접근하는 방식과 실행 과정 전
반에 결정적인 영향을 미친다. 내 경험상 가장 성공적인 투자자들
은 자신이 달성하고자 하는 최종 목표를 분명히 정해두고 있었고,
그 목표가 대부분의 투자 결정을 사실상 좌우했다. 물론 '계획이
없으면 성공할 수 없다'는 뜻은 아니다. 다만 사람들이 왜 위험을
감수하면서까지 어렵게 번 돈을 시장에 투입하는지, 그 동기를 이
해해두면 불필요한 위험을 피하는 데 분명 도움이 된다.

이 점을 전제로, 다소 철학적으로 들릴 수 있는 이야기를 잠시만
양해해주길 바란다. 2011년 9월 11일의 테러가 우리에게 남긴 교훈

이 있다면, 나는 그것이 '삶은 소중하고 시간은 귀중하다'는 사실이기를 바란다. 이 생각에 동의한다면, 삶에서 열정을 찾아내고 추구하는 일에 가능한 한 많은 시간을 쓰는 것이 바람직하다는 말에도 자연스럽게 동의할 것이다. 여기서 말하는 '열정'이란 가슴을 벅차오르게 하고, 영혼을 일깨우는 활동을 뜻한다.

다만 우리는 이상적인 세계에 살고 있지 않다. 우리는 음식, 의복, 주거, 교통, 교육, 여가, 의료서비스 같은 현실의 필수품을 마련하기 위해 상당한 시간과 자원을 투입해야 한다. 그리고 우리는 그 필수품을 확보하는 수단을 '현금'이라고 부른다.

## 가장 중요한 건 현금

현실의 여러 필요를 충족하기 위해 충분한 현금을 마련해두는 일은, 누구에게나 가장 중요한 인생 목표 가운데 하나일 것이다. 특히 사랑하는 가족을 책임져야 하는 사람이라면, 자신이 세상을 떠난 뒤에도 가족이 필요로 할 현금을 미리 준비해두고 싶어질 수밖에 없다.

또한 직장 생활을 하는 동안에는 임금, 급여, 상여금을 '소비'와 '투자'라는 두 가지 목적에 동시에 배분해야 한다. 즉 현재의 필요를 충족하는 한편, 미래를 대비하기 위해 일정 부분을 꾸준히 투자하는 것이다. 나아가 그렇게 투자한 자산에서 이자, 배당금, 자본 차익이 충분히 발생하도록 만들어, 임금·급여·상여금이 더 이상 주요 수입원이 되지 못하는 시기에 대비하는 것이 바람직하다.

따라서 우리의 장기적 과제는 현재에 필요한 현금과 미래를 위해 축적해야 할 현금을 함께 고려하면서, 현금 흐름을 균형 있게 관리하는 일이다. 이 과정에서 복잡한 전략이 반드시 필요한 것은 아니다. 간단한 재무 설계만 세워도 의사결정의 기준이 명확해지고, 결과적으로 투자 성과가 한층 개선될 수 있다.

재무 설계는 자신의 금융 활동을 정리하고, 체계적인 재무 구조를 세우는 데 도움을 주는 유익한 과정이다. 일부 금융 전문가는 보기만 해도 주눅이 들 만큼 과도하게 세밀한 설계를 제시하기도 한다. 그러나 핵심은 '복잡성'이 아니라 '정확성'이다. 즉, 현재의 현금 흐름과 예산을 정확히 파악한 뒤 설계를 시작하면 은퇴 예산을 훨씬 더 합리적으로 추정할 수 있다.

또한 재무 설계는 목표 달성을 위한 '큰 틀'을 현실적으로 제시한다. 예를 들어, 우리가 얼마나 저축해야 하는지, 목표를 위해 필요한 저축 수익률이 어느 정도인지가 분명해진다. 더 나아가 장애나 조기 사망 같은 상황을 가정했을 때, 본인과 가족을 보호하기 위해 어느 수준의 보험이 필요한지도 판단할 수 있다.

이러한 기본 사실을 이해하고 이 책의 내용을 참고한다면, 나머지 목표는 충분히 스스로 달성할 수 있다.

기술은 우리 세계의 문화와 사회적 규범을 근본적으로 바꿔놓았다. 상호연결성interconnectivity의 시대가 열리면서 우리가 정보를 받아들이고, 이를 삶에 적용하는 속도는 과거보다 훨씬 빨라졌다.

이 변화는 직장의 모습과 직업 윤리에도 그대로 이어졌다. 과거처럼 한 직장, 한 업종에서 처음부터 끝까지 경력을 쌓아가던 시대는 사실상 끝났다. 이제는 제2, 제3, 나아가 제4의 경력을 구축하는 일도 더 이상 낯설지 않다.

그 결과 은퇴의 형태와 개념 역시 달라졌다. 과거 20세기에는 직장에서 물러난 뒤 여가를 즐기는 '은퇴 후 생활'이 전형적인 모델이었다. 그러나 지금은 선택이든 필요든, 많은 사람이 노후에도 직업 활동을 이어가고 있다. 그 기간과 방식은 각기 다르지만 말이다.

장기적인 경제 흐름을 보면, 2008년의 경기 침체와 주택 시장 하락이라는 예외적 국면이 있기는 했지만 생계비는 해마다 꾸준히 상승해 왔다. 만약 우리의 수입 증가가 지출 증가 속도를 따라가지 못하면 우리는 선택을 강요받게 된다. 당장 필요한 지출을 우선할지, 아니면 미래를 대비한 투자에 더 무게를 둘지를 결정해야 한다.

대공황이나 지구 종말 같은 극단적 사건이 벌어지지 않는 한, 생계비와 평균 수명은 앞으로도 증가할 가능성이 크다. 그러므로 우리는 생필품 가격이 더 상승할 상황에 대비해야 한다. 다시 말해, 시간이 갈수록 더 많은 현금이 필요하다는 뜻이다.

물론 사람마다 형편과 상황이 다르다. 그래서 지출 패턴과 투자 방식도 각기 달라질 수밖에 없다. 그럼에도 고려해야 할 변수가 많다는 이유로 현실을 외면한 채 '잘 되겠지'라고 기대하는 태도는 위험하다. 희망만으로는 성공을 이룰 수 없다.

## 계획의 중요성

나는 투자 자문가로서, 투자자들이 은퇴 이후의 현금 수요를 과소평가했다가 스트레스와 불안에 시달리는 모습을 너무도 자주 목격해 왔다.

그 배경에는 '은퇴 설계'라는 개념이 너무 늦게 자리 잡았다는 현실이 있다. 1990년대 초반까지만 해도 은퇴 설계가 본격적으로 인정받는 분위기가 아니었다. 그 결과 '401(k)'●, 개인퇴직계좌 individual retirement account, 이하 IRA, 세후 투자수익·저축 계좌 등에 충분한 자금을 적립하지 않은 사람이 많았다. 게다가 적립된 자금조차도 제대로 투자되지 못한 경우가 적지 않았다.

그러면서 많은 사람들이 '사회보장제도가 부족한 부분을 메워줄 것'이라고 믿고 있었다. 인구 구조가 지금보다 더 바람직하던 시기에는 사회보장제도가 비교적 원활하게 작동했다. 그러나 미래의 수급자들에게도 동일한 수준의 혜택을 제공하려면 제도 개혁이 필요했다. 문제는 그 개혁이 충분히 이루어지지 않았다는 점이다.

오늘날 미국의 사회보장제도는 재정적 위기에 직면해 있다. 물론 오래전부터 개혁이 필요하다는 주장은 있어 왔다. 하지만 나는 이 사안이 정치적으로 지극히 민감하다는 점을 고려할 때, 사회보장제도에 단기간 내 큰 변화가 일어날 가능성은 낮다고 본다. 특히 40세 미만 독자들에게는 안타까운 이야기일 수 있다.

---

● 매달 근로자와 회사가 일정액을 퇴직금 명목으로 적립하고 근로자가 이를 운용하는 미국의 확정 기여형 퇴직연금 제도-역주

그러니 나라면 사회보장제도가 은퇴 생활을 의미 있게 뒷받침해 주리라는 기대를 크게 두지 않을 것이다. 물론 내 예측이 완전히 빗나가기를 바랄 뿐이다.

이 책의 독자 가운데에는 진취적이고 남들보다 철저히 대비해 온 사람들도 분명 있을 것이다. 그런 사람들은 은퇴 설계라는 개념을 적극적으로 받아들여 401(k), IRA, 세후 투자수익 계좌 등에 일찍부터 자금을 적립해 왔을 가능성이 크다. 하지만 모두가 같은 지점에 서 있는 것은 아니다. 계획이든 행운이든 어떤 이들은 제대로 투자해 이미 제 궤도에 올랐을 테지만, 그렇지 않은 사람들도 있을 것이다.

따라서 지금 자신의 위치를 확신할 수 없다면 억측하지 마라. 도움이 필요하다면 수수료를 내고 재무 전문가에게 의뢰하라. 세무사나 변호사에게 문의하면 믿을 만한 사람을 소개받을 수도 있다.

그러나 혼자 하든 도움을 받든, 가장 중요한 것은 계획을 반드시 실행에 옮기는 일이다. 무엇이 언제 필요할지 가늠하는 일은 투자 과정에서 절대 빼놓을 수 없는 단계다. 그러므로 미래에 대해 질문하는 것을 두려워해서는 안 된다.

내 경험상 이런 질문들에 즉석에서 답할 수 있는 사람은 거의 없다. 그것은 능력이 부족해서가 아니다. 그보다 더 흥미로운 일에 마음을 써왔기 때문이다. 사람은 누구나 자신이 가장 큰 흥미를 느끼는 쪽으로 이끌리기 마련이다. 어떤 사람은 정육업자가 되고, 어떤 사람은 제빵사가 된다. 촛대 제작자가 되는 사람도 있다.

그러니 다시 말하지만 억측하지 말고, 자신에게 무엇이 필요한지부터 직접 확인하라. 그래야 목표와 목적을 명확히 세울 수 있다. 그 지점까지 도달하면, 그다음부터는 우리가 도와줄 수 있다.

목표와 목적이 분명하다면 이미 투자 성공을 향한 궤도에 올라선 셈이다. 결국 투자 성공은 세 가지 활동을 통해 실현된다. 첫째, 투자의 최종 목표를 명확히 파악한다. 둘째, 목표 달성을 위해 자신이 충분히 이해할 수 있는 투자 방법을 활용해 수익을 창출한다. 셋째, 세금과 비용을 항상 염두에 둔다.

**자료 1-1 신중한 투자 결정**



자료 1-1이 보여주는 세 가지 활동은 결국 자신의 투자 결정을 비롯한 투자 과정 전반에 세심한 주의를 기울이라는 말로 요약된다.

삶의 다른 중요한 문제에 대해서는 그렇게 많은 시간을 들여 생각하고 고민하면서, 왜 투자에 대해서는 그렇지 않은가? 조금만 더 신경 쓰고 한층 더 신중하게 투자 결정을 내린다면, 미래의 자금 사정에 대한 두려움과 불안을 상당 부분 덜 수 있을 것이다. 그렇다면 그 정도의 노력만으로도 충분히 큰 보상을 얻는 셈이 아닐까?

앞서 말했듯이 인간의 본성은 거의 변하지 않았다. 두려움과 탐욕이라는 원초적 감정은 지금도 대부분의 투자자가 해결해야 할 핵심 과제다. 투자에서 두려움은 두 가지 형태로 나타난다. 하나는 형편없는 투자로 손실을 볼지도 모른다는 두려움이다. 다른 하나는 기회를 놓쳐 수익을 얻지 못할지도 모른다는 두려움이다.

이 두 가지 두려움은 결국 같은 뿌리에서 출발한다. 그 뿌리는 양질의 정보 부족이다. 충분히 검증된 정보가 없으면 신중한 판단을 내리기 어렵다. 특히 장기적 관점에서 일관된 투자 결정을 유지하기는 더더욱 힘들어진다.

투자 소식지와 잡지, 각종 정기간행물이 쉴 새 없이 쏟아지고, 수많은 금융 정보 프로그램이 전파를 타며, 케이블 TV는 24시간 내내 감당하기 어려울 만큼 방대한 정보를 쏟아내는 시대다. 그럼에도 일반 투자자들이 정보 부족으로 곤경에 처하는 현실은 아이러니하지 않을 수 없다.

그렇다면 다양한 출처에서 넘쳐나는 정보에 즉각 접근할 수 있다고 해서 상황이 과연 달라질까? 문제의 핵심은 정보의 양이 아니라 중요성에 있다. 일반 투자자들이 겪는 어려움은 정보가 부족해서가 아니라, 자신에게 꼭 필요한 적절한 정보를 가려내지 못하는 데서 비롯된다.

## 우리의 목적

나는 자기 잇속을 챙긴다든가 위선적이라든가 하는 인상을 주고 싶지 않기 때문에 내가 편집을 담당한 투자 소식지를 이 자리에서 홍보할 생각은 없다. 다만 정보에 대해 논할 때 반드시 이해하고 넘어가야 할 핵심 요소 두 가지가 있다. 바로 '콘텐츠'와 '목적'이다.

내가 몸담고 있는 투자 소식지 「인베스트먼트 퀄리티 트렌드」는 모든 콘텐츠를 자체적으로 제작하여 구독자가 충분한 정보를 바탕으로 현명한 투자 결정을 내릴 수 있도록 돕는다. 창간 당시 우리는 독립성과 완전한 객관성을 지키기 위해 외부 광고를 일절 받지 않기로 결정했으며, 지금도 그 원칙을 유지하고 있다. 따라서 우리의 수익은 구독료가 전부다.

그렇기 때문에 우리 소식지는 구독자의 요구에 부합하는 정보를 제공하는 것에 주력하고 있다. 구독자가 현명한 투자 결정을 내리고 수익을 창출하는 데 도움이 되는 정보를 제공해야만 구독자들을 유지할 수 있기 때문이다.

이와 비교해 대부분의 주류 금융 매체는 막대한 수익을 기대하는 주주들에게 종속된 거대 기업들이다. 여느 상장 기업과 마찬가지로 그들의 유일한 임무는 이윤 창출이다. 이러한 금융 매체는 광고 수익으로 이익을 내는데, 광고 단가는 해당 매체가 확보한 구독자의 규모에 따라 결정된다. 따라서 사람들을 자사의 매체로 끌어들이기 위해서는 흥미로운 콘텐츠를 만들어 대중의 관심을 사로잡아야 한다.

안타깝게도 대중의 관심을 끄는 보도에 반드시 유익한 정보만이 동원되는 것은 아니다. 특히 높은 전문성과 신뢰성을 인정받던 매체가 갑자기 미심쩍은 정보를 유포하면 문제는 걷잡을 수 없이 커진다.

반대로 청중에게 도움을 주는 정보라고 해서 반드시 상업성이 있거나 흥미로운 것만은 아니다. 그래서 일반 투자자 대다수는 재미를 추구하다가 패스트푸드처럼 영양가 없는 정보에 이끌리고 결과적으로는 자신이 왜 영양실조에 시달리는지 의아해한다.

안타까운 점은 어떤 정보든 널리 전파되면, 그 자체로 신뢰를 얻는 경향이 있다는 사실이다. 그처럼 허울뿐인 신뢰로 포장된 정보에 휘둘리던 투자자가 의미 있고 장기적인 성공을 거두는 경우는 드물다.

매우 중요한 투자 정보가 흥미롭지만 쓸모없는 엉터리 정보에 밀려나는 현실도 간과해서는 안 된다. 엉터리 정보들은 투자자가 투자의 본래 목적리스크를 통제하면서 자신과 가족의 현재·미래의 수요를 충족할 만큼의 현금을 창출하는 것에 집중하는 것을 방해한다.


「인베스트먼트 퀄리티 트렌드」는 정보를 생성해 전달할 뿐만 아니라, 그 정보를 우리 자신의 자금 운용에도 활용한다. 또한 우리는 우리 계열사의 포트폴리오 매니저로 일하면서 기금, 재단, 고액 자산가의 개인 신탁 계좌 등을 운용할 때도 정보를 활용한다.

우리 포트폴리오 매니저들이 현명한 투자 결정을 내리고, 고객의 재무 목표와 목적을 달성하는 데 실질적인 도움을 주고 있음을 감안할 때 이 책에서 제시하는 방법은 검증된 방식이다. 우리는 경험을 통해 흥미 위주로 소모되는 쓸모없는 정보에 흔들리지 않는 법을 깨우치게 되었다. 그런 정보는 전혀 도움이 되지 않는다. 이 책은 실제로 유익한 정보가 무엇이며, 그 정보를 어떻게 자신에게 유리한 방향으로 활용하는지를 제시하고자 한다.

투자 상품과 상담을 제공하는 소규모 투자 플랫폼 역시 의도 자체는 좋을지 몰라도 주류 금융 매체와 마찬가지로 이윤 창출에 맞춰 설계되어 있다. 이처럼 천편일률적인 환경에서는 일반 투자자가 자신도 알지 못하는 위험에 노출될 수밖에 없다. 특정 개인을 비판할 생각은 없다. 다만 성과 중심이 아니라 매출과 거래 건수를 중시하는 정보 전달 문화에 문제가 있다는 이야기다.

> ### ⌁ 배당의 진실
>
> 매수하려는 상품이 개별 주식이든 뮤추얼 펀드mutual fund●든 상장지수펀드exchange traded fund, 이하 ETF든, 투자자가 따라야 할 절차와 체계가 존재하는 법이다. 그러나 뮤추얼 펀드나 자산 운용사가 제공하

---

● 여러 투자자로부터 모은 자본금을 금융상품에 투자하여 투자자들에게 수익을 배당하는 투자 신탁 회사나 그 상품-역주

는 3분짜리 요약 자료는, 그 내용을 제대로 활용하는 데 필요한 기량과 경험을 갖추지 못한 투자자에게는 전혀 쓸모가 없다. 그리고 이런 기량과 경험은 대부분의 일반 투자자가 갖추지 못했으며, 굳이 시간을 들여 익히려고 하지 않는 것들이기도 하다.

## 신뢰할 만한 투자 방식

성과 중심적 투자 방식은 세 가지에 초점을 맞춘다. 첫째, 자신에게 무엇이 필요한지 파악하고 달성 가능한 목표를 수립하는 것이다. 둘째, 그 목표를 달성할 가능성이 가장 높은 투자에 집중하는 것이다. 셋째, 세금과 비용을 최소화하는 것이다.

우리는 거듭된 연구를 통해 이 세 영역에서의 의사결정이 투자 계획의 성패를 좌우한다는 사실을 확인했다. 그리고 내 경험에 비추어 보면, 이 원칙에 따라 신중하게 투자 판단을 내릴수록 위험은 낮추면서도 수익은 높이고, 목표 달성 가능성은 한층 끌어올릴 수 있다.

우리의 투자 방식인 '배당 가치 투자 전략dividend-value strategy'은 가치 기반 투자 방식인 '배당수익률 이론dividend-yield theory'을 바탕으로 한다.

가치value라는 개념은 사람마다 다르게 해석될 수 있다. 그러나 우리는 '무엇이 가치의 원천인지'를 정확히 파악하는 것이 주식 투자의 핵심이라고 본다. 오랜 기간에 걸쳐 꾸준히 매력적인 가치를 제공해 온 기업에 투자할 경우, 투자 원금의 손실 위험을 크게 낮추는 동시에 자본 차익의 확대와 배당 성장 가능성을 극대화할 수 있다.

배당수익률 이론은 허무맹랑한 개념이나 자의적인 기준 대신, 주식의 배당수익률을 핵심적인 가치 척도로 삼는다. 물론 주가 역시 중요하다. 그러나 기업의 구체적인 상황을 이해하지 못한 채 주가만 분석하는 것은 큰 의미가 없다. 투자자는 단순한 가격 변동에 주목하기보다, 검증된 방법을 통해 투자 대상으로 선정한 기업이 자본을 투입하는 위험을 감수할 만큼 충분한 수익 잠재력을 지니고 있는지 판단할 수 있어야 한다.

배당수익률 이론은 주가의 움직임이 배당수익률에 의해 좌우된다고 본다. 뒤에서 더 자세히 살펴보겠지만, 이 이론의 핵심은 배당수익률이 높은 주식이 가장 매력적인 가치를 제공한다고 보는 점이다. 투자자들이 높은 배당수익률에 이끌려 유입되면 매수세가 형성되고, 그 결과 주가는 상승한다. 그러나 주가는 결국 배당수익률의 매력이 약화되고 매수세가 멈추는 지점에 이르게 된다.

주가를 더 끌어올릴 신규 매수자가 사라지면 관성이 작용해 주가는 하락세로 전환된다. 이 과정에서 초기 투자자들은 차익 실현을 위해 매도에 나서고, 후발 투자자들 역시 기대 수익이 줄어드는 것을 체감하면서 남아 있는 수익과 원금을 지키기 위해 매도에 동참한다. 그 결과 매도세가 확대되고 주가가 조정되며 배당수익률은 다시 상승한다. 이와 함께 투자 매력이 회복되면서 매수 열기가 되살아나는 순환 구조가 형성된다.

이처럼 배당 가치 투자 전략은 주가 자체나 기업의 업종, 제품 등 다양한 분석 요소에 과도하게 집중하기보다, 배당수익률의 흐름과 패턴을 기준으로 매수와 매도 결정을 내리는 전략이다. 오랜 기간에 걸쳐 형성된 배당수익률의 패턴을 파악하면, 투자자는 해당 주식이 상대적으로 고평가되어 있는지, 저평가되어 있는지, 혹은 적정한 수준에 있는지를 보다 분명하게 판단할 수 있다.

마지막으로 이 여정을 시작하며 한 가지 덧붙이고 싶은 말이 있다. 나는 가능한 한 업계의 전문 용어 사용을 피하려 한다. 영어는 표현의 폭이 넓어, 투자에 익숙하지 않은 독자에게도 배당 가치 투자 전략의 실행 방식과 과정을 쉽게 전달하는 데 도움이 된다. 수수께끼처럼 난해한 용어 대신 일상적인 언어로 설명한다면, 여러분은 주식 투자라는 과정이 생각보다 훨씬 명확하고 이해하기 쉽다는 사실을 깨닫게 될 것이다.

# 2 주식 투자의 필요성

"10월은 주식 투자를 하기에 각별히 위험한 달 가운데 하나다. 7월, 1월, 9월, 4월, 11월, 5월, 3월, 6월, 12월, 8월, 2월 역시 위험한 달이다." — **마크 트웨인** Mark Twain

제1장에서 살펴보았듯이, 사람은 누구나 살아가며 생필품을 마련해야 하고, 그 대부분을 돈으로 구매한다. 그리고 인생의 어느 시점, 특히 은퇴에 이르면 그동안 모아 둔 돈만으로는 부족해 추가적인 수입원을 확보해야 한다. 거리낄 것 없을 만큼 부유하거나, 복권에 당첨되었거나, 친척 어르신으로부터 거액의 유산을 물려받지 않는 한 자산을 불릴 수 있는 선택지는 제한적이다. 단적으로 말해, 투자 외에는 현실적인 대안이 거의 없다.

투자 역시 여느 중요한 도전과 마찬가지로, 막연히 시작하는 것보다 구체적인 목표를 세우고 도달하고자 하는 성과를 분명히 한 뒤 나설 때 성공 가능성이 훨씬 커진다. 투자자들이 저지르는 가장 큰 실수는 자신이 투자하는 이유가 무엇인지 깊이 생각해보지도 않은 채로 어렵게 번 돈을 쏟아붓는 것이다.

어떤 독자는 이 대목을 읽다가 '이 인간 참 어리석은 소리를 하네. 사람들이 투자하는 이유는 당연히 돈을 벌기 위해서지!'라고 생각할 것이 분명하다. 물론 그것은 두말할 필요도 없는 사실이다. 그러나 다시 한번 생각해보자. 그 돈은 무엇을 위해, 누구를 위해, 언제 필요할까?

## 투자의 필요성

우리는 중요한 질문을 던졌다. 그 답이 우리의 투자 성패를 좌우할 수도 있다. 막연히 큰돈을 벌겠다는 생각만으로 시장에 뛰어들 경우, 큰 손실을 입을 가능성이 높다. 투자는 최소한 언제, 어느 정도의 자금이 필요한지에 대한 인식을 갖고 출발해야 한다. 필요한 시점과 금액이 분명해지면, 막연한 일반론을 넘어 자신의 상황에 맞는 실질적인 투자 전략을 세울 수 있다.

단언컨대 이러한 기본적인 이해 없이 투자를 시작하면 두 가지 실수 중 하나를 피하기 어렵다. 비현실적인 목표를 세우고 이를 달성하겠다는 이유로 과도한 위험을 감수하거나, 반대로 지나치게 보수적인 태도로 일관하다가 결국 목표에 도달하지 못하는 것이다.

무엇이 필요한지는 사람마다 다르다. 모든 투자자는 저마다 고유한 욕구와 목표를 지닌 개별적인 존재다. 교육비 마련, 은퇴 준비, 일시적인 고액 지출, 노인 돌봄이나 장애인 돌봄 서비스 등 목표의 형태도 다양하며, 이들 가운데 우선순위를 정해야 하는 경우도 적지 않다. 어떤 목표는 단기간에 달성되어야 하고, 어떤 목표는 장기 간에 걸쳐 준비해야 하며, 때로는 오랜 시간 단계적으로 이루어져 야 하기도 한다.

더 나아가 목표마다 고려해야 할 요소가 다르기 때문에 접근 방 식 역시 달라질 수밖에 없다. 이러한 질문들에 명확히 답할 수 있 다면, 그 투자자는 남들보다 훨씬 유리한 위치에서 자신의 필요를 효과적으로 충족할 수 있을 것이다.

목표를 분명히 세운 뒤에 해야 할 일은 단 하나다. 투자를 통해 자신의 자본과 소득 기반을 확충해 현재나 미래의 현금 수요를 충 족하는 것이다. 현금 목표를 달성하지 못하리라는 생각이 들면 불 안에 휩싸여 불필요한 위험을 감수하게 되는데 이러한 행동은 대 개 손실과 좌절로 이어진다. 간단히 말해 투자는 복권 당첨이 아니 라 필요를 충족하기 위한 행위다.

## 주식, 채권, 현금 - 무엇을 보유할까?

이 주제만으로도 책 한 권을 쓸 수 있다실제로 이미 그런 책들이 다 수 존재한다. 그러나 나는 이 책의 목적에 맞게 간단하게 설명하고자 한다. 투자자 대다수는 투자 자산의 대부분을 세 가지 주요 자산 군인 주식, 고정 수익형 자산채권, 현금 또는 현금성 자산신속하게 현 금화할 수 있으며 원금 손실 위험이 전혀 또는 거의 없는 단기 금융상품으로 보 유하고 있다.

현금과 현금성 자산에는 여러 가지 용도가 있다. 그중 하나는 현재의 채무를 이행하기 위한 유동성을 확보하는 것이다. 또한 재투자할 예정인 이자나 배당금을 일시적으로 보관하는 용도로도 쓰인다. 마지막으로 현금은 시장 변동성이 극심할 때 주식이나 채권을 대신해 단기간 보유하기에 적합한 저위험 자산이기도 하다.

주식은 국내 주식과 해외 주식, 성장주와 가치주, 대형주·중형주·소형주, 선진국 증시와 신흥국 증시 등 다양한 하위 부문으로 나뉘는 자산군asset class •이다.

채권은 고정 수익형 상품fixed income instrument으로서 과세 대상과 비과세 대상, 국채, 정부기관채, 주택저당증권mortgage-backed securities, 이하 MBS, 하이일드 채권high-yield bond ••, 해외채, 신흥국 채권 등으로 세분화할 수 있다.

현대 금융 시장에는 방금 나열한 일반 자산군 이외에도 헤지펀드, 사모펀드, 벤처캐피털, 부동산, 귀금속과 보석, 예술품과 골동품 등의 자산군이 있다. 물론 거의 모든 대상을 기초 자산으로 삼는 선물futures과 옵션option도 빼놓을 수 없다. 자산군의 목록은 사실상 무궁무진하다.


그러다 보니 문제가 발생하게 되어 있다. 투자 환경이 너무도 복잡하고 정교해진 나머지 투자자들이 투자의 기본 개념을 망각하게 된 것이다. 최대한 압축해보면 투자 자본으로 할 수 있는 일은 크

---

• 동일한 법적 규제를 받고 유사한 특성과 시장 흐름을 보이는 자산의 집합체-역주
•• 신용등급이 낮은 기업이 발행한 고수익 채권-역주

게 두 가지로 나뉜다. 그것은 '빌려주기'와 '소유하기'다.

쉽게 말해 투자자가 양도성 예금증서CD, 단기 국채treasury bill, 장기 국채treasury bond, 회사채, 지방채와 같은 채권에 투자하는 것은 채권 발행자에게 자금을 빌려주는 것과 같다. 채권 발행자는 그 자본을 사용할 권리를 얻는 대가로, 계약 기간 동안 약정된 금리에 따라 이자를 지급하면서 만기에는 원금을 전액 상환하겠다고 약속한다.

이와 달리 투자자가 어떤 기업의 주식을 매수한다는 것은 그 기업의 지분 일부를 소유한다는 의미다. 주식 투자에서 발생하는 수익은 주가 상승에 따른 자본 차익capital appreciation과 배당금이라는 두 가지 형태로 나뉜다. 배당금에 대해서는 잠시 후 자세히 살펴보겠다. 채권과 달리 보통주common stock는 고정 금리를 제공하지 않으며, 투자 원금의 상환 역시 보장하지 않는다.


자산 배분asset allocation, 주식·채권·현금이 포트폴리오에서 차지하는 비중을 어떻게 설정할 것인가에 대한 결정은 가장 기본적이면서도 동시에 가장 어려운 투자 판단 중 하나다. 일반적으로 주식의 역할은 자본 차익과 배당금을 결합한 총수익을 장기적으로 제공하는 데 있다. 반면 채권의 역할은 비교적 안정적인 수익을 꾸준히 창출하는 것이다.

주식과 채권의 고유한 위험과 수익 구조를 비교해보면, 주식은 원칙적으로 무한한 상승 여력을 지닌다. 다시 말해 주가는 이론상 상한선 없이 오를 수 있다. 반면 대부분의 채권 투자자는 채권을 통해 얻을 수 있는 수익의 최대치를 미리 파악하고 있으며, 특히 만기까지 보유할 경우 어느 정도의 수익을 얻게 되는지 비교적 명확하게 알고 있다. 물론 만기 이전에 가격이 상승한 채권을 매도해 추가 수익을 얻을 수도 있지만, 전반적으로 채권의 가격 상승 여력은 주식에 비해 훨씬 제한적이다.

이 지점에서 우리는 '위험risk이란 무엇인가'라는 질문에 이르게 된다. 이는 투자자, 금융학자, 그리고 투자업계 종사자들 사이에서 가장 의견이 엇갈리는 주제 중 하나이기도 하다. 이 질문에 답하기에 앞서, 투자자들이 오랫동안 받아들여 온 하나의 신념부터 살펴볼 필요가 있다. 바로 '위험과 보상은 밀접하게 연결되어 있으며, 위험 없이는 보상도 없다'는 생각이다. 이 명제는 위험을 어떻게 정의하고 이해하느냐에 따라 참이 될 수도, 거짓이 될 수도 있다.

내가 보기에 전문가나 금융학자가 아닌 일반 투자자 대부분은 위험의 의미를 묻는 질문에, 투자한 돈, 즉 투자 원금의 일부나 전부를 잃을 가능성이라고 답할 것이다. 반면 금융학자와 투자업계 종사자들은 대체로 위험을 '수익률의 단기 변동성', 즉 연간·월간·일간 변동성으로 정의하는 경향이 있다. 수익률의 변동성이란 수익률이 오르내리는 정도를 의미하며, 통계적으로는 분산과 표준편차로 측정된다.

복잡한 논의를 잠시 제쳐두고, 손실이 무엇인지부터 간단히 살펴보자. 손실이란 실현 손실realized loss, 투자 자산을 매입가보다 낮은 가격

까? 이는 결코 가볍게 넘길 문제가 아니며, 실제로 많은 사람들이
이 질문 앞에서 깊은 고민에 빠진다.

오늘이나 다음 주, 혹은 다음 달에 자금이 필요한 단기 투자자
라면 손실의 의미를 어떻게 규정할 것인지부터 분명히 해야 한다.
이들에게 손실이란 운용할 수 있는 자금을 줄이고 직접적인 고통
을 초래하는 결과이기 때문이다. 반면 투자 기간을 20년으로 설정
한 장기 투자자라면, 잘못된 투자에서 발생한 손실을 조기에 확정
하는 것이 전략적으로 더 현명할 수 있다. 손실을 회복하고도 남을
시간이 충분하기 때문이다. 또한 기업의 기초 체력은 견고한데 시
장 상황으로 인해 가격이 일시적으로 하락해 장부상 손실이 발생
한 경우라면, 단기적인 가격 변동에 흔들릴 이유는 없다.

이러한 관점에서 보면, 단기 투자자에게 위험이란 현재부터 향후
5년 동안의 현금 수요를 충족할 만큼 충분한 현금성 자산이나 준
準현금성 자산을 보유하지 못한 상태를 의미한다. 이 정의를 일반
적인 상황에 적용해 보면, 단기적으로 가격 변동성이 큰 투자 상품
에는 애초에 접근하지 않는 것이 합리적인 선택이라는 결론에 이
르게 된다.


투자 상품으로서 주식과 채권에는 동일한 위험이 존재한다. 주
식은 이론적으로 가격의 상한선이 없지만, 반대로 하락의 하한선
도 없다. 극단적인 경우 주가가 0까지 떨어져 자산 가치가 완전히

사라질 수도 있다. 채권 역시 위험에서 자유롭지 않다. 금리가 상승하면 채권의 시장 가치는 하락할 수 있으며, 더 나아가 발행자가 이자나 원금을 제때 지급하지 못하거나 아예 지급하지 못해 사실상 채무 불이행 상태에 빠질 가능성도 있다.

장기 투자자의 관점에서 보면, 채권 투자는 겉으로는 두드러지지 않지만 실제로는 매우 큰 위험을 내포하고 있다. 바로 '인플레이션 위험'이다. 인플레이션 위험이란 정기적으로 지급되는 이자 수익과 만기 시 상환되는 원금의 실질 구매력이 물가 상승 속도를 따라가지 못해 감소할 가능성을 의미한다.

따라서 장기 투자자의 경우, 일반 투자자들이 인식하는 위험이나 학계·업계에서 정의하는 위험 중 어느 하나만 따르는 것으로는 충분하지 않다. 일반 투자자들이 말하는 위험을 줄이기 위해서는 투자 기간을 명확히 설정한 뒤, 역사적으로 우수한 가치를 제공해 온 우량 주식으로 투자 대상을 제한하는 것이 위험을 상당 부분 완화하는 데 도움이 된다.

한편 학계나 업계가 정의하는 위험의 관점에서 보면, 투자 기간을 20년 이상으로 설정한 장기 투자자에게는 1년이나 그보다 짧은 주기의 단기 가격 변동성이 중요한 문제가 되지 않는다. 오히려 중요한 것은 미래의 현금 수요를 충족할 수 있을 만큼의 자산을 장기적으로 축적하는 일이다. 또한 명목 수익률을 기준으로 한 변동성에만 초점을 맞출 경우, 인플레이션으로 인한 구매력 손실을 간과하기 쉽다.

단기 투자자에게는 인플레이션이 상대적으로 큰 문제가 되지 않을 수 있지만, 장기 투자자에게는 인플레이션이 자산의 실질 가치를 크게 훼손하는 중대한 위험 요인이 될 수 있다.

## 주식에 투자해야 하는 이유

나는 블루칩 주식blue chip stock●을 전문으로 다루는 주식 투자 소식지의 편집인이자 포트폴리오 매니저로서, 당연히 주식 투자를 지지하는 입장에 있다. 이제부터 그 이유를 설명하고자 한다.

대부분의 투자자는 총수익total return이라는 개념에 익숙하다. 총수익이란 자본 차익과 배당 수익을 합한 값을 의미한다. 이를 공식으로 나타내면 다음과 같다.

**자본 차익 + 배당 수익 = 총수익**

예를 들어 주당 25달러에 주식을 매수했다고 가정해 보자. 3년 후 주가가 주당 50달러로 상승했다면, 자본 차익은 주당 25달러이며 수익률은 100%가 된다. 여기에 더해 해당 주식이 첫해에는 주당 1달러, 이듬해에는 주당 1.10달러, 3년째에는 주당 1.21달러의 배당을 지급했다고 하자. 3년간 받은 배당금은 총 3.31달러가 되고, 여기에 자본 차익 25달러를 더하면 총수익은 28.31달러다.

---

● 재무 구조가 탄탄하고 경기 변동에 대한 저항력이 높은 우량 기업의 주식-역주

총수익 28.31달러를 매입가 25달러로 나누면 수익률은 113%가
된다. 이는 3년 동안의 총투자수익률을 의미하며, 단순 계산으로
환산한 연평균 수익률은 약 37%다.



주식은 다음과 같은 투자자에게 최적화된 투자 수단이다.

- 자본과 소득의 성장을 바라는 사람

- 시장의 '잡음noise'에 흔들리지 않는 사람

- 좋은 가치를 알아보고 평가할 줄 아는 사람

- 저평가된 시점에 매수할 용기가 있는 사람

- 내재 가치가 온전히 실현될 때까지 기다릴 수 있을 만큼 인내심을
  지닌 사람

- 고평가된 시점에 매도하는 지혜를 지닌 사람

내가 편집인으로 있는 「인베스트먼트 퀄리티 트렌드」는 일반적인 총
수익 개념에 '배당 성장'이라는 요소를 더한 '실질 총수익'을 제시한다.

**자본 차익 + 배당 수익 + 배당 성장 = 실질 총수익**

실질 총수익의 성장 잠재력이야말로 투자자가 주식에 투자해야
하는 근본적이면서도 사실상 유일한 이유다. 채권 투자는 정해진

수익을 제공하고, 자본 차익의 가능성은 주로 금리 하락 국면에서만 제한적으로 나타난다. 반면 배당의 증가, 즉 배당 성장은 주식 시장에서만 실현될 수 있다. 이 책의 후반부에서는 배당과 배당 성장이 주가에 미치는 중요성을 자세히 살펴볼 것이다. 일단 지금 분명히 짚고 넘어가야 할 점은 실질 총수익을 기대할 수 있는 시장이 주식 시장뿐이라는 사실이다.

결국 세금과 인플레이션이라는 두 가지 불리한 요인이 자본에 미치는 영향을 함께 고려할 때에야, 비로소 실질 총수익의 진정한 가치를 이해할 수 있다. 다시 말해 세금과 물가 상승을 감안한 뒤 소비하거나 재투자할 수 있는 자본이 남지 않는다면, 위험을 감수하고 투자한 의미가 없다. 힘들게 번 자산을 위험에 노출시키려 한다면, 최소한 그 노력의 대가를 얻을 가능성이 가장 큰 곳에 투자해야 하지 않겠는가?

## 주식의 수익률

1926년부터 2008년까지 83년 동안 주식S&P 500의 명목 기준 평균 복리 수익률은 9.60%였다. 같은 기간 20년 만기 장기 국채와 30일 만기 단기 국채의 수익률은 각각 5.7%와 3.7%를 기록했다. 여기에 연평균 3.0%의 인플레이션율을 복리 기준으로 반영하면, 실질 수익률은 주식이 7.10%, 장기 국채가 2.20%, 단기 국채가 0.50%로 나타난다.

수익률을 평가할 때는 '명목 수익'과 '실질 수익'의 차이를 이해하는 것이 중요하다. 명목 수익은 단순히 벌어들인 금액을 의미하는 반면, 인플레이션을 반영한 실질 수익은 물가 상승을 차감하고 실제로 남는 금액을 뜻한다.

간단한 예로 연 5%의 쿠폰●을 지급하는 채권을 생각해 보자. 수익을 계산하는 방식에는 여러 방법이 있지만, 기본적으로 쿠폰 금리가 5%라면 100달러를 투자했을 때 연간 5달러의 이자 수익을 얻는다는 의미다. 실질 수익은 이 명목 수익에서 인플레이션율을 뺀 값이다. 앞선 예시에서 채권의 명목 수익률이 5%이고 인플레이션율, 즉 생활비 상승률이 약 3%라면 실질 수익률은 약 2%가 된다. 이처럼 실질 수익이야말로 실제로 소비하거나 재투자할 수 있는 정도를 가늠하는 진정한 수익이다.

세금을 고려하면 30일 만기 단기 국채의 수익은 사실상 0에 가깝고, 20년 만기 장기 국채의 수익 역시 그보다 약간 나은 수준에 불과하다. 역사적으로 자본의 실질적이고 장기적인 성장을 가능하게 한 자산은 주식뿐이었다.

물론 현실적으로 투자 기간이 83년에 이르는 사람은 없다. 또한

---

● coupon, 채권의 액면가에 대해 지급되는 표면 이자-역주

과거의 경제 환경이 오늘날에도 그대로 적용되지 않기 때문에, 역사적 수익률이 큰 의미를 지니지 않는다는 주장도 제기된다. 그 주장에는 일리가 있을 수도, 그렇지 않을 수도 있다. 다만 내가 아는 한 주식 시장은 과거와 현재의 정보를 모두 반영할 뿐 아니라, 할인 구조discounting mechanism●를 통해 미래의 기대까지 선반영하는 특성을 지닌다.

예지력이 없는 이상 우리는 이미 알고 있는 것, 즉 과거를 참고할 수밖에 없다. 과거는 미래의 성과를 보장해 주지는 않지만, 서로 다른 시기와 다양한 경제 환경 속에서 투자가 어떤 결과를 낳았는지를 보여준다.

다만 투자자는 과거 데이터를 살펴볼 때 자신의 주장을 뒷받침하는 자료만 선별적으로 취하는 함정에 빠지기 쉽다. 실제로 일부 투자 이론은 원하는 결론이 나올 때까지 데이터를 왜곡하는데, 이는 마치 자백을 받아내기 위해 범죄자를 고문하는 것과 다를 바 없다. 나는 그런 방식에 동참할 생각이 없다. 여러분 역시 그보다는 훨씬 정직하고 설득력 있는 이론을 접할 자격이 있다.

그럼에도 불구하고 일반 투자자들의 평균적인 보유 기간을 검토하는 일은 충분히 합리적이다. 이를 통해 수익률과 관련된 몇 가지 공통된 특징을 발견할 수 있기 때문이다.

---

● 미래의 가치를 현재 가격에 미리 반영하는 작용-역주

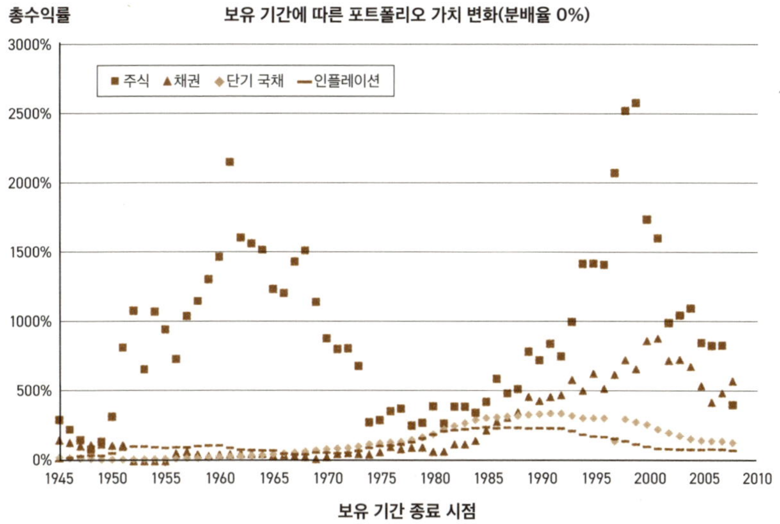

출처: 「주식, 단기 국채, 채권, 인플레이션에 관한 2008년도 연감<br>
(Stocks, Bonds, Bills, and Inflation Yearbook)」, 이벗슨 어소시에이츠(Ibbotson Associates) 발행

자료 2-1을 예시로 하여 20년이라는 상당히 합리적인 투자 기간의 특징부터 살펴보자. 1926년부터 2008년까지 총 64개의 연속적인 20년 구간 중에서 주식S&P 500은 보유 기간 종료 시점 기준, 1948년까지와 2008년까지 두 구간을 제외하고는 언제나 채권20년 만기 국채보다 더 뛰어난 성과를 거두었다. 전반적으로 살펴보면 전체 중 96.8%에 해당하는 62개의 구간에서 주식이 채권보다 더 나은 성과를 보였다는 결론이 나온다.

이러한 성과는 야구에 비유하면 매우 높은 타율에 해당한다. 그렇다 보니 주식이 채권보다 부진한 성과를 보였던 두 구간에서는 과연 무슨 일이 있었던 것인지 의문이 생긴다. 1929년에 시작된 구간에서 어떤 일이 벌어졌는지는 비교적 분명하다. 바로 1929년 대공황이다. 대공황이 끝난 1932년까지 주가는 약 90% 가까이 폭락했고, 주식 시장이 그처럼 깊은 수렁에서 빠져나오는 데에는 상당한 시간이 필요했다.

1989년에 시작된 20년 구간은 양상이 다소 달랐다. 1929년부터 1932년까지와 달리 대대적인 주가 하락은 기간의 초반이 아니라 후반에 발생했다. 실제로 주가는 2000년부터 2002년 사이, 그리고 2007년 10월부터 2008년 말 사이에 큰 폭으로 하락했다. 늘 그렇듯이 경제 분석가와 경제학자들은 이 두 구간에서 주식이 채권보다 부진했던 원인에 대해 서로 다른 해석을 내놓는다. 다만 두 기간 모두에서 '주식이 지나치게 고평가되어 있었다'는 설명은 상당한 설득력을 지닌다.

1926년부터 1928년까지 주가는 명목 기준으로 120.40% 상승했으며, 이를 단순 연평균 수익률로 환산하면 약 40%에 달한다. 또 1989년부터 1999년까지는 주가가 명목 기준으로 221.40% 상승했는데, 이는 단순 연평균 수익률로 약 20.12%에 해당한다. 연간 20% 수익률이 한 해 나타나는 일은 드물지 않지만, 그것이 11년 연속 이어지는 것은 매우 이례적이다.

이 두 기간에는 분명한 공통점이 있었다. 다우존스 산업평균지수Dow Jones Industrial Average의 배당수익률이 역사적으로 반복되어 온 고평가 구간에 도달해 있었던 것이다. 따라서 '가치'와 '가치 평가'에 대해서는 뒤에서 자세히 다루겠지만, '배당수익률과 가치의 관계'를 이해하면 개별 종목뿐만 아니라 시장 전체가 고평가된 국면을 피하는 데에도 큰 도움이 된다.

두 기간에 채권이 더 좋은 성과를 낸 이유 역시 쉽게 이해할 수 있다. 두 기간 모두 금리가 하락하던 시기와 일치했는데, 채권은 금리 하락 시에 가격 프리미엄이 발생하는 경향이 있다. 현재와 같이 채권 수익률이 역사적인 저점이나 그 근처에 도달해 있고 주가가 상당한 조정을 거친 상황에서는, 앞으로 어떤 자산군이 더 큰 잠재력을 발휘할 수 있을지를 신중히 검토해야 한다.

**자료 2-2 10년 구간별 수익률 비교 1926~2008년**



출처: 「주식, 단기 국채, 채권, 인플레이션에 관한 2008년도 연감」

20년이라는 보유 기간이 너무 길게 느껴진다면 자료 2-2를 통해

1926년부터 2008년까지 총 74개의 연속적인 10년 구간을 살펴보자. 그중 86%에 해당하는 64개의 구간에서 주식S&P 500은 채권20년 만기 장기 국채보다 더 뛰어난 성과를 거두었다.

해당 도표는 보유 기간이 20년에서 10년으로 줄어들 때 주식의 성과가 채권의 성과를 앞지를 확률이 낮아진다는 점을 보여준다. 반대로 보유 기간이 길어질수록 주식이 채권보다 더 나은 성과를 낼 가능성이 커진다는 점도 보여준다.

86% 역시 매우 높은 타율에 해당한다. 앞서 20년 기간을 살펴보았을 때와 마찬가지로, 이번에도 주식이 채권보다 부진한 성과를 보였던 10개 기간에서 어떤 교훈을 얻을 수 있는지 살펴보자. 처음 네 개 기간은 각각 1937년, 1938년, 1939년, 1940년에 종료되었는데, 모두 1929년 월가 대폭락Great Crash의 충격이 이어진 시기였다. 그다음 세 개 기간 역시 서로 연관되어 있으며, 각각 1974년, 1977년, 1978년에 끝났다. 이들 기간에는 1966년부터 1974년 말까지 지속된 장기 약세장의 대부분이 포함되어 있다.

2000년에는 역사상 가장 오래 지속된 강세장 중 하나가 기술주와 닷컴주 거품의 붕괴로 막을 내렸다. 2000년부터 2002년 말까지 이어진 3년간 주가 하락은 매우 극심했으며, 그 여파로 2002년에 종료된 10년 기간은 주식이 채권보다 부진했던 열 번의 10년 기간 가운데 여덟 번째에 해당하게 되었다. 마지막 두 개의 10년 기간, 즉 각각 2007년과 2008년에 종료된 기간에서 벌어진 일 역시 전혀 놀랍지 않다. 약세장이 본격화되면서 1990년대 후반에 축적되었던 수익의 상당 부분이 주가 급락 속에서 사라졌기 때문이다.

이 시점에 분명하게 알 수 있는 사실은, 만약 우리가 주식 투자를 하더라도 그 시점이 약세장이 시작되는 때라면 부진한 성과를 얻을 수밖에 없다는 점이다. 때문에 우리가 가치와 가치 평가를 이해해두면 그러한 일을 미리 피할 수 있다.

**자료 2-3 5년 구간별 수익률 비교1926~2008년**

총수익률

보유 기간에 따른 포트폴리오 가치 변화(분배율 0%)



출처: 「주식, 단기 국채, 채권, 인플레이션에 관한 2008년도 연감」

주가 수익률과 관련하여 마지막으로 살펴볼 내용은 1926년부터 2008년까지 보유 기간 5년 그래프다. 자료 2-3을 보면 총 79개 기간 가운데 주식S&P 500은 58개에 해당하는 73.41%의 기간에서 채권20년 만기 장기 국채보다 더 높은 수익률을 기록했다. 다시 한번 보유 기간이 10년에서 5년으로 줄어들면 주식의 성과가 채권을 앞지를 확률 역시 낮아진다는 점을 확인할 수 있다.

주식 보유 기간이 짧아질수록 주식이 채권보다 우수한 성과를 거둔 비율은 낮아지지만, 그럼에도 73%라는 수치는 여전히 상당히 인상적이다. 앞서 살펴본 10년, 20년 기간과 마찬가지로, 5년 기간 중 주식의 성과가 채권보다 부진했던 경우들은 전부 또는 상당 부분이 약세장과 겹쳐 있었다.

투자자의 심리를 잘 아는 입장에서 보건대, 여러분 중 일부는 아마도 이렇게 생각할 것이다. '73.41%라면 거의 네 번 중 세 번꼴 아닌가? 그 정도 확률이라면 감수할 만하다. 주식 보유 기간은 5년이면 충분하겠네.'

최종적인 판단은 결국 여러분 각자의 몫이다. 다만 그에 앞서 반드시 염두에 두어야 할 사실이 있다. 1926년부터 2008년까지 83년 동안, 실질 수익률 기준으로 주식이 연간 30%를 초과하는 손실을 기록한 해는 네 차례나 있었다. 그중 1931년과 1974년에는 전년도에도 손실이 발생해, 두 해 연속 총손실이 50%를 넘었다. 이는 아무리 낙관적으로 해석하려 해도 감당하기 어려운 수준이다.

만약 5년의 보유 기간 가운데 두 해가 네 번 중 한 번꼴로 급격한 주가 하락을 겪는 시기에 해당한다면, '네 번 중 세 번'이라는 확률이 과연 매력적으로 느껴질지 의문이다.

앞서 언급했듯이, 진정한 의미에서 장기 투자자의 성과를 가늠하는 기준은 인플레이션의 영향을 반영한 실질 수익률이다. 따라서 이제는 인플레이션을 조정한 기준으로, 20년·10년·5년의 연속 보유 기간이 각각 어떤 성과를 보였는지를 살펴보고자 한다.

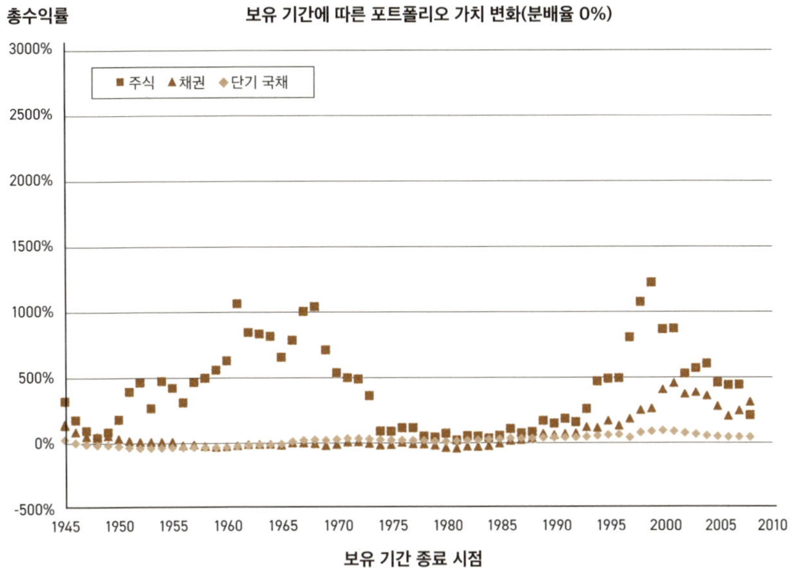


출처: 「주식, 단기 국채, 채권, 인플레이션에 관한 2008년도 연감」

자료 2-4에서 알 수 있듯이 1926년부터 2008년까지 총 64개의 연속적인 20년 기간에 걸쳐 주식S&P 500은 1989~2008년의 단 한 기간을 제외하고는 채권20년 만기 장기 국채보다 더 높은 수익률을 기록했다. 64개의 98.43%에 해당하는 63개 기간에서 주식의 성과가 채권을 능가한 것이다.

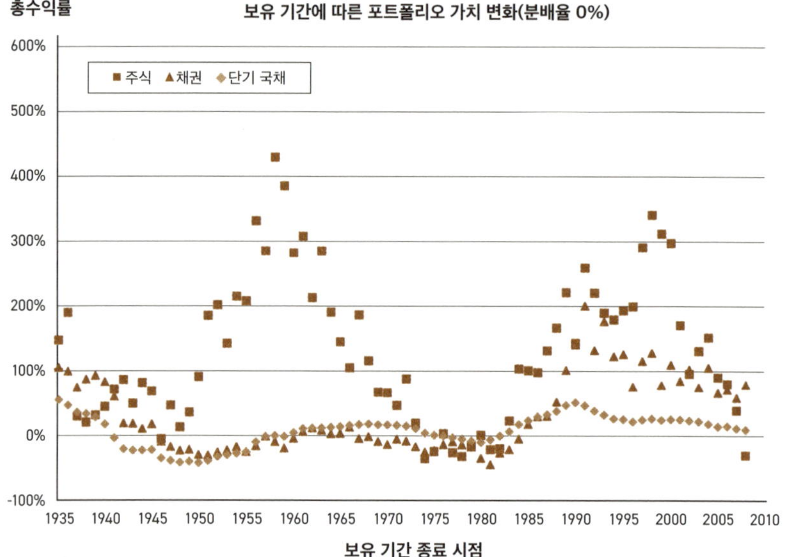


자료 2-5에서 알 수 있듯이 1926년부터 2008년까지 총 74개의 연속적인 10년 구간 가운데 85%에 해당하는 63개 구간에서 주식 S&P 500은 채권20년 만기 장기 국채을 앞지르는 수익률을 냈다. 이는 명목 기준일 때보다 한 구간이 줄어든 결과다.

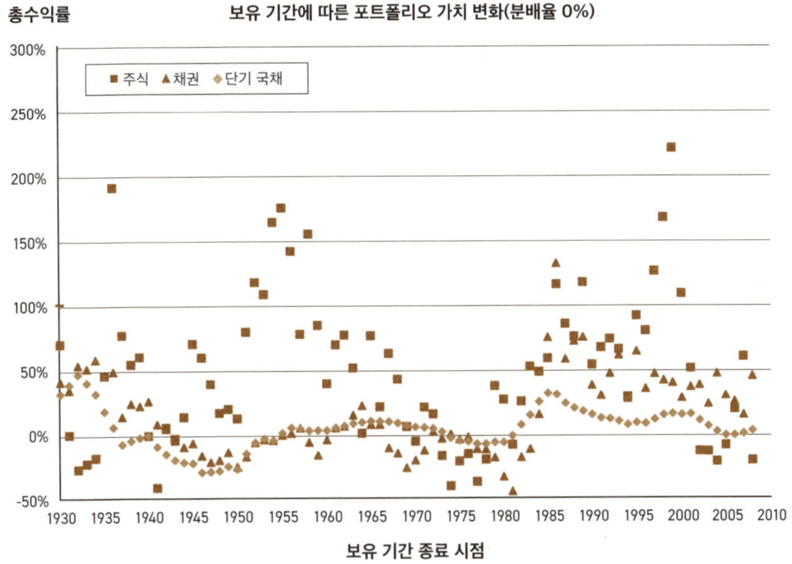



또한 자료 2-6이 제시하듯이 같은 기간 동안 총 79개의 연속적인 5년 구간 중에서는 73.41%에 해당하는 58개 기간에 걸쳐 주식 S&P 500이 채권20년 만기 장기 국채보다 더 좋은 성과를 거두었다. 이는 명목 기준일 때와 동일한 결과다

## 지식, 전략, 전술

이번 장에서는 다양한 내용을 살펴보았다. 이제 그 핵심을 간단

히 정리해 보자. 인플레이션은 자본주의 체제에서 피할 수 없는 현상이며, 그에 따라 생필품의 가격은 시간이 지날수록 상승할 가능성이 크다. 막대한 부를 벌거나 물려받거나 뜻밖의 횡재를 기대하기 어렵다면, 자본의 일부를 저축하고 투자해 현금 자산과 안정적인 소득 흐름을 만들어야만 미래에 대비할 수 있다.

단기 투자자에게 가장 큰 위험은 자본 손실이다. 반면 장기 투자자에게 가장 큰 위험은 인플레이션과 낮은 자본 성장률이다. 투자할 수 있는 자산군은 다양하지만, 실제로 대부분의 투자 결정은 주식·채권·현금이라는 세 가지 핵심 자산군에 자금을 어떻게 배분할 것인가에 초점이 맞춰진다.

채권은 정해진 기간 동안 일정한 수익률을 제공하고, 만기에는 투자 원금을 돌려준다. 그러나 금리 하락 국면을 제외하면 자본 가치 상승의 여지는 크지 않다. 또한 채권 투자에는 금리 변동과 신용 위험 같은 명시적인 위험뿐 아니라, 인플레이션으로 인한 장기적인 구매력 하락처럼 눈에 잘 드러나지 않는 위험도 존재한다.

주식은 일정한 수익률이나 원금 상환을 보장하지 않는다. 이론적으로는 무한한 자본 차익의 가능성이 있는 동시에, 가격이 0까지 떨어질 수 있는 하한선도 지닌 자산이다. 즉, 최악의 경우 투자 가치가 완전히 사라질 수도 있다. 주식의 가장 분명한 위험은 단기적인 변동성, 다시 말해 가격의 급격한 등락이다. 그럼에도 주식과 관련해 가장 중요한 사실은, 주식만이 실질 총수익, 즉 자본 차익과 배당 수익, 그리고 배당 성장을 모두 실현할 수 있는 유일한 투자 수단이라는 점이다.

내일 자 신문을 미리 볼 수 있는 사람은 없다. 그만큼 미래는 본질적으로 불확실하다. 우리가 의지할 수 있는 것은 과거의 데이터뿐이며, 그 데이터가 현재의 경제 환경에도 그대로 적용되는지는 단언할 수 없다. 다만 분명한 점은 시장이 과거의 기록과 현재의 상황을 함께 반영하는 선반영 메커니즘을 통해 미래를 예측하려 한다는 사실이다.

여러 개의 연속 보유 기간을 분석한 결과, 대부분의 경우 주식은 명목 기준은 물론 인플레이션을 반영한 실질 기준에서도 채권보다 훨씬 뛰어난 성과를 거두어 왔음을 확인할 수 있다. 그럼에도 주식은 연간 기준으로 상당한 손실을 기록할 수 있으며, 그러한 일은 실제로 반복되어 왔다.

이번 장이 전하는 교훈은 단순하다. 이 세상에 공짜 점심은 없다는 것이다. 금융 시장에 돈을 투입하는 순간, 그 자본은 필연적으로 위험에 노출된다. 그러나 위험을 제대로 이해한다면, 그것은 오히려 이익을 만들어내는 도구가 될 수 있다. 결국 주식 시장에서의 성공과 실패는 지식, 전략, 전술이라는 세 가지 요소에 좌우된다.

지식이란 주식과 채권의 차이, 각 자산의 장단점, 그리고 위험과 보상의 관계를 이해하는 것이다. 전략은 그러한 지식을 바탕으로 투자 전반의 방향과 계획을 세우는 일이다. 전술은 지식과 검증된 전략에 대한 확신을 토대로, 이를 실제 행동으로 옮기기 위한 구체적인 절차를 실행할 준비를 갖추는 것을 의미한다.

# 3 배당 가치 투자 전략

"목적지가 어디인지 알지 못하면 어느 길로 가더라도 그곳에 도달할 수 없다."— **루이스 캐럴**Lewis Carroll

주식 시장과 투자 역사를 본격적으로 공부해 본 사람이라면, 이 분야에서 눈부신 성공을 거두었거나 참혹한 실패를 겪은 뒤에 큰 명성이나 악명을 남긴 인물들이 수없이 존재한다는 사실을 잘 알고 있을 것이다. 그들에 관한 이야기에는 사실도 많지만, 그에 못지 않게 많은 허구가 섞여 있기도 하다. 어쩌면 허구가 더 많을지도 모른다.

그러나 그 이야기들이 사실인지 여부는 그리 중요하지 않다. 중요한 것은 그 인물들이 승자와 패자를 상징하는 존재로 받아들여진다는 점이다. 사람들은 누구나 승자를 좋아하며, 특히 미국 사회에서는 승자를 영웅처럼 칭송하는 경향이 강하다. 하지만 막상 주식 투자를 시작하고 나면, 자신을 승자라기보다 패자라고 느끼는 사람들이 적지 않다.

돈을 잃는 일은 단순한 재정적 손실에 그치지 않고, 정신적으로도 큰 고통을 남긴다. 주식 시장에서 손실을 경험한 뒤, 분노와 죄책감은 물론 모욕감에 가까운 감정을 느끼는 것 역시 드문 일이 아니다. 그러나 장기간 투자에 나서다 보면 누구나 어느 정도의 손실은 입을 수밖에 없다. 주식 시장에서 손실을 한 번도 겪지 않는 사람이란 존재할 수 없다.

대부분의 투자자는 주식 시장이 전 세계에서 가장 거대하고 치열한 경쟁의 장이라는 사실을 충분히 인식하지 못한다. 아무리 지능이 높아도 주식 시장에서 성공하기는 쉽지 않으며, 설령 성공하더라도 그 성과가 일시적일 가능성이 크다. 나는 업무적으로는 뛰어난 성과를 거두었지만, 개인적인 주식 투자에서는 큰 실패를 경험한 사람들을 여럿 보아왔다. 인생의 다른 영역에서는 연속적인 성공을 거둬왔던 그들도, 주식에서는 결국 패배를 인정하고 투자를 포기하고 말았다. 완전히 손을 뗄 필요까지는 없었을 텐데, 그 점이 특히 안타까웠다.

그러나 어떤 형태로든 경쟁을 경험해본 사람이라면, 모든 게임에는 반드시 규칙이 존재한다는 점을 알고 있다. 주식 시장도 다르지 않다. 이 시장의 승자들은 게임에서의 최상위 선수와 같으며, 지식과 전략을 갖춘 사람들이다. 당연히 체계적인 전략을 세운 투자자가 훨씬 수월하게 성과를 거둘 수 있다.

주식 투자와 단순한 취미 활동 사이에는 본질적인 차이가 있다. 주식 투자에는 훨씬 더 많은 것이 걸려 있기 때문이다. 투자자는 지금 혹은 미래에 힘들게 모은 소득과 저축, 나아가 삶의 안정성까지 잃을 위험을 감수해야 한다. 그만큼 승자에게 돌아오는 보상도 크다. 자산 증식이라는 실질적 보상뿐 아니라, 탐색의 설렘과 발견의 기쁨, 그리고 오래 지속되는 승리의 만족감은 다른 어떤 경험과도 비교하기 어렵다. 특히 주식 투자의 중요성을 고려하면 그 만족감은 더욱 커진다. 다시 강조하지만, 올바른 전략을 갖추면 승리에 이르는 길은 훨씬 쉬워진다.

## 주식 수익의 두 가지 요소

대다수의 주식 투자자는 짭짤한 수익을 기대하며 주식을 매수한다. 그러나 기대와 전략은 전혀 다른 문제다. 주식을 자산 증식의 수단으로 선택했다면, 주식 투자 수익이 어떤 요소들로 구성되는지 이해할 필요가 있다. 그럼에도 불구하고 가장 확실한 수익 요소인 배당금은 흔히 과소평가된다.

모든 투자자는 자신이 보유한 주식의 가격이 오르기를 바라지만, 단순한 바람만으로 주가가 상승하지는 않는다. 주가가 오르기 위해서는 촉매제가 필요하다. 즉, 투자자들이 주식을 매수하고 가격을 끌어올릴 만한 합당한 근거가 있어야 한다.

배당 가치 투자 전략의 핵심 전제는 배당수익률이 주가를 움직이는 중요한 동력이라는 점이다. 다른 조건이 동일하다면, 주식이 투자자들에게 가장 매력적으로 보이는 순간은 언제일까? 바로 배당수익률이 높을 때다.

노련한 투자자라면 안정적인 배당금과 높은 배당수익률을 쉽게 외면하기 어렵다. 기업이 높은 배당수익률을 약속할수록 투자자들의 관심이 커지고, 그 결과 주가는 상승하기 시작한다. 그러면서 주가와 배당수익률은 반대로 움직인다. 주가가 오르면 배당수익률은 낮아진다. 그렇게 배당수익률이 더 이상 매력적이지 않은 수준까지 떨어지면 투자자들의 관심과 매수세는 약해진다. 주가는 다시 하락하는데, 배당수익률이 투자자들의 매수 욕구를 자극할 만한 수준에 도달할 때까지 하락이 이어진다.

배당수익률에 주목하는 전략은 가격 패턴, 기업의 제품과 서비스, 주가수익성장비율rice/earnings to growth[•], 이익수익률earnings yield[••] 등 여러 지표에 초점을 맞춘 분석 방식과 비교할 때, 단순하면서도 분명한 강점을 지닌다. 다시 말해 '주식은 배당수익률이 높을 때 매력적이고 낮을 때는 그렇지 않다'는 점을 이해하고 나면, 투자자는 현재 주가가 고평가되어 있는지, 저평가되어 있는지, 혹은 적정한 수준인지를 보다 객관적으로 판단할 수 있다.

주가와 배당수익률은 배당 가치 투자 전략을 떠받치는 핵심 축이다. 이제 이 두 요소를 중심으로 관련 개념들을 하나씩 살펴보자.

주식 투자 수익은 크게 두 가지 요소로 구성된다. 대부분의 투자자는 주가 상승에서 발생하는 자본 차익을 가장 중요하게 여긴다.

---

[•] 주가수익비율을 향후 예상되는 주당순이익 증가율로 나눈 값, 이하 PEG-역주
[••] 주당순이익을 현재 주가로 나눈 비율-역주

여기에 더해 또 하나의 수익 요소가 있으니, 바로 즉각적인 현금 흐름을 제공하는 배당금이다. 이 두 요소를 합산한 개념이 흔히 말하는 '총수익'이다.

투자자는 주식을 매수할 때마다 언젠가는 반드시 이익을 내고 팔 수 있으리라는 기대를 품는다. 그러나 시간이 지나며 피할 수 없는 손실을 한두 차례 경험하고 나면, 그러한 기대는 '주식 시장에는 확실한 것이 없다'는 깨달음으로 바뀌게 된다. 이는 경험을 통해서만 얻을 수 있는 통찰이다.

그럼에도 주식 시장에서 결코 허상이 아닌 것이 하나 있다. 바로 배당금이다. 배당금은 지급되는 즉시 투자자의 소유가 되며, 시장이 되돌려 빼앗아 갈 수 없는 명확한 투자 수익이다. 한번 지급된 배당금은 온전히 투자자의 것이며, 주식을 매도해야만 실현되는 장부상의 이익paper profit과 달리 시장 변동으로 사라질 위험이 없다.

### ⟋ 배당의 진실

배당금이란 기업이 지분을 보유한 주주에게 지급하는 이익 분배금이다. 보통 주당배당금dividends per share 형태로 표시되며, 이를 현재 주가와 비교해 백분율로 환산한 것이 배당수익률이다.

배당금은 일반적으로 현금이나 새로 발행한 주식으로 지급되지만, 경우에 따라 가증권scrip, 향후 주식이나 현금으로 배당하겠다는 임시 증서, 회사 제품, 또는 기타 자산의 형태로 지급되기도 한다. 배당의 지급 방식과 금액은 기업의 이사회가 결정하며, 대부분 분기마다 지급된다.

배당이 무엇인지, 그리고 배당수익률이 어떻게 계산되는지 이해했다면 이제 주가, 배당수익률, 기업 가치가 서로 어떤 관계를 맺고 있는지 좀 더 살펴볼 차례다. 예를 들어 주당 10달러에 거래되며 주당 0.50달러의 배당금을 지급하는 주식과, 주당 20달러에 거래되며 주당 1달러의 배당금을 지급하는 주식이 있다고 가정해 보자.

20달러가 10달러의 두 배이고 1달러가 0.50달러의 두 배라는 점을 제외하면, 이 두 주식은 배당수익률 기준으로 동일한 가치를 지닌다. 두 경우 모두 배당수익률이 5.0%이기 때문이다. 다만 실제 시장에서는 주가와 배당금이 이처럼 계산하기 쉬운 숫자로 딱 맞아떨어지는 경우가 거의 없다. 따라서 배당수익률이 어떻게 산출되는지 추가적인 예시를 통해 좀 더 정확히 이해할 필요가 있다.

여기서 한 가지 기억해야 할 점이 있다. 내 포트폴리오의 배당수익률은 내가 주식을 매수한 가격을 기준으로 계산되므로, 배당금에 변동이 없는 한 매수 시점의 배당수익률은 이후 주가가 오르내리더라도 그대로 유지된다는 사실이다. 자료 3-1을 보면 이 개념을 보다 명확하게 이해할 수 있을 것이다. 참고로 표에 등장하는 기업명은 모두 가상의 이름이다.

**자료 3-1 배당수익률**

| 기업 | 주가 | 배당금 | 배당수익률 |
| --- | --- | --- | --- |
| 트리니티Corp. | $44 | $1.60 | 3.63% |
| 키건Inc. | $76 | $1.80 | 2.36% |
| 질리언Ltd. | $18 | $1.28 | 7.11% |
| 에번인더스트리 | $69 | $2.72 | 3.94% |
| 크리스천&Co. | $25 | $1.64 | 6.56% |

배당을 중시하는 투자자든 자본 차익을 중시하는 투자자든, 자신이 투자하려는 주식의 가치를 식별하고 평가할 기준을 갖추는 일은 필수적이다.


## 가치의 척도

전통적으로 주식의 가치는 주가수익비율price-to-earnings ratio, PER, 주가순자산비율price-to-book ratio, PBR, 그리고 배당수익률이라는 세 가지 지표로 평가된다. 이 가운데 앞의 두 지표는 명백히 '주가 중심의 척도'다. 그러나 구체적인 맥락이 없는 주가 자체는 본질적인 의미를 지니기 어렵다.

세 가지 가치 지표 중 실제 투자 수익과 직접적으로 연결되는 것은 배당수익률뿐이다. 배당은 투자자에게 현금 소득이라는 실질적

가치를 제공하는 동시에, 기업이 실제로 이익을 창출하고 있음을 보여주는 명확한 증거이기도 하다. 이러한 점은 손익계산서나 대차대조표만으로는 온전히 확인하기 어렵다.

### 📈 배당의 진실

주식의 가치를 측정하는 세 가지 기본 척도는 다음과 같다.

1. 배당수익률

2. 주가수익비율

3. 주가순자산비율

## 배당이 매우 중요한 이유

기업은 이익을 창출하지 못하면 존속할 수 없다. 기업이 존재하는 근본적인 이유 역시 이익을 만들어내는 데 있다. 문제는 실제로 벌어들인 이익과 회계상으로 보고되는 이익이 서로 다를 수 있다는 점이다. 기업의 손익계산서는 수많은 주석과 예외 항목, 복잡한 회계 변수로 가득 차 있어 투자자에게는 빠져나오기 어려운 미로처럼 느껴지기도 한다. 그 결과 기업의 이익은 지나치게 세분화되고 희석되면서, 일반 투자자가 이해하기 어려울 정도로 불투명해지는 경우가 많다.

이런 현상이 발생하는 이유는 기업의 이익이 단순한 요인뿐 아니라 복잡하고 다양한 사건의 영향을 받기 때문이다. 예컨대 경영진 교체가 자산 매각이나 연쇄적인 인수합병으로 이어질 수도 있다. 물론 이러한 변화는 관련 규정에 따라 공시되어야 한다. 하지만 수정 공시나 재공시가 반복해서 이루어진다면, 회계 보고가 과연 충분히 투명한지 의문을 제기해볼 필요가 있다.

'기업 이익이 조작될 가능성이 존재한다'는 사실은 부인하기 어렵다. 목적과 정도는 제각각이지만, 이익 조정이나 왜곡은 생각보다 빈번하게 발생한다. 다소 냉소적으로 들릴 수도 있지만, 단도직입적으로 말하자면 기업의 이익은 때로 재무 담당 임원이 제시한 숫자에 불과한 경우도 있다.


앞서 살펴본 내용을 고려하면, 배당수익률의 추세가 주가의 상승이나 하락을 예측하는 데 왜 유용한 지표가 되는지 이해할 수 있다. 배당금이 인상되면 투자 가치가 높아진 것으로 인식되며, 이는 대체로 기업의 현재 가치를 반영하는 주가 상승으로 이어진다. 반대로 배당금이 삭감될 경우에는 주가 역시 하락하는 경향이 있다. 이는 투자 가치의 약화와 향후 이익 감소, 기대 수익 축소에 대한 투자자의 우려가 주가에 반영되기 때문이다.

이러한 국면에서 남는 변수는 하나뿐이다. 시장이 기업의 가치 상승이나 하락을 인식하고, 그 판단을 주가에 반영하기까지 어느 정도의 시간이 걸리느냐 하는 점이다.

'푸딩의 맛은 먹어봐야 아는 법이지'는 우리 할아버지께서 의견을 전달하거나 교훈을 주고자 할 때 자주 인용하시던 속담이다. 이 말을 투자에 적용해보면 배당금이야말로 투자 수익의 존재를 가장 분명하게 입증하는 요소가 된다.

기업이 장기간에 걸쳐 배당금을 꾸준하게 지급하고 인상해 온 이력이 있는지 확인해보라. 그것만큼 기업의 재무 건전성을 명확하게 보여주는 지표는 없다. 배당금은 실제로 지급되는 돈이다. 계좌에 입금되었는지만 확인하면 된다. 배당금은 기업이 돈을 벌어들이고 있다는 증거다. 없는 돈을 배당금으로 지급하는 것은 불가능하다.

따라서 기업의 수익성을 확인하려고 복잡한 손익계산서를 들여다보느니 그 기업의 배당 이력을 살펴보는 것이 낫다. 결국 배당금은 실제 이익을 통해서만 발생하므로 기업의 수익성을 가장 확실하게 보여주는 징표다.


이제 한 단계 더 나아가보자. 잘 생각해보면 기업의 경영진과 이사회가 배당금 인상을 결의하는 이유는 단 하나뿐이다. 이익이 증가했거나 앞으로 증가하리라는 합리적인 기대가 있기 때문이다. 이 경우에도 유일한 변수는 시장이 '배당금 인상으로 인한 주식의 가치 상승'을 얼마나 빨리 인식하고 주가를 끌어올리느냐 하는 점이다. 이때는 인내심이라는 미덕이 가장 필요한 순간이다.

주식을 통해 당장의 소득을 얻을 필요가 없는 투자자라 하더라도 '배당이 주가 하락을 방어하는 안전판 역할을 한다'는 사실은 인식할 수 있을 것이다. 경험상 노련한 시장 관측자들은 배당수익률을 주의 깊게 살펴보는 경향이 있다. 어떤 주식의 가격이 하락하여 매력적인 배당수익률을 창출하면 투자 자금이 그 주식으로 유입되고 하락세가 멈추기 마련이다. 반면에 배당금을 지급하지 않는 주식은 가격 하락을 완충해줄 보호 장치가 없다.

## 총수익에 대한 재고찰

총수익의 대략적인 개념에 대해서는 제2장에서 살펴본 바 있다. 총수익은 배당 가치 투자 전략의 핵심이자 주식 시장에 투자해야 하는 근본적인 이유이다. 주식 투자의 가장 큰 강점은 총수익의 잠재력에 있다.

**배당수익률 + 자본 차익 = 총수익**

그런데 배당수익률 이론에서는 위의 공식에 '배당성장률'이라는 요소를 추가한 실질 총수익 개념을 제시한다.

**배당수익률 + 배당성장률 + 자본 차익 = 실질 총수익**

실질 총수익은 과거에도 그랬고, 지금도 그러하며, 앞으로도 투자자들이 위험을 감수하고 자기 자본을 보통주에 투자하는 근본적인 이유다. 주식 시장이 형성된 초기부터 오늘날에 이르기까지,

실질 총수익은 주식 투자의 가장 매력적인 요소로 자리해 왔다. 채권 시장에서도 일정한 이자 수익을 얻을 수 있고, 금리 흐름에 따라 어느 정도의 자본 차익을 기대할 수도 있다. 그러나 배당 소득을 지속적으로 늘릴 수 있는 시장은 오직 주식 시장뿐이다. 앞서 살펴보았듯이, 배당성장률은 주가 상승의 촉매제이자 가장 정확한 예측 지표다.

지난 44년간, 동일한 수준의 위험을 감수하면서는 다른 어떤 투자 수단으로도 얻기 어려웠을 실질 총수익을 기록한 주식 종목들은 수없이 많다. 투자자들이 이러한 주식을 수년간 보유하는 동안 배당금은 꾸준히 인상되었고, 그에 발맞춰 주가 역시 지속적으로 상승했다. 이제부터 사례를 통해 이러한 현상이 어떻게 나타났는지 살펴보자.

## 맥도날드의 배당금 인상

세계적으로 가장 유명한 브랜드 가운데 하나인 맥도날드종목 코드: MCD는 사실상 패스트푸드 산업을 일으킨 기업으로서 현재 118개국에서 3만 2,000여 개의 직영 매장과 프랜차이즈 매장을 운영하고 있다.

맥도날드는 높은 브랜드 가치와 미국을 상징하는 기업이라는 위상을 지녔음에도 1990년대 후반과 2000년대 초반에 걸쳐 어려움을 겪었다. 증권 분석가들에게 '과거의 유물'이라거나 '망해가는 기업'이라는 조롱을 듣기도 했다. 그리고 이러한 맥도날드의 상황은, 소비자의 취향이 구시대적이고 전통적인 브랜드에서 스타벅스를 비롯해 유행에 민감하고 세련된 최신식 브랜드로 전환되고 있음을 상징적으로 보여주었다.

2003년, 맥도날드 경영진은 '결코 조용히 사라지는 일은 없으리라' 다짐하면서 황금 아치Golden Arches●의 명성을 되살리기 위한 사업 전략에 착수했다. 그러한 전략에는 자사주 매입share buyback과 배당금 인상을 통해 주주 가치를 높이겠다는 약속도 포함되어 있었다.

그리고 그들은 정말 진심이었다! 2002년 당시 맥도날드의 배당금은 분기당 0.06달러, 연간 0.24달러에 불과했지만 2003년 말까지 60% 인상되어 분기당 0.10달러, 연간 0.40달러에 이르렀다. 배당금은 그 이후로도 매년 꾸준히 인상되어 2009년 8월에는 분기당 0.50달러, 연간 2.00달러에 이르렀다.

2003년의 첫 배당금 인상과 더불어 맥도날드는 저평가 구간에 진입했고 우리의 레이더망에 들어왔다. 우리의 초기 매수는 주당 15달러와 19달러에 이루어졌다. 이 책을 쓰는 시점에 맥도날드의 주식은 주당 57달러에 거래되고 있으니 300%에 가까운 자본 차익이 발생한 것이다. 그러나 그보다 더 중요한 사실은 배당금이 그동안 1,000% 가까이 인상되었으며 매수가 기준 배당수익률dividend yield on purchase●●이 10%에 이른다는 점이다.

---

몇몇 독자는 우리가 그 많은 차익을 내고도 왜 아직까지 맥도날드 주식을 팔지 않았는지 궁금해할 것이다. 뒤에서 좀 더 자세히 알아보겠지만 맥도날드는 배당금 인상의 빈도와 규모 면에서 역사적으로 훌륭한 가치를 유지해 온 주식 종목이다.

**자료 3-2 맥도날드MCD**

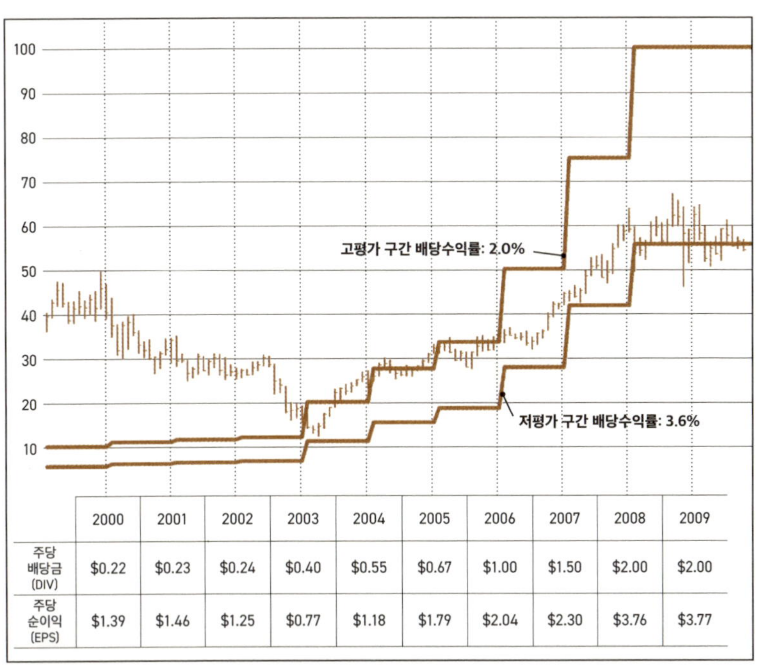

| | 2000 | 2001 | 2002 | 2003 | 2004 | 2005 | 2006 | 2007 | 2008 | 2009 |
|---|---|---|---|---|---|---|---|---|---|---|
| 주당 배당금 (DIV) | $0.22 | $0.23 | $0.24 | $0.40 | $0.55 | $0.67 | $1.00 | $1.50 | $2.00 | $2.00 |
| 주당 순이익 (EPS) | $1.39 | $1.46 | $1.25 | $0.77 | $1.18 | $1.79 | $2.04 | $2.30 | $3.76 | $3.77 |

**투자 지표**
퀄리티 랭킹: A-
기관투자자 숫자: 2,430
발행주식수(백만 단위): 1,103,243개
배당 시작 연도: 1976년
이익률: 18.8%
12개월 주당순이익: 3.77달러
주가수익비율: 14.3846153846154
주당순자산가치: 12.14달러
배당 성향: 53%

**현재 잠재력**
주가: 54.23달러
배당수익률: 3.7%

**고평가 구간**
주가: 100달러
배당수익률: 2.0%
상승 여력: 45.77
상승 여력(%): 46%

**저평가 구간**
주가: 56달러
배당수익률: 3.6%
하락 여력: -1
하락 여력(%): -2%

출처:
「밸류 트렌드 분석 보고서 (Value Trend Analysis)」

자료 3-2는 그러한 사실을 시각적으로 보여주는 차트다. 보다시 피 맥도날드 주식은 아직도 상당한 상승 여력을 지니고 있다. 맥도 날드의 사례는 상승 여력이 있는 주식을 장기간 보유하면 세금과 인플레이션이라는 두 가지 악재를 충분히 극복할 만큼 실질 총수 익을 창출할 수 있다는 사실을 보여준다.



실질 총수익은 장기 투자를 통해서만 실현되므로 단기 거래자에게는 매력적인 개념이 아니다. 또한 실질 총수익은 평균 배당수익률, 평균 배당성장률, 연평균 주가상승률과 같은 여러 평균치와 밀접하게 연결 되어 있다.

솔직히 말해 주가가 언제, 어느 정도 오를지조차 확실히 알 수 없 는 상황에서 '배당금이 매년 인상될 것'이라고 단정할 수는 없다. 실제로 2007년 10월 이후 시장은 약세장으로 불리는 조정 국면을 겪어 왔다. 그럼에도 오랜 기간 배당금을 꾸준히 지급하고 반복적 으로 인상해 온 기업의 주식을 역사적 기준에서 저평가된 가격대 에 매수한다면, 몇 년 뒤에는 그 주식이 다른 어떤 자산보다도 높 은 실질 총수익을 제공할 가능성이 크다.

## 퀄리티가 좌우한다

오랜 기간 배당금을 지급해 일정한 패턴이 형성된 기업이라면 어디든 배당 가치 투자 전략을 적용할 수 있다. 다만 성공 가능성은 '블루칩 기업'에 적용할 때 훨씬 높아진다. 우리의 40년 넘는 연구 결과에 따르면, 꾸준한 배당금 인상 이력을 지닌 블루칩 기업에 배당 가치 투자 전략을 적용했을 때 가장 강력한 자산 증식 효과가 나타났다. 결국 투자자에게 가장 중요한 목표는 현재와 미래에 필요한 현금을 마련하기 위해 자본과 소득의 형태로 부를 축적하는 것 아닌가.

**자료 3-3 배당수익률 이론**

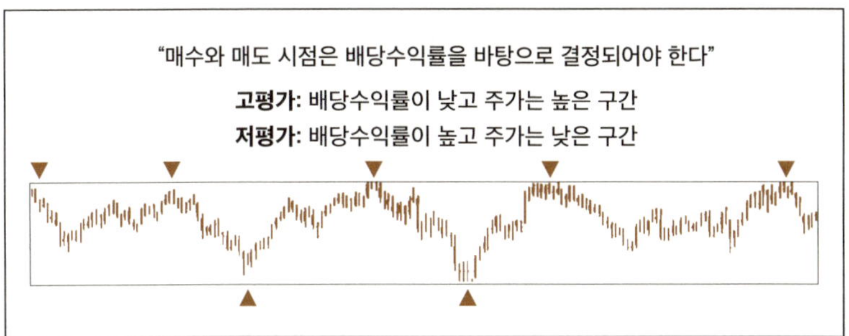


출처: 「인베스트먼트 퀄리티 트렌드」

자료 3-3은 배당수익률 이론이 무엇인지, 그리고 그 개념이 배당 가치 투자 전략을 통해 실제로 어떻게 적용되는지를 종합적으로 보여준다. 기본 전제는 단순하다. 주식을 어느 가격대에서 매수하거나 매도할지는, 배당수익률이 드러내는 배당의 내재 가치를 기준으로 결정된다는 것이다.

모든 주식 투자자의 바람은 저점에서 매수해 고점에서 매도하는 것이다. 그러나 대부분의 투자자는 고점과 저점을 오직 가격 기준으로만 판단한다는 점에서 아쉬움이 남는다. 앞서 살펴보았듯이, 실체적 맥락이 없는 가격은 아무 의미가 없다. 예컨대 2003년 맥도 날드의 주가는 15달러일 때도, 19달러일 때도 저평가된 상태였다. 당시 배당수익률이 역사적으로 매력적인 가치 구간에 있었기 때문이다. 같은 이유로 2004년의 40달러와 2009년의 57달러 역시 저평가된 가격이라 볼 수 있다.

결국 가치를 측정할 기준이 없다면 고점과 저점은 막연한 개념에 그칠 수밖에 없다. 그러나 우리의 관점에서 보면, 낮은 가치에 사서 높은 가치에서 파는 일은 그리 복잡하지 않다. 이것이 바로 근본적인 투자 전략의 수립 과정이다. 수많은 투자자들이 자본과 소득을 늘려 경제적 안정성을 얻고자 하면서도, 이처럼 단순하고 기초적인 원칙을 불신한 나머지 오히려 복잡한 전략을 찾아 헤매고 있다.

그리고 44년이 넘는 기간 동안 이 전략을 꾸준히 실천해 온 경험에 따르면, 투자자는 다음과 같은 효과를 기대할 수 있다.

- 주식 시장에서의 하락 위험을 최소화할 수 있다.
- 자본 차익의 상승 여력을 극대화할 수 있다.
- 배당 소득의 성장을 극대화하여 인플레이션의 속도를 따라갈 수 있게 해준다.

> ### 〰️ 배당의 진실
>
> 상대적으로 주가가 높고 배당수익률이 낮은 주식은 고평가되어 있을 가능성이 크다. 반대로 주가가 낮고 배당수익률이 높은 주식은 저평가된 상태일 가능성이 높다.

## 자연의 질서

2003년 세금 개혁법Tax Reform Act은 적격 기업이 지급하는 배당금에 적용되는 연방 소득세율을 대폭 인하했다. 이 법이 통과된 이후 배당을 기업 자본의 낭비로 보던 사람들 사이에서는 '의회가 세율을 세금 개혁법 이전 수준으로 되돌리면 배당주가 어떻게 될지 지켜보라'는 말이 회자되었다. 사실 미국 의회는 지속적으로 세법을 개정해 왔다. 그리고 각각의 개정 움직임은 행정부의 성향이 무엇인지, 또 투자자가 정치적으로 어느 진영에 속해 있는지에 따라 세법 개정은 긍정적으로도, 부정적으로도, 혹은 중립적으로도 받아들여질 수 있다.

많은 투자자들은 시장이 경기 변동, 입법 변화, 과세 환경, 기술 혁신에 맞춰 끊임없이 조정되는 역동적인 체계라는 사실을 잊곤 한다. 간단히 말해 시장은 적응한다. 배당 투자를 비판하는 이들 역시, 주식 투자가 본격화된 이후 투자자들이 반복적으로 배당주로 자금을 이동시켜 왔다는 사실을 간과한다.

그럼에도 블루칩 기업의 배당수익률이 주식의 미래 성과에 대해 중요한 정보를 제공한다는 이론은 특정한 조세 환경이나 일시적인 시장 국면에만 적용되는 이론이 아니다. 이는 하나의 기본 원칙이며, 가장 어려운 시장 환경 속에서도 꾸준히 방향을 제시하는 기준이다.

벤저민 그레이엄은 명저 『현명한 투자자The Intelligent Investor』에서 "건전한 투자의 근본 원칙은 세대가 바뀌어도 변해서는 안 된다"고 말하면서도, "그 원칙을 적용하는 방식은 금융 제도와 환경의 중대한 변화에 맞춰 조정되어야 한다"고 지적했다.

---

### 📈 배당의 진실

배당수익률 이론의 장점을 충분히 활용하고, 이를 모든 주식 시장의 메커니즘과 환경에 적용하려면 몇 가지 핵심 개념을 이해하고 실제로 실행해야 한다. 투자자가 해야 할 일은 다음과 같다.

- 주식의 가치를 확인해야 한다.
- 기업의 퀄리티를 식별해야 한다.
- 경기 순환의 중요성을 인식해야 한다.

## 배당은 여전히 거짓말하지 않는다

제럴딘 와이스가 1988년 『배당은 거짓말하지 않는다』를 처음 출간한 이후, 투자업계에는 실로 많은 변화가 있었다. 수많은 투자 이론이 등장했다가 사라졌고, 각종 매매 기법과 대체 투자 수단이 잠시 각광을 받았다가 결함이나 한계가 드러나며 잊혀졌다. 그리고 그 과정에서 투자자들은 셀 수 없이 많은 유행과 현상, 그리고 헛된 기대에 휩쓸렸다가 시장을 떠나곤 했다.

그러나 그 모든 변화 속에서도 단 하나, 배당만은 변하지 않았다. 배당금은 실제로 지급되는 돈이기 때문에 지금도 투자 수익 가운데 가장 믿을 수 있는 구성 요소다. 대차대조표와 손익계산서는 그럴듯한 환상을 만들어낼 수는 있지만, 투자자의 주머니에 현금을 넣어주지는 못한다. 반면 기업이 배당금을 지급하고 나면, 그 돈은 되돌릴 수도 없고 액수를 바꿀 수도 없다. 배당금이 기업의 계좌에서 빠져나가는 순간, 지급은 확정된다.

기업이 여러 차례 회계 조정을 하고 각종 기법과 꼼수를 동원하더라도, 배당금을 지급하지 않고 넘어갈 수는 없다. 배당금은 지급되거나, 지급되지 않을 뿐이다. 한마디로 배당금은 그 어떤 기업 보고서도 대신해 줄 수 없는 진실을 말해준다.

2000년대 초반 엔론Enron과 월드컴WorldCom 사태가 발생하고 2008년 세계 금융 위기 당시 은행과 신용 산업이 붕괴한 이후, 기업 경영진과 이사회는 금융 시장 역사상 그 어느 때보다도 엄중한 감시를 받고 있다. 그 결과 배당금의 발표와 지급 역시 이전보다 훨씬 더 엄격하고 신중하게 이루어지는 추세다.

설령 이러한 강도 높은 외부 감시가 없더라도, 블루칩 기업의 경영진과 이사회는 누구보다 자사의 재무 상태와 향후 수익 흐름을 정확히 파악하고 있다. 여기에 향후 입법 변화가 미칠 영향과 이미 시행 중인 사베인스-옥슬리법Sarbanes-Oxley Act의 효과까지 고려하면, 역량이 뛰어나고 체계적으로 운영되며 오랜 기간 우수한 성과를 이어온 블루칩 기업일수록 명확하고 타당한 재무적 근거 없이는 배당금을 지급하거나 인상하지 않을 것이다. 그런 점에서 배당금이 장기간에 걸쳐 꾸준히 인상되어 왔는지 여부만큼 기업의 건전성과 안정성을 분명하게 보여주는 지표는 없다.

뿐만 아니라 투자자가 예측 가능한 배당 흐름을 통해 정기적인 투자 수익을 추구할 경우 또 하나의 이점이 있다. 배당금의 지속적인 상승 추세는 기업의 자본이 계속해서 성장하고 있음을 보여주는 신뢰할 만한 예측 지표라는 점이다.

이쯤에서 배당금과 배당수익률이 주식 투자 수익의 구성 요소이자 기업 가치의 척도이며, 동시에 성장의 예측 지표라는 개념을 충분히 이해했을 것이다. 이제부터는 포트폴리오를 구축하고, 다양한 시장 국면 속에서 이를 관리하며, 미래의 주가와 시장 방향을 예측하는 과정에 이러한 개념을 어떻게 적용할 수 있는지 살펴보겠다.

# 4 퀄리티와 블루칩



배당 가치 투자 전략과 같은 투자 방식은 투자자에게 강력한 무기가 된다. 과거부터 우수한 가치를 보여온 우량 기업에 이러한 전략을 적용해 투자하면, 투자자는 시장의 그 누구보다 앞설 수 있을 만큼 단단하게 무장한 상태가 된다.

이 책 전반에 걸쳐 퀄리티quality와 가치value라는 단어가 반복되는 이유는 여기에 있다. 이 두 요소가 바로 배당 가치 투자 전략을 떠받치는 핵심적인 두 기둥이기 때문이다. 지금까지는 일반적인 관점에서 가치의 중요성을 살펴보았다. 이제부터는 그 논의를 훨씬 더 구체적인 수준으로 확장해 나갈 것이다.

가치 측정에 대한 세부적인 내용으로 들어가기 전에, 먼저 퀄리티라는 개념과 그 중요성을 이해할 필요가 있다. 앞서 언급했듯이 배당 가치 투자 전략은 반복적인 패턴이 형성될 정도로 장기간 배당금을 지급해 온 기업들에 적용할 수 있다. 그러나 최적의 투자 성과를 기대하려면, 퀄리티까지 우수한 '블루칩 기업'에 적용하는 것이 가장 바람직하다. 우리는 40여 년에 걸친 연구를 통해 '배당 가치 투자 전략을 오랜 기간 뛰어난 실적과 성과를 축적해 온 우량주에 적용할 경우 부의 축적에 큰 도움이 된다'는 결론에 도달했다.

## 퀄리티와 주식 시장

다음에 나오는 글은 제럴딘 와이스가 아들 그레고리 와이스Gregory Weiss와 쓴 두 번째 저서 『배당 커넥션Dividend Connection』에서 발췌한 대목이다. 워낙 잘 쓴 글이라 보완할 부분이 전혀 없으니 그대로 인용하겠다.

부동산 시장에서 퀄리티는 세 가지 척도로 판단된다. 바로 입지location, 입지, 그리고 입지다. 주식 시장에서도 마찬가지다. 주식의 퀄리티 역시 성과, 성과, 성과라는 세 가지 기준으로 결정된다.

1. 재무 성과는 퀄리티를 판단하는 첫 번째 척도다. 여기에는 이익과 배당, 부채 비율debt-to-equity ratio, 배당 지급 비율dividend payout ratio, 순자산가치, 현금흐름 등 기업의 재무적 이력이 모두 포함된다.

2. 생산 성과는 퀄리티의 두 번째 척도다. 우리가 찾는 기업은 유용한 제품이나 서비스를 생산하고, 새로운 제품이나 서비스의 연구개발을 적극적으로 추진하는 곳이다. 동시에 자사 제품이나 서비스를 시장에 성공적으로 판매할 수 있는 역량을 이미 입증한 기업이어야 한다.

3. 투자 성과는 퀄리티의 세 번째 척도다. 이는 장기적인 자본 차익과 배당성장률로 측정된다. 투자자의 가장 중요한 목표는 만족스러운 총수익을 얻는 것이며, 제대로 운영되고 재무적으로 탄탄한 기업의 주식은 장기적으로 다른 어떤 투자 수단보다도 우수한 총수익을 창출한다.

이 세 가지 퀄리티 척도는 서로 독립적으로 존재하지 않는다. 기업의 구조와 경영 방식, 그리고 주주의 목표와 긴밀하게 맞물려 있다. 우리가 수행한 어떤 연구의 결과를 보더라도 퀄리티가 높은 기업의 주식이 퀄리티가 낮거나 아직 검증되지 않은 기업의 주식보다 훨씬 더 큰, 적어도 동등한 이익 잠재력을 지니는 동시에 위험은 훨씬 낮다는 사실을 확인할 수 있다.

이러한 이유로 우리의 주식 투자 방식은 블루칩 주식을 선별하는 데 집중된다. 다시 말해 투자 대상을 블루칩 주식으로 한정한 뒤, 선별된 주식이 각각 저평가되어 있는지 혹은 고평가되어 있는지를 분석해 매수와 매도의 시점을 결정하는 것이다.

# 블루칩 주식이란?

현재 알려진 바로는 미국 금융 시장에만 1만 5,000개가 넘는 상장 기업이 존재한다. 그 가운데 블루칩은커녕 투자 대상으로 고려할 가치조차 없는 기업이 상당수라는 점에 이의를 제기할 사람은 많지 않을 것이다.

이 책에서 우리는 가치 투자를 단순한 도박이나 투기와는 정반대인 행위로 다루고 있다. 그런 점에서 우리가 가장 선호하는 주식 유형을 포커 게임에서 최고 가치를 지닌 칩의 이름을 딴 '블루칩'이라고 부르는 것은 다소 역설적으로 느껴진다. 그럼에도 블루칩이라는 용어는 최고의 퀄리티를 갖춘 주식에만 허용된다. 이유는 간단하다. 블루칩 기업은 높은 신뢰성을 바탕으로, 배당 성장과 자본 차익을 통해 주주 가치를 지속적으로 끌어올릴 수 있는 역량이 가장 큰 기업들이기 때문이다.

많은 블루칩 기업이 대중적으로 잘 알려져 있지만, 그렇지 않은 기업들도 그에 못지않게 많다. 반대로 유명하다는 이유만으로 블루칩으로 오인되기 쉬운 기업들 역시 적지 않다. 따라서 블루칩인 척하는 기업을 걸러내려면, 이를 식별할 수 있는 명확한 기준과 장치를 마련해 둘 필요가 있다.

이를 위해 우리는 1966년부터 '최우수 블루칩 선별 기준Criteria for Select Blue Chips'이라 부르는 여섯 가지 기준을 사용해 왔다. 여기서 '최우수 블루칩'이란, 우리가 최고 수준의 퀄리티를 갖춘 블루칩 주식에 붙인 명칭이다.

이 기준은 투자 여부를 판단하는 출발점 역할을 한다. 어떤 주식이 질적인 측면에서 이 기준을 충족하면, 그다음 단계로 우리는 해당 주식이 역사적으로 어느 수준의 배당수익률에서 저평가되었고, 또 어느 구간에서 고평가되었는지를 파악하기 위한 추가 분석을 진행한다.

### 📈 배당의 진실

다음은 최우수 블루칩 기업을 선별하는 여섯 가지 기준이다.

1. 배당금이 지난 12년 동안 5배 이상 증가했어야 한다.

2. 신용평가사 S&P가 매긴 퀄리티 랭킹Quality Ranking이 A 이상이어야 한다.

3. 시중에 유통되는 보통주가 500만 주 이상이어야 한다.

4. 기관투자자 숫자가 80곳 이상이어야 한다.

5. 25년 이상 배당을 중단하지 않은 기업이어야 한다.

6. 지난 12년 중에서 이익이 증가한 햇수가 7년 이상이어야 한다.

겉으로 보기에는 위 여섯 가지 기준이 단순해 보일 수 있다. 실제로 각각의 기준만 놓고 보면 그리 까다로운 편도 아니다. 그러나 이 기준들의 교집합을 선발하면, 미국 상장 주식의 약 98%가 사실상 걸러진다.

좀 더 구체적으로 말하면, 미국 주식 시장에 상장된 약 1만 5,000개 기업 가운데 우리의 기준을 모두 충족하는 기업은 약 350 개에 불과하다. 더 나아가 자료 4-1에서 보듯이, 이들 가운데서도 배당수익률을 기준으로 명확한 가치 프로필을 설정할 수 있는 기업은 273개뿐이다.

**자료 4-1 최우수 블루칩 기업**알파벳 순서

| 기업명 | 종목 코드 | 기업명 | 종목 코드 |
|---|---|---|---|
| 애보트래보러터리스 | ABT | 애포지엔터프라이즈 | APOG |
| ABM인더스트리스 | ABM | 어플라이드인더스트리얼테크놀로지 | AIT |
| 애플랙 | AFL | 아쿠아아메리카 | WTR |
| AGL리소시스 | AGL | 아처대니얼스미들랜드 | ADM |
| 에어프로덕츠&케미컬스 | APD | 어소시에이티드뱅코프 | ASBC |
| 알베르토컬버 | ACV | 에티&티(AT&T)Inc. | T |
| 알렉산더&볼드윈 | ALEX | 애트모스에너지 | ATO |
| 알트리아그룹 | MO | 오토매틱데이터프로세싱 | ADP |
| 아메리칸스테이츠워터 | AWR | 에이버리데니슨 | AVY |
| 애머런 | AEE | 에이본프로덕츠 | AVP |
| 아메리칸익스프레스 | AXP | 배저미터Inc. | BMI |
| 아메론인터내셔널 | AMN | 발도일렉트릭 | BEZ |
| 아메텍 | AME | 뱅코프사우스 | BXS |
| 에이온Corp. | AOC | 뱅크오브하와이 | BOH |
| 아파치Corp. | APA | 뱅크오브몬트리올 | BMO |

| 기업명 | 종목 코드 |
| --- | --- |
| 뱅크오브뉴욕멜런 | BK |
| 뱅크오브아메리카 | BAC |
| 바드, CR | BCR |
| 반즈 그룹 | B |
| 비비&티(BB&T)Corp. | BBT |
| 벡턴, 디킨슨 | BDX |
| 베미스컴퍼니 | BMS |
| 블랙앤데커 | BDK |
| 블록,H&R | HRB |
| 밥에반스팜스 | BOBE |
| 보잉 | BA |
| 브래디Corp. | BRC |
| 브리스톨마이어스스큅 | BMY |
| 브라운포맨 | BF.B |
| 벌링턴노던 | BNI |
| 캘리포니아워터서비스 | CWT |
| 캠벨수프 | CPB |
| 카디널헬스 | CAH |
| 칼라일컴퍼니 | CSL |
| 카스인포메이션시스템 | CASS |
| 캐터필러 | CAT |
| 센추리텔Inc. | CTL |
| 세브론Corp. | CVX |

| 기업명 | 종목 코드 |
| --- | --- |
| 처브Corp | CB |
| 처치&드와이트 | CHD |
| 신시내티파이낸셜 | CINF |
| 신타스Corp. | CTAS |
| 시티그룹Inc. | C |
| 클라코어 | CLC |
| 클레코Corp. | CNL |
| 클로락스 | CLX |
| 코카콜라 | KO |
| 콜게이트팜올리브 | CL |
| 코메리카 | CMA |
| 커머스뱅크쉐어스 | CBSH |
| 커머셜메탈스 | CMC |
| 커뮤니티트러스트뱅코프 | CTBI |
| 콘솔리데이티드에디슨 | ED |
| 콘아그라Inc. | CAG |
| 코네티컷워터서비스 | CTWS |
| 코노코필립스 | COP |
| 콘솔리데이티드워터 | CWCO |
| 쿠퍼인더스트리스 | CBE |
| 커티스라이트 | CW |
| 시비에스(CVS)케어마크 Corp. | CVS |
| 디어&Co. | DE |

| 기업명 | 종목 코드 |
| --- | --- |
| 다이볼드 Inc. | DBD |
| 월트디즈니 | DIS |
| 도미니언리소시스 | D |
| 도날슨컴퍼니 | DCI |
| 도버Corp. | DOV |
| 디피엘(DPL)Inc. | DPL |
| 이튼Corp. | ETN |
| 이튼밴스 | EV |
| 에코랩Inc. | ECL |
| 에머슨일렉트릭 | EMR |
| 엔브리지Inc. | ENB |
| 에너젠Corp. | EGN |
| 에니스Inc. | EBF |
| 에퀴팩스Inc. | EFX |
| 에퀴터블(EQT)Corp. | EQT |
| 엑셀론Corp. | EXC |
| 엑손모빌 | XOM |
| 패밀리달러스토어스 | FDO |
| 페더럴REIT(리얼티인베스트먼트트러스트) | FRT |
| 피프스서드뱅크 | FITB |
| 퍼스트머천츠Corp. | FRME |
| 퍼스트에너지Corp. | FE |
| 플로리다퍼블릭유틸리티 | FPU |

| 기업명 | 종목 코드 |
| --- | --- |
| 에프피엘(FPL)그룹 | FPL |
| 프랭클린리소시스 | BEN |
| 프리슈레스토랑 | FRS |
| 퍼스트미드웨스트뱅코프 | FMBI |
| 풀턴파이낸셜 | FULT |
| 갤러거, 아서 J. | AJG |
| 개닛 | GCI |
| 갭Inc. | GPS |
| 지에이티엑스(GATX)Corp. | GMT |
| 제너럴다이내믹스 | GD |
| 제너럴일렉트릭 | GE |
| 제너럴밀스 | GIS |
| 제뉴인파츠 | GPC |
| 고먼러프 | GRC |
| 그라코Inc. | GGG |
| 그레인저, WW | GWW |
| 그래나이트컨스트럭션 | GVA |
| 그리프Inc. | GEF |
| 핸콕홀딩스 | HBHC |
| 해리스Corp. | HRS |
| 하스코Corp. | HSC |
| 하스브로Inc. | HAS |
| 하인즈, HJ | HNZ |

| 기업명 | 종목 코드 |
| --- | --- |
| 헨리, (잭)&어소시에이츠 | JKHY |
| 허쉬푸즈 | HSY |
| 휴렛패커드 | HPQ |
| 에이치엔아이(HNI)Corp. | HNI |
| 홈디포 | HD |
| 호멜푸즈 | HRL |
| 허벨Inc. 클래스B | HUB.B |
| 헌팅턴뱅크셰어스 | HBAN |
| 인터내셔널비즈니스머신 | IBM |
| 일리노이툴웍스 | ITW |
| 임페리얼오일Ltd. | IMO |
| 인디펜던트뱅크Corp. | IBCP |
| 잉거솔랜드Plc. | IR |
| 인테그리스에너지 | TEG |
| 인터내셔널플레이버스&프래그런스 | IFF |
| 존슨&존슨 | JNJ |
| 존슨컨트롤스 | JCI |
| 케이던Corp. | KDN |
| 켈로그 | K |
| 킴벌리클라크 | KMB |
| 라클리드그룹 | LG |
| 레그메이슨 | LM |
| 리미티드브랜즈 | LTD |

| 기업명 | 종목 코드 |
| --- | --- |
| 링컨일렉트릭홀딩스 | LECO |
| 링컨내셔널 | LNC |
| 록히드마틴 | LMT |
| 로우스컴퍼니스 | LOW |
| 러프킨인더스트리스 | LUFK |
| 엠&티(M&T)뱅크 | MTB |
| 메리어트인터내셔널 | MAR |
| 마시&매클레넌컴퍼니스 | MMC |
| 마셜&일슬리 | MI |
| 맥코믹 | MKC |
| 맥도날드 | MCD |
| 맥그로힐 | MHP |
| 엠디유(MDU)리소시스 | MDU |
| 메드트로닉Inc. | MDT |
| 머크&컴퍼니 | MRK |
| 메러디스Corp. | MDP |
| 엠지이(MGE)에너지 | MGEE |
| 미들섹스워터Co. | MSEX |
| 쓰리엠(3M)컴퍼니 | MMM |
| 마인세이프티어플라이언스 | MSA |
| 몰슨쿠어스브루잉 | TAP |
| 엠티스(MTS)시스템스 | MTSC |
| 노스웨스트내추럴가스 | NWN |

| 기업명 | 종목 코드 | 기업명 | 종목 코드 |
|---|---|---|---|
| 내셔널퓨얼가스 | NFG | 화이자Inc. | PFE |
| 뉴저지리소시스 | NJR | 필립모리스인터내셔널Inc. | PM |
| 나이키Inc. 클라스B | NKE | 피드몬트내추럴가스 | PNY |
| 노블에너지Inc. | NBL | 피트니보우스 | PBI |
| 노드슨Corp. | NDSN | 피엔시(PNC)파이낸셜그룹 | PNC |
| 노드스트롬 | JWN | 폴라리스인더스트리스 | PII |
| 노퍽서던Corp. | NSC | 피피지(PPG)인더스트리스 Inc. | PPG |
| 노던트러스트 | NTRS | 프록터&갬블 | PG |
| 노스롭그루먼Corp. | NOC | 프로텍티브라이프 | PL |
| 엔스타 | NST | 퍼블릭서비스엔터프라이즈그룹 | PEG |
| 옥시덴탈페트롤리움 | OXY | 펄티홈스Inc. | PHM |
| 오지이(OGE)에너지 | OGE | 퀘스타Corp. | STR |
| 올드내셔널뱅코프 | ONB | 레이븐인더스트리스 | RAVN |
| 옴니콤그룹 | OMC | 레이먼드제임스파이낸셜 | RJF |
| 원오크Inc. | OKE | 리걸벨로이트 | RBC |
| 오터테일파워 | OTTR | 릴라이언스스틸&알루미늄 | RS |
| 오버시스쉽홀딩그룹 | OSG | 알엘아이(RLI)Corp. | RLI |
| 오웬스&마이너 | OMI | 로크웰오토메이션 | ROK |
| 파카인더스트리스 | PCAR | 롤린스Inc. | ROL |
| 파카하니핀 | PH | 로퍼인더스트리스 | ROP |
| 펜테어Inc. | PNR | 로얄뱅크오브캐나다 | RY |
| 피플스뱅코프 | PEBO | 러딕Corp. | RDK |
| 펩시코Inc. | PEP | 쉐링플라우 | SGP |

| 기업명 | 종목 코드 |
| --- | --- |
| 슐럼버거Ltd. | SLB |
| 셀렉티브인슈어런스그룹 | SIGI |
| 셈프라에너지 | SRE |
| 센시언트테크놀로지 | SXT |
| 셔윈윌리엄스 | SHW |
| 씨그마알드리치 | SIAL |
| 스미스, AO | AOS |
| 스머커, JM | SJM |
| 스냅온Inc. | SNA |
| 소노코프로덕츠 | SON |
| 사우스저지인더스트리스 | SJI |
| 서던컴퍼니 | SO |
| 사우스웨스트뱅코프 | OKSB |
| 스탠리웍스 | SWK |
| 스테이트스트리트Corp. | STT |
| 스테판컴퍼니 | SCL |
| 스털링뱅코프 | STL |
| 스노코Inc. | SUN |
| 선트러스트뱅크스 | STI |
| 슈퍼밸류Inc. | SVU |
| 서스퀘하나뱅크쉐어스 | SUSQ |
| 시노버스파이낸셜 | SNV |
| 시스코Corp. | SYY |

| 기업명 | 종목 코드 |
| --- | --- |
| 티(T).로우프라이스 | TROW |
| 타깃Corp. | TGT |
| 티시에프(TCF)파이낸셜 | TCB |
| 텔레플렉스Inc. | TFX |
| 티제이엑스(TJX)컴퍼니스 | TJX |
| 토치마크Corp. | TMK |
| 토로Co. | TTC |
| 트래블러스컴퍼니스 | TRV |
| 트러스트코뱅크Corp.NY | TRST |
| 트러스트마크Corp. | TRMK |
| 유지아이(UGI)Corp. | UGI |
| 유니언퍼시픽Corp. | UNP |
| 유나이티드테크놀로지스 | UTX |
| 유니버설Corp. | UVV |
| 밸리내셔널뱅크 | VLY |
| 밸몬트인더스트리스 | VMI |
| 발스파Corp. | VAL |
| 브이에프(VF)Corp. | VFC |
| 벌칸머티리얼스 | VMC |
| 월그린Co. | WAG |
| 월마트스토어스 | WMT |
| 워싱턴포스트 | WPO |
| 워싱턴페더럴 | WFSL |

| 기업명 | 종목 코드 |
| --- | --- |
| 워싱턴REIT | WRE |
| 와츠코Inc. | WSO |
| 와인가튼리얼티 | WRI |
| 웰스파고&컴퍼니 | WFC |
| 웨스트아메리카뱅코퍼레이션 | WABC |
| 웨이코그룹 | WEYS |

| 기업명 | 종목 코드 |
| --- | --- |
| 더블유지엘(WGL)홀딩스 | WGL |
| 월풀 | WHR |
| 윌밍턴트러스트 | WL |
| 위스콘신에너지Corp. | WEC |
| 자이언스뱅코프 | ZION |

## 최우수 블루칩 선별 기준

대부분의 주식 분석은 기본적 분석fundamental analysis과 기술적 분석technical analysis이라는 두 가지 방법을 통해 이루어진다.

기본적 분석은 다시 정량quantitative 분석과 정성qualitative 분석으로 나뉜다. 정량 분석은 이익, 배당금, 현금흐름, 배당 성향, 부채와 같이 숫자로 측정할 수 있는 요소에 초점을 맞춘다. 반면 정성 분석은 기업의 브랜드 인지도, 경영진의 전문성, 연구개발에 대한 의지, 산업의 경기 순환 주기처럼 수치화하기는 어렵지만 그럼에도 기업 가치를 판단하는 데 중요한 무형의 요소를 다룬다.

기술적 분석은 흔히 기본적 분석의 정반대 개념으로 이해된다. 기본적 분석이 기업의 경제적 특성을 분석해 내재 가치를 추정하는 접근법이라면, 기술적 분석은 그러한 정보가 이미 주가에 충분히 반영되어 있다고 전제한다. 따라서 기술적 분석가들은 기업 자체보다 가격의 움직임에 주목하며, 주식이나 시장에서 나타나는 수요와 공급의 흐름을 분석해 향후의 방향성과 추세를 판단하고자 한다.

항상 그런 것은 아니지만, 많은 분석가는 두 가지 기법 가운데 하나만을 선호하는 경향이 있다. 그들 중 일부에게는 이 두 기법 중 하나가 사실상 존재하지 않는 것이나 다름없기도 하다.

우리의 분석 방식은 이 두 가지 기법을 결합한 것이다. 우리는 이를 기술적 분석에 대한 기본적 접근fundamental approach to technical analysis이라 부른다.

앞서 살핀 최우수 블루칩 선별 기준은 기업의 기본적인 퀄리티를 식별해 투자 대상으로 삼을 주식을 가려내는 도구라 할 수 있다. 반면 우리의 가치 프로필은 배당수익률이 어느 수준일 때 해당 주식이 저평가되거나 고평가되는지를 역사적 패턴을 통해 분석하고 식별하는 작업이다. 요컨대 가치를 기준으로 매수·매도·보유의 시점을 판단하기 위한 것이다.

배당수익률을 바탕으로 저평가와 고평가를 판단하는 구체적인 내용은 다음 장에서 살펴보겠다. 일단은 '언제' 투자할지보다 '어디'에 투자할지에 집중해보자. 기업의 우수성, 즉 퀄리티를 정확히 식별해 투자 대상을 선별하는 것, 이것이 바로 블루칩 선별 기준의 가장 중요한 목적이다.

## 배당의 증가와 이익의 개선

최우수 블루칩 선별 기준 1과 6에는 모두 '12년'이라는 기간이 공통적으로 등장한다. 기준 1은 지난 12년 동안 배당금이 다섯 배 이상 증가해야 한다는 조건이고, 기준 6은 같은 기간 중 이익이 증가한 해가 최소 7년 이상이어야 한다는 조건이다.

'왜 하필 12년이냐'는 질문은 내가 가장 자주 받는 질문 중 하나다. 평균적으로 경기 순환은 약 4년 정도 지속된다. 따라서 12년이라는 기간은 경제와 시장이 세 차례의 완전한 경기 순환을 거치게 되는 시간이다.

이 과정에서 기업이 크고 작은 경제적 충격을 겪는 것은 피할 수 없다. 그 충격은 거시적 차원에서 모든 기업에 영향을 미칠 수도 있고, 미시적 차원에서 특정 기업이나 산업, 혹은 개별 부문에만 영향을 줄 수도 있다. 이와 함께 입법이나 세제에 중대한 변화가 발생할 가능성도 높아진다. 그럴 경우 기업에는 불가피하게 적응의 시간이 필요하다. 간단히 말해 역경은 기업 활동의 일부이며, 사업을 영위하는 데 따르는 비용이다.

이런 환경 속에서 이익을 꾸준히 늘리는 것은 그 자체로 쉽지 않다. 뿐만 아니라 그 흐름을 장기간 유지하는 일은 더더욱 어렵다. 기업의 이익과 배당 실적이 12년에 걸쳐 꾸준히 개선되었다면, 그것은 결코 우연이나 행운의 결과가 아니다. 오히려 '그 기업에 견실하고 유능한 경영진이 존재한다'는 가장 분명한 증거라고 할 수 있다.

꾸준한 이익 성장과 배당 성장을 달성한 최우수 블루칩 기업의 목록은 상당히 길다. 그중에서도 2009년 9월 중순 기준으로 저평가 범주에 포함된 기업들을 자료 4-2에 나열했다.

**자료 4-2** 12년간 10% 이상의 연평균 배당성장률을 기록한 블루칩 기업들

| 기업명 | 종목 코드 | 기업명 | 종목 코드 |
|---|---|---|---|
| 애보트랩스 | ABT | 커뮤니티트러스트뱅코프 | CTBI |
| 애플랙 | AFL | 콘솔리데이티드에디슨 | ED |
| 알트리아그룹 | MO | 코노코필립스 | COP |
| 아처대니얼스미들랜드 | ADM | 시비에스(CVS)케어마크 Corp. | CVS |
| 오토매틱데이터프로세싱 | ADP | 이튼밴스 | EV |
| 뱅크오브하와이 | BOH | 엑셀론Corp. | EXC |
| 뱅크오브몬트리올 | BMO | 갤러거, 아서 J. | AJG |
| 벡톤, 디킨슨 | BDX | 그리프Inc. | GEF |
| 보잉 | BA | 해리스Corp. | HRS |
| 카디널헬스 | CAH | 하스브로Inc. | HAS |
| 캐터필러 | CAT | 헨리, (잭)&어소시에이츠 | JKHY |
| 센추리텔Inc. | CTL | 에이치엔아이(HNI)Corp. | HNI |
| 셰브론Corp. | CVX | 홈디포 | HD |
| 신시내티파이낸셜 | CINF | 인터내셔널비즈니스머신(IBM) | IBM |
| 신타스Corp. | CTAS | 존슨&존슨 | JNJ |
| 클로락스 | CLX | 킴벌리클라크 | KMB |
| 코카콜라 | KO | 록히드마틴 | LMT |
| 콜게이트팜올리브 | CL | 엠&티(M&T)뱅크 | MTB |

| 기업명 | 종목 코드 | | 기업명 | 종목 코드 |
|---|---|---|---|---|
| 맥도날드 | MCD | | 시스코Corp. | SYY |
| 메러디스Corp. | MDP | | 타깃Corp. | TGT |
| 마인세이프티어플라이언스 | MSA | | 텔레플렉스Inc. | TFX |
| 나이키Inc. 클라스B | NKE | | 티제이엑스(TJX)컴퍼니스 | TJX |
| 노블에너지Inc. | NBL | | 트러스트마크Corp. | TRMK |
| 오버시스쉽홀딩그룹 | OSG | | 유나이티드테크놀로지스 | UTX |
| 펩시코Inc. | PEP | | 발스파Corp. | VAL |
| 필립모리스인터내셔널Inc. | PM | | 브이에프(VF)Corp. | VFC |
| 폴라리스인더스트리스 | PII | | 월그린Co. | WAG |
| 프록터&갬블 | PG | | 월마트스토어스 | WMT |
| 레이먼드제임스파이낸셜 | RJF | | 웨이코그룹 | WEYS |
| 씨그마알드리치 | SIAL | | | |

　　기업의 경영 상태가 우수한지를 판단하는 데 가장 신뢰할 수 있는 척도는 장기적인 실적이다. 장기 실적은 기업이 순이익을 지속적으로 늘리고, 배당을 안정적인 성장 추세로 유지할 수 있는 역량을 갖추었는지를 분명하게 보여준다. 투자자는 시장에 투입할 자본을 마련하기 위해 오랜 시간 노력한다. 그렇다면 그렇게 어렵게 모은 자본을 아무 기업에나 맡길 이유는 없다. 가장 뛰어나고 검증된 기업에 맡겨야 한다.

　　다시 말해, 푸딩의 맛은 결국 먹어봐야 아는 법이다.

## S&P의 퀄리티 랭킹이 'A'인 기업들

S&P는 1956년부터 퀄리티 랭킹이라는 이름으로 보통주의 이익·배당 등급을 제공해 왔다. S&P가 보통주에 매긴 이익·배당 등급은 다음과 같다.

'NR'은 해당 주식 종목이 등급 산정에 필요한 데이터가 부족하거나 등급 산정에 적합하지 않아 등급이 없다는 뜻이다.

**자료 4-3 S&P의 퀄리티 등급**

| A+(최고) | B+(평균) | C(최저) |
|---|---|---|
| A(높음) | B(평균 이하) | D(파산 등의 구조조정 진행 중) |
| A-(평균 이상) | B-(낮음) | NR(등급 없음) |

어떤 기업이 우리의 투자 대상인 최우수 블루칩 영역에 포함되려면 처음부터 A- 이상의 퀄리티 랭킹을 받아야 한다. 그 경우에 해당 기업은 나중에 랭킹이 B+로 하락한다고 하더라도 블루칩 영역에 남아 있을 수 있다. 그러나 랭킹이 B- 아래로 떨어지면 목록에서 제거된다.

S&P에 따르면 퀄리티 랭킹 시스템의 목적은 기업 이익과 배당의 성장성과 안정성을 하나의 기호로 요약해 보여주는 데 있다. S&P는 기업의 이익과 배당 실적이 제품 경쟁력, 산업 내 위상, 기업이 보유한 자원, 재무 정책 등 다양한 요소가 상호작용한 결과라고 보고, 이러한 관점을 바탕으로 퀄리티 랭킹을 평가한다.

장기적으로 볼 때 기업의 이익 이력과 배당 이력은 해당 기업의 상대적인 퀄리티와 상당한 상관관계를 보인다. 다만 S&P는 자사의 퀄리티 랭킹이 주식의 퀄리티를 결정하는 모든 유·무형 요소를 완벽하게 반영한다고 주장하지는 않는다.

퀄리티 랭킹은 최근 10년간의 주당 이익과 배당 기록을 기반으로 전산 시스템을 통해 산출된다. S&P는 10년이라는 기간이 기업의 구조적 성장secular growth을 측정하고, 기업의 발전 과정에서 나타나는 추세 변화의 초기 신호를 포착하는 데 충분할 뿐만 아니라, 경기 순환의 한 정점에서 다음 정점까지의 전 과정을 포함하고 강세장과 약세장을 모두 아우를 수 있을 만큼 충분히 길다고 판단한다.

산출 과정을 보면, 먼저 이익과 배당을 바탕으로 기본 점수를 산정한 뒤 성장률, 장기 추세의 안정성, 경기 민감도cyclicality 등 S&P가 자체적으로 설정한 조정 요인을 반영해 점수를 수정한다. 이렇게 조정된 이익 점수와 배당 점수를 합산해 최종적인 퀄리티 랭킹이 산출된다.

## 유통 주식수가 500만 주 이상인 기업

시가총액, 즉 기업 규모가 주식 수익률에 미치는 영향에 대해서는 이미 방대한 연구가 축적되어 있다. 뮤추얼 펀드 업계는 이러한 연구를 바탕으로 주식을 시가총액 구간별로 나누고, 특정 구간에 속한 주식만을 투자 대상으로 삼는 다양한 펀드를 설계해왔다. 이런 펀드들은 이름에 '캡cap'이라는 용어가 포함되어 있어 비교적 쉽게 구분할 수 있다. 예컨대 메가캡mega-cap, 라지캡large-cap, 미드캡mid-cap, 스몰캡small-cap, 마이크로캡micro-cap 등이 그것이다.

최근에는 투자 자문가들이 개별 종목에 투자하는 고객에게 파이 차트pie chart를 제시하며, 보유 주식이 각 시가총액 구간에 어떻게 분포되어 있는지를 설명하는 장면도 흔히 볼 수 있다.


많은 사람들은 이러한 분석 방식을 매우 중시한다. 이를 비판할 생각은 없다. 이러한 부분에서 논쟁을 벌이는 일은 이 책의 목적과도 맞지 않는다. 다만 분명히 하고 싶은 점은, 우리가 주식의 퀄리티를 판별하는 데 있어 시가총액 자체에는 큰 비중을 두지 않는다는 사실이다. 우리가 절대적으로 중요하게 여기는 요소는 기업 규모가 아니라 유동성liquidity이다.

대량으로 발행된 보통주는 자연스럽게 높은 유동성을 확보하게 된다. 투자자들은 주식을 사고팔기 위해 별도의 약속을 잡아야 하는 상황을 원하지 않는다. 잠시 후에 다시 언급하겠지만, 기관투자자들은 우리의 전략을 실행하는 데 중요한 역할을 하는 주체들로

서 유동성이 풍부한 기업에 투자하는 경향이 있다. 그래야만 주가를 교란시키지 않고도 대규모 투자 포지션을 구축할 수 있기 때문이다.

또한 기관투자자들은 매도 시점에 충분한 수의 매수자가 존재하는지도 중요하게 고려한다. 거래량이 적은 주식을 대량으로 매수하거나 매도하려 애쓰는 것만큼 난처한 일도 드물다. 막대한 자금을 운용하는 경우가 많은 기관투자자에게는 시장에 진입하고 이탈하는 과정에서 질서를 유지하는 것이 무엇보다 중요하다.

마지막으로, 풍부한 유동성은 주가 조작 가능성을 낮추는 데에도 중요한 역할을 한다.

## 80곳 이상의 기관투자자를 확보한 기업

우리가 말하는 '기관투자자'란 뮤추얼 펀드, ETF, 헤지펀드, 은행, 보험사, 연기금과 퇴직연금 운용사, 대형 증권사, 자산운용사 등 다양한 투자 집단을 포괄하는 개념이다. 어느 거래일이든 기관투자자들은 전체 거래 활동의 상당 부분을 차지한다. 그만큼 이들의 집단적인 매수와 매도 결정은 주가의 흐름에 막대한 영향을 미칠 수밖에 없다. 다시 말해 기관투자자는 월가에 존재하는 '800파운드짜리 고릴라800-pound gorilla'라고 해도 과언이 아니다.

기관투자자들 스스로는 이를 인정하지 않을지 모르지만, 이들은 상당히 예측 가능한 행동 패턴을 보이는 경우가 많다. 이는 기관투자자라는 집단이 서로 긴밀하게 연결된 공동체라는 사실과 무관하지 않다. 이들은 서로 교류하고 정보를 공유하며, 결과적으로 비슷한 판단과 행동을 취하는 경향이 있다. 우리와 같은 가치 투자자는 바로 이러한 집단적 성향을 이해하고 활용함으로써 투자에서 유리한 위치를 확보할 수 있다.

우리는 배당 가치 투자 전략을 실행할 때 비교적 이른 시점에 시장에 진입하는 경우가 적지 않다. 다시 말해, 역사적으로 우수한 가치를 제공해 온 저평가된 우량 기업에 기관투자자들보다 훨씬 먼저 투자하는 일이 많다는 뜻이다.

그러다 보면 기관의 증권 분석가 한두 명이 우리가 이미 투자해 둔 기업을 우연히 발견하고, 매수 추천 보고서를 작성해 트레이더나 증권 영업 부서에 배포하는 상황이 거의 필연적으로 뒤따른다. 기관투자자 공동체 안에는 '오래도록 유지되는 비밀'이 없다. 일단 정보가 퍼지기 시작하면 기관투자자들의 매수세는 빠르게 확산된다.

그리고 이러한 강력한 매수 흐름은 결국 우리가 가장 선호하는 또 다른 유형의 투자자, 즉 모멘텀 투자자momentum investor의 레이더에도 포착된다. 모멘텀 투자자란 주가 상승세가 뚜렷한 종목을 매수하거나, 하락세가 분명한 종목을 공매도해 자본 차익을 노리는 투자자를 말한다. 모멘텀 투자의 중심에는 '한번 형성된 추세는 반대 방향으로 전환되기보다는 같은 방향으로 이어질 가능성이 더 크다'는 믿음이 깔려 있다.

본질적으로 이러한 믿음 자체가 틀렸다고 보기는 어렵다. 사실 우리의 투자 방식 역시 일정 부분에서는 모멘텀의 기조에 올라타 있다. 저평가된 가격, 높은 배당, 그리고 배당 추세의 상승이라는 세 가지 요소를 동시에 갖춘 우량 기업을 매력적인 투자 대상으로 삼기 때문이다. 물론 우리는 전통적인 의미의 모멘텀 투자자는 아니다. 여기까지 읽은 독자라면, 이 말이 무엇을 의미하는지 충분히 이해했을 것이다.

정리하자면, 우리가 역사적으로 저평가된 구간에서 매수한 주식은 대체로 기관투자자와 모멘텀 투자자의 관심이 맞물리는 시점에 상승 여력이 커지며, 결국 역사적인 고평가 구간에 진입할 가능성이 높아진다. 우리는 바로 그 시점에 해당 주식을 매도해 이익을 실현하고, 다시 저평가된 우량 주식을 찾아 나선다.

최우수 블루칩 선별 기준 여섯 가지 가운데 기관투자자의 수는 가장 유동적인 기준이다. 다시 말해, 숫자 80을 충족한다고 해서 특별한 일이 자동으로 벌어지는 것은 아니다. 진정으로 중요한 것은 그 주식에 대해 폭넓은 관심이 존재한다는 분명한 근거가 있는지, 그리고 다양하고 많은 기관투자자가 실제로 그 주식에 참여하고 있는지다.

가격 안정성의 관점에서 볼 때, 우리는 보통주 지분의 50% 이상이 소수의 기관에 집중된 기업보다, 보통주 지분의 50% 이상이 80곳 이상의 기관에 분산된 기업을 선호한다. 다양성은 곧 안정성으로 이어지기 때문이다. 다행히도 대부분의 종합 증권사와 투자자 데이터베이스에서는 종목별 기관투자자의 수와 지분 보유 비율과 같은 정보를 비교적 쉽게 확인할 수 있다.

## 25년 이상 배당을 중단하지 않은 기업

'25년 이상 배당을 중단하지 않은 기업' 이 기준은 최우수 블루칩 선별 기준 가운데서도, '우거진 풀숲 속의 대형견'과 '잡초 속의 소형견'을 가려내는 역할을 한다.

나는 '배당을 25년 동안 단 한 번도 중단하지 않은 회사와 10년·15년·20년 동안 배당을 유지해 온 회사 사이에 과연 의미 있는 차이가 있느냐?'는 질문을 자주 받는다. 짧게 답하자면, 당연히 큰 차이가 있다. 다양한 사례를 분석한 결과, 배당을 중단 없이 유지한 기간이 짧을수록 주가 변동성은 더 크고, 이익과 배당 추세의 신뢰도는 낮아지는 경향이 뚜렷하게 나타났다.

이러한 현상을 단 하나의 실증적 근거로 설명하기는 어렵다. 다만 경험을 바탕으로 추정해보면 이유는 비교적 명확하다. 시장 참여자들의 집단적 판단이 오랜 기간 꾸준한 배당을 유지해 온 기업에 일종의 '엘리트 지위'를 부여하고, 그 결과 투자자들 역시 해당 기업을 특별한 존재로 인식하게 된다는 것이다.

분명한 사실 하나는 이렇다. 25년이라는 기간 동안 기업은 여러 차례의 경기 순환과 산업 순환을 겪게 되고, 강세장의 환희와 약세장의 절망을 모두 경험한다. 자사 제품이나 서비스가 큰 인기를 누리는 시기도, 그렇지 못한 시기도 반드시 지나간다. 그 과정에서 기업은 수많은 변화와 사건을 마주하게 된다. 바로 '그 모든 과정을 견뎌내고도 배당을 끊지 않았다'는 사실 자체가, 해당 기업의 퀄리티를 가장 강력하게 증명한다.

나는 최종적인 분석 끝에 모든 것이 결국 역량competence이라는 하나의 요소로 귀결된다고 믿게 되었다. 기업이 오랜 세월 동안 수 없이 맞닥뜨리는 도전들을 견뎌내면서도 이익과 배당의 성장 추세를 흔들림 없이 유지하는 힘, 그것이 바로 역량이다. 소비자의 관심을 끌 만한 제품과 서비스를 지속적으로 개발하고, 필요할 때는 스스로를 과감하게 혁신하는 능력 역시 역량에 속한다. 나아가 신세대 경영 인재를 꾸준히 영입하고 육성해 전통적인 우수성을 이어가는 것 또한 기업의 중요한 역량이다.

투자자들은 금융 시장에 투입할 자본을 마련하기 위해 성실하게 일한다. 그렇다면 모든 조건이 같을 때, 그 소중한 자본을 가장 마음 편히 맡길 수 있는 대상은 어디일까? 답은 단순하다. 자신이 알고 있는 기업 가운데 가장 역량이 뛰어난 기업들이다.

실제로 극히 일부 예외를 제외하면, 현재『인베스트먼트 퀄리티 트렌드』의 최우수 블루칩 영역에 포함된 273개 기업 대부분은 25년 동안 단 한 해도 거르지 않고 배당금을 지급해 왔다. 이는 역량이 무엇인지를 가장 명확하게 보여주는 결과다.


## 배당의 중요성


여기까지 읽은 독자라면 배당금의 중요성을 분명히 이해했을 것이다. 배당금이 인상되면 기업 가치의 상승이 반영되면서 주가는 자연스럽게 오른다. 반대로 배당금이 삭감되면 기업 가치의 하락이 반영되어 주가는 필연적으로 내려간다.

배당은 기업 가치를 보여주는 지표이자 미래 성장을 가늠하게 해주는 신호다. 동시에 새로운 투자자를 끌어들이는 역할을 하며, 위험을 감수한 투자자에게 눈에 보이는 보상을 제공한다. 가치에 민감한 투자자들은 배당을 통해 현재 필요한 현금 흐름을 안정적으로 확보할 수 있고, 인플레이션을 따라잡거나 생활 수준을 높이기 위한 재투자 자본도 마련할 수 있다.

해마다 배당금을 지급하고 이를 주기적으로 인상하는 기업은 그 자체로 경영 상태가 견실하다는 사실을 드러낸다. 지속적인 배당금 지급은 기업이 사업 비용을 감당하고, 대출 이자를 상환하며, 회사를 성장시키는 동시에 주주에게 보상을 제공할 만큼 충분한 이익을 창출하고 있음을 보여주는 가장 확실한 증거다.

배당금이 인상되는 순간, 주주는 복잡한 재무제표나 연례 보고서를 일일이 들여다보지 않아도 자신이 투자한 기업이 좋은 실적을 내고 있다는 사실을 즉시 확인할 수 있다.

## 퀄리티를 대체하는 수익성 지표는 없다

이번 장에서는 배당 가치 투자 전략에서 기업의 퀄리티가 왜 중요한지를 살펴보았다. 배당 가치 투자 전략은 저평가 구간과 고평가 구간이 반복적으로 형성될 만큼 오랜 기간 배당을 지속해 온 모든 주식에 적용할 수 있다. 그러나 40년이 넘는 연구를 통해 분명하게 입증된 사실이 있다. 최상의 투자 성과를 얻기 위해서는 투자 대상을 최우수 블루칩 주식으로 한정해야 한다는 점이다.

퀄리티가 높은 블루칩 기업의 주식은 강세장에서는 가장 먼저 상승하고 약세장에서는 가장 늦게 하락한다. 경기 호황기에는 전체 경제를 웃도는 성과를 내며 불황기에는 역경을 가장 잘 견뎌낸다. 수없이 반복된 경험이 보여주듯이, 퀄리티를 대신할 수 있는 수익성 지표는 존재하지 않는다.

다만 퀄리티는 배당 가치 투자 전략을 떠받치는 두 기둥 가운데 하나일 뿐, 최종적인 판단 기준은 아니다. 가장 중요한 것은 '가치'다. 다음 장에서는 성공적인 포트폴리오를 구축하기 위해 왜 가치 식별이 핵심적인 역할을 하는지 살펴볼 것이다.

# 5 | 가치와 블루칩

"요즘 사람들은 모든 물건의 가격을 꿰뚫고 있지만 그 가치는 하나도 모른다."— **오스카 와일드** Oscar Wilde

배당 가치 투자 전략의 핵심은 퀄리티를 파악하는 데 있지만, 퀄리티와 가치는 본질적으로 서로 다른 척도다. 『인베스트먼트 퀄리티 트렌드』가 선별한 최우수 블루칩 기업들은 모두 높은 퀄리티를 갖추고 있지만, 그 가운데에는 현재 가치가 낮은 기업도 존재한다. 다시 말해, 아무리 퀄리티가 뛰어난 주식이라 하더라도 고평가된 상태일 수 있다는 뜻이다.

따라서 투자자는 먼저 블루칩 주식의 진정한 퀄리티를 확인한 뒤, 그다음 단계에서 가치라는 척도를 적용해야 한다. 그래야만 자본의 안전성을 지키는 동시에 실질 총수익률을 끌어올릴 여지를 극대화할 수 있다.

## 우량 가치를 발견하는 방법

투자 성공의 핵심 요인을 하나만 꼽아야 한다면 그것은 우량 가치를 알아보고 평가할 수 있는 능력이다. 여기에서 중요한 질문 두 가지를 던져 보겠다. 첫 번째 질문은 '주식 시장에서 가치는 어떻게 측정되는가?'이다. 그다음 질문은 '어떤 주식에 우량 가치가 확보되는 시점을 어떻게 알아내는가?'이다.

**자료 5-1 세 가지 투자 가치 척도**

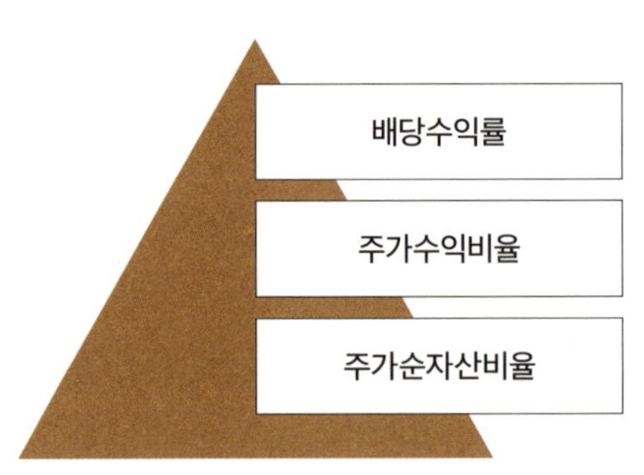


자료 5-1에서 알 수 있듯이, 주식 시장에서 투자자가 주식의 가치를 평가할 때 사용하는 세 가지 기본적인 척도는 배당수익률, 주가수익비율, 주가순자산비율이다.

그중에서도 주식 시장의 가장 중요한 가치 척도는 배당 이력을 보여주는 배당수익률이다. 배당수익률은 본질을 꿰뚫는 척도다. 주식에서 다른 모든 요소를 걷어내고 난 후에 그 주식의 진정한 가치를 단적으로 보여주는 요소가 배당수익률이다.

그렇다고 해서 주가수익비율이나 주가순자산비율이 중요하지 않다는 뜻은 아니다. 이 두 가지 역시 중요한 가치 척도이며, 완벽하지는 않지만 배당수익률이 보여주는 움직임의 이유를 확인하는 수단으로서 상당히 유용하다.

### 주가수익비율

주가수익비율, 즉 PER은 가장 널리 사용되는 가치 척도인 만큼 대부분의 투자자가 가장 먼저 접하는 분석 도구다. 간단히 말해 PER은 기업의 주가를 과거 12개월 동안의 순이익과 비교해 보여주는 지표다. 산출 방식은 현재 주가를 주당순이익earnings per share, EPS으로 나누는 것이다. 이렇게 계산된 PER은 주가가 순이익의 몇 배에 거래되고 있는지를 나타낸다.

예를 들어 어떤 기업의 지난 12개월간 주당순이익이 1.95달러이고 현재 주가가 24달러라고 가정해 보자. 이 경우 24달러를 1.95달러로 나누면 약 12.30이 되며, 이를 배율로 표현하면 약 12배다. 즉, 해당 기업의 PER은 12라고 할 수 있다. 이 PER이 높은지, 낮은지, 혹은 적정한지는 전적으로 당시의 경제 여건과 시장 환경에 따라 달라진다.

기업 이익과 주가, 금리가 전반적으로 위축되는 약세장에서는 PER이 한 자릿수까지 내려가는 경우도 드물지 않다. 반대로 기업 이익과 주가, 금리가 강세를 보이는 경기 확장 국면에서는 PER이 10을 훌쩍 넘어 20까지 상승하는 현상도 자주 나타난다.

산업의 성장성에 따라 차이는 있지만, 일반적으로 PER이 15 미만이면 적정 가치 수준으로 평가되는 경우가 많고, 20을 초과하면 고평가되었다고 보는 시각이 우세하다. 다만 주식은 저마다 고유한 특성을 지니므로, 어떤 종목에서는 고평가 신호로 여겨지는 PER이 다른 종목에서는 충분히 합리적인 가치로 받아들여지기도 한다. 특히 시장의 관심이 집중된 종목이나 산업은 더 높은 PER을 부여받는 경향이 있다. 참고로 우리는 대체로 PER 10 정도의 기업을 선호한다.

이처럼 PER에는 어느 정도 주관적인 판단이 개입될 수밖에 없다. 따라서 객관성을 높이기 위해서는 각 종목마다 배당수익률이 어느 수준일 때 주가가 저평가 구간과 고평가 구간에 진입했는지를 장기간에 걸쳐 반복적으로 관찰하고 그 패턴을 파악할 필요가 있다.

### 주가순자산비율

회계 용어로 순자산가치book value, 장부 가치란 기업이 보유한 유형 자산, 즉 눈으로 보고 손으로 만질 수 있는 자산에서 채무와 우선주, 그리고 특허권이나 영업권과 같은 무형 자산을 제외한 나머지 자산의 가치를 말한다. 쉽게 말해 순자산가치는 기업이 파산해 모든 자산을 처분하고 채무를 전부 상환한 뒤 남게 되는 금액으로 볼 수 있다. 이 금액을 유통 중인 보통주 수로 나누면 주당순자산가치가 산출된다.

주가순자산비율, 즉 PBR은 시장이 평가한 기업의 가치인 '주가'를 재무제표에 나타난 가치인 '주당순자산가치'와 비교한 지표다.

예를 들어 어떤 기업의 주가가 20달러이고 가장 최근의 주당순자산가치가 10달러라면, 20달러를 10달러로 나눈 값은 2가 된다. 이를 배율로 표현하면 해당 기업의 PBR은 2다.

PBR이 1이라는 것은 시장이 평가하는 기업의 가치가 재무제표상 순자산가치와 일치한다는 뜻이다. PBR이 1보다 크다면 시장이 그 기업의 주식에 장부 가치보다 더 높은 가치를 부여하고 있다는 의미다. 반대로 PBR이 1보다 낮을 경우에는 두 가지 가능성을 생각해 볼 수 있다. 하나는 시장이 해당 기업의 미래에 불안감을 느껴 제값을 지불하지 않으려는 경우이고, 다른 하나는 투자자들의 판단 오류로 인해 주식이 실제 가치보다 낮게 평가된 경우다.

일부 증권 분석가들은 순자산가치의 신뢰성에 의문을 제기하는 태도를 거의 신성모독처럼 여긴다. 그러나 객관적인 분석가라면 순자산가치가 완전한 가치 평가 척도라고 보기에는 분명한 한계를 지니고 있다는 사실을 외면하기 어렵다.

우선 최근 금융회사들의 사례에서 보듯이, 자산과 부채를 평가하는 과정에는 해석의 여지가 개입할 수 있다. 또한 기술 기업이나 서비스 기업처럼 기업 가치의 상당 부분이 지적 재산권 등 눈에 드러나지 않는 무형 자산에서 창출되는 경우, 그 가치는 순자산가치에 제대로 반영되지 않는다. 더 나아가 대부분의 회계 처리 방식은 인플레이션이 자산 가격에 미치는 영향을 충분히 반영하지 못한다. 이런 이유로 순자산가치는 실제 가치보다 과대평가되거나 과소평가될 가능성을 동시에 안고 있다.

위대한 투자자 벤저민 그레이엄은 내 학문적·지적 성장에 지대한 영향을 준 인물이며, 가치 식별의 척도로서 순자산가치를 가장 중시한 투자자이기도 하다. 그러나 그레이엄조차도 주가가 순자산가치와 같거나 비슷하다는 이유만으로 해당 주식의 가치가 높다고 판단해서는 안 된다고 분명히 경고했다. 그는 『현명한 투자자』에서 시장이 주식에 매기는 가격을 면밀히 살필 것, 기업이 단기 부채 1달러당 얼마나 많은 현금을 보유하고 있는지 점검할 것, 그리고 배당이 안정적으로 유지되고 있는지를 확인할 것을 투자자들에게 조언했다.

아무튼 순이익과 PER이 그렇듯, 순자산가치와 PBR 역시 무시해서는 안 될 중요한 지표다. 이들 지표는 그 자체로 완결된 답을 주지는 않지만, 배당수익률이 움직이는 이유를 이해하는 데 중요한 단서를 제공하는 가치 척도다.

## 배당수익률

우리는 투자 가치의 가장 중요한 척도가 배당수익률이라고 생각한다. 그 이유는 다음과 같은 세 가지 요인 때문이다.

1. 배당은 기업의 이익에서 비롯된다.
2. 배당 상승 추세는 기업이 성장하고 있음을 보여주는 지표다.
3. 배당수익률의 고점과 저점이 반복적으로 형성하는 패턴을 살펴보면 주가가 현재 저평가 상태인지 고평가 상태인지를 명확히 파악할 수 있다.

통찰력 있는 투자자들은 배당금 인상을 정당화할 수 있는 요인이 대체로 하나뿐이라는 사실을 잘 알고 있다. 그것은 이익의 증가이거나, 이익이 증가할 것이라는 경영진의 합리적인 판단이다.

블루칩 기업의 경영진이라면 잘못된 판단으로 평판이 훼손되는 상황을 원할 리 없다. 따라서 현재와 미래의 이익이 개선될 가능성이 크다는 확신이 없다면 배당금 인상을 결정하지 않는다. 특히 정상적인 판단력을 지닌 경영자라면 향후 이익 전망에 조금이라도 의문이 드는 경우 배당금 인상을 시도하지 않을 것이다.

이 책에서는 저평가와 고평가라는 용어가 반복해서 등장한다. 우리는 저평가undervalue를 낮은 주가와 높은 배당수익률의 조합으로, 고평가overvalue를 높은 주가와 낮은 배당수익률의 조합으로 정의한다. 이들은 역사적으로 검증된 가치 구간을 보여준다.

또한 이처럼 배당수익률을 기준으로 식별되는 개별 종목의 가치 구간을 '가치 프로필profile of value'이라 부른다. 모든 주식에 동일하게 적용되는 가치 프로필은 존재하지 않는다. 주식은 저마다 고유한 가치 프로필을 지니며, 따라서 각 종목은 개별적으로 분석되고 평가되어야 한다.

---

### 📈 배당의 진실

높은 가치를 지닌 기업을 판단하는 기준은 다음과 같다.

**규칙 1.** 해당 종목의 배당수익률이 역사적 기준에서 높은 수준에 있으며, 과거에도 배당수익률이 이처럼 상승했을 때마다 하락 추세에 있던 주가가 바닥을 형성하고 반등했던 경우.

**규칙 2.** 해당 종목의 PER이 역사적 기준에서 낮은 수준에 있고, 다우 존스 산업평균지수의 평균 PER보다 낮은 경우단, 이익이 지속적으로 증가하고 있으며 그 증가 속도가 시장 평균을 상회하는 성장주는 예외로 한다. 이러한 성장주는 PER이 평균보다 높더라도 양호한 가치를 지닌 것으로 판단할 수 있다.

**규칙 3.** 재무 구조가 견실하여 유동 자산과 유동 부채의 비율이 2대 1 이상이고, 자기자본 대비 부채 비율debt-to-equity ratio이 50% 이하인 경우.

**규칙 4.** 기업의 주가가 순자산가치의 133%를 넘지 않는 경우주가가 순자산가치에 가까울수록 바람직하다. 다만 장기간에 걸쳐 뛰어난 성장성을 입증한 기업에는 이 규칙을 반드시 적용할 필요는 없다.

## 왕중왕

블루칩 주식 중에서도 유독 더 블루칩다운 주식들이 있다. 바로 S&P로부터 A+라는 퀄리티 랭킹을 받았을 뿐만 아니라 「인베스트먼트 퀄리티 트렌드」가 'G'로 지정한 주식들이다. 'G' 등급은 지난 12년 동안 10% 이상의 연평균 배당성장률을 달성한 기업에 부여된다. 이러한 기준을 충족하고 현재 좋은 가치를 제공하는, 즉 저평가된 기업들은 자료 5-2에 정리되어 있다.

**자료 5-2 로열 블루칩: 최고의 기업들**

| 기업명 | 종목 코드 |
| --- | --- |
| 아처대니얼스미들랜드 | ADM |
| 오토매틱데이터프로세싱 | ADP |
| 캐터필러 | CAT |
| 신타스Corp. | CTAS |
| 콜게이트팜올리브 | CL |
| CVS케어마크Corp. | CVS |
| 잭헨리&어소시에이츠 | JKHY |
| 나이키Inc. 클라스B | NKE |
| 펩시코Inc. | PEP |
| 필립모리스인터내셔널 | PM |
| 씨그마알드리치 | SIAL |
| 시스코Corp. | SYY |
| 타깃Corp. | TGT |
| TJX컴퍼니스 | TJX |
| 유나이티드테크놀로지스 | UTX |
| 월그린컴퍼니 | WAG |
| 월마트Inc. | WMT |

# 빛바랜 블루칩

『인베스트먼트 퀄리티 트렌드』가 선별한 최우수 블루칩 영역은 미국 상장 기업 가운데에서도 가장 높은 퀄리티를 지닌 최정예 기업들로 구성되어 있다. 그러나 단 한 번의 선정만으로 최우수 블루칩이라는 지위를 영구히 유지할 수 있는 것은 아니다. 그 자리에 머물기 위해서는 기업이 지속적으로 성과를 입증해야 한다.

지난 약 44년 동안 다양한 이유로 100여 개의 종목이 최우수 블루칩 리스트에서 제외되었다. 다른 기업에 인수되어 자연스럽게 제외된 경우도 있었지만, 배당을 중단해 기준을 충족하지 못하게 된 기업도 적지 않았다.

또한 일시적이거나 주기적인 경영 어려움으로 인해 퀄리티 랭킹이 평균 이하인 B등급으로 하락하는 사례도 발생한다. 이런 경우에는 설령 다른 다섯 가지 기준을 모두 충족하더라도, 우리는 해당 기업을 최우수 블루칩 리스트에서 제외하고 '빛바랜 블루칩 faded blue' 리스트로 옮기는 것이 타당하다고 판단한다.

아래 도표의 75개 주식 종목은 과거에 「인베스트먼트 퀄리티 트렌드」가 선별한 최우수 블루칩 리스트에 포함되었다가 퀄리티 랭킹이 평균 이하로 떨어지거나 6가지 기준이라는 최소 요건을 충족하지 못하여 제외되었다.

다만 해당 주식들이 B+ 이상의 퀄리티 랭킹을 회복하거나 기준 미달 사항을 바로잡는다면 리스트로 복귀할 수 있다. 이 75개 종목이 블루칩이었을 때 매수한 투자자들을 위해 우리는 다음과 같

## 자료 5-3 1986~2008년 다우존스 산업평균지수

| 종목 | 상태 | 주가 | 배당금 | 배당 수익률 (배당금÷주가) | 하락 여력 (주가-저평가 기준) | 하락 여력(%) (하락 여력÷주가) | 저평가 기준 | 고배당 수익률 | 상승 여력 (고평가 기준-주가) | 상승 여력(%) (상승 여력÷주가) | 고평가 기준 | 저배당 수익률 | S&P 평가 | 52주 최저가 | 52주 최고가 | 주당 순자산 가치 | 12개월 주당 순이익 | 주가 수익 비율 | 배당 성향 | 배당 위험 | 종목 코드 |
|---|---|---|---|---|---|---|---|---|---|---|---|---|---|---|---|---|---|---|---|---|---|
| 알코아 | O | 12 | 0.12 | 1.0% | 8 | 67% | 4 | 3.0% | -3 | -24% | 9 | 1.3% | B | 5 | 30 | 13 | -2.21 | -6 | -5% | X | AA |
| 암콜 인터내셔널 | R | 22 | 0.72 | 3.3% | 4 | 19% | 18 | 4.0% | 50 | 226% | 72 | 1.0% | B | 11 | 38 | 11 | 0.39 | 57 | 185% | X | ACO |
| 아머일렉트릭 파워 | R | 31 | 1.64 | 5.3% | 13 | 42% | 18 | 9.2% | 24 | 76% | 55 | 3.0% | B | 24 | 42 | 27 | 2.85 | 11 | 58% |  | AEP |
| 아메리칸내셔널보험 | D | 84 | 3.08 | 3.7% | 37 | 44% | 47 | 6.5% | 35 | 41% | 118 | 2.6% | B | 34 | 110 | 123 | -9.14 | -9 | -34% | X | ANAT |
| 배릭골드 | U | 40 | 0.40 | 1.0% | 0 | 0% | 40 | 1.0% | 93 | 233% | 133 | 0.3% | B | 17 | 41 | 19 | 0.74 | 54 | 54% |  | ABX |
| 박스터인터내셔널 | R | 57 | 1.04 | 1.8% | 22 | 39% | 35 | 3.0% | 47 | 84% | 104 | 1.0% | A- | 45 | 70 | 11 | 3.43 | 17 | 30% |  | BAX |
| 벨로Corp. | U | 3 | 0.30 | 9.1% | -12 | -400% | 15 | 2.0% | 27 | 815% | 30 | 1.0% | C | 0 | 8 | 2 | -4.41 | -1 | -7% | X | BLC |
| 블랙힐스 Corp. | U | 24 | 1.42 | 5.8% | -4 | -16% | 28 | 5.0% | 32 | 133% | 57 | 2.5% | B | 15 | 39 | 28 | 3.05 | 8 | 47% |  | BKH |
| 센터포인트 | D | 12 | 0.76 | 6.3% | 4 | 30% | 8 | 9.0% | 18 | 152% | 30 | 2.5% | B | 8 | 16 | 6 | 1.09 | 11 | 70% |  | CNP |
| CH에너지그룹 | R | 45 | 2.16 | 4.8% | 18 | 40% | 27 | 8.0% | 27 | 61% | 72 | 3.0% | B+ | 33 | 53 | 33 | 2.26 | 20 | 96% |  | CHG |
| 시그나Corp. | O | 30 | 0.04 | 0.1% | 29 | 98% | 1 | 7.0% | -27 | -90% | 3 | 1.3% | B | 8 | 43 | 16 | 2.22 | 13 | 2% |  | CI |
| 코후Inc. | R | 12 | 0.24 | 2.0% | 6 | 46% | 7 | 3.6% | 36 | 292% | 48 | 0.5% | B- | 7 | 18 | 11 | -1.56 | -8 | -15% | X | COHU |
| 콘스텔레이션 에너지 | R | 31 | 0.96 | 3.1% | 14 | 45% | 17 | 5.5% | 9 | 27% | 40 | 2.4% | B | 13 | 68 | 18 | -9.22 | -3 | -10% | X | CEG |
| 쿠퍼타이어 | U | 14 | 0.42 | 2.9% | 0 | 0% | 14 | 3.0% | 6 | 43% | 20 | 2.1% | B- | 3 | 17 | 4 | -3.96 | -4 | -11% | X | CTB |
| 딜럭스Corp. | U | 16 | 1.00 | 6.4% | -4 | -27% | 20 | 5.0% | 51 | 325% | 67 | 1.5% | B | 6 | 18 | 1 | 1.61 | 10 | 62% |  | DLX |

| 종목 | 상태 | 주가 | 배당금 | 배당 수익률 (배당금÷주가) | 하락 여력 (주가-저평가 기준) | 하락 여력(%) (하락 여력÷주가) | 저평가 기준 | 고배당 수익률 | 상승 여력 (고평가 기준-주가) | 상승 여력(%) (상승 여력÷주가) | 고평가 기준 | 저배당 수익률 | S&P 평가 | 52주 최저가 | 52주 최고가 | 주당 순자산 가치 | 12개월 주당 순이익 | 주가 수익 비율 | 배당 성향 | 배당 위험 | 종목 코드 |
|---|---|---|---|---|---|---|---|---|---|---|---|---|---|---|---|---|---|---|---|---|---|
| 딜라즈 | U | 12 | 0.16 | 1.4% | 1 | 8% | 11 | 1.5% | 20 | 177% | 32 | 0.5% | B | 3 | 15 | 30 | -3.05 | -4 | -5% | X | DDS |
| 다우케미칼 | R | 21 | 0.60 | 2.8% | 10 | 49% | 11 | 5.5% | 19 | 88% | 40 | 1.5% | B | 6 | 40 | 14 | -1.67 | -13 | -36% | X | DOW |
| DTE에너지 | R | 35 | 2.12 | 6.1% | 8 | 24% | 27 | 8.0% | 29 | 84% | 64 | 3.3% | B | 23 | 44 | 38 | 3.47 | 10 | 61% | | DTE |
| 듀크에너지 | R | 16 | 0.96 | 6.2% | 2 | 12% | 14 | 7.0% | 16 | 106% | 32 | 3.0% | B | 12 | 19 | 16 | 0.91 | 17 | 105% | X | DUK |
| 듀폰 | R | 32 | 1.64 | 5.2% | 4 | 14% | 27 | 6.0% | 59 | 187% | 91 | 1.8% | B | 16 | 48 | 8 | 0.70 | 45 | 234% | X | DD |
| 이스트만코닥 | U | 5 | 0.50 | 9.5% | -5 | -89% | 10 | 5.0% | 33 | 627% | 38 | 1.3% | B- | 2 | 17 | 0 | -5.02 | -1 | -10% | X | EK |
| 퍼스트메릿 Corp. | R | 18 | 0.64 | 3.6% | 6 | 34% | 12 | 5.5% | 14 | 81% | 32 | 2.0% | B | 12 | 31 | 12 | 1.19 | 15 | 54% | | FMER |
| 풀러(HB) | D | 20 | 0.27 | 1.3% | 11 | 52% | 10 | 2.8% | 7 | 34% | 27 | 1.0% | B | 10 | 28 | 12 | 0.06 | 336 | 450% | X | FUL |
| 굿리치Corp. | O | 56 | 1.00 | 1.8% | 45 | 80% | 11 | 8.8% | -14 | -26% | 42 | 2.4% | B+ | 25 | 58 | 21 | 5.45 | 10 | 18% | | GR |
| 할리버튼 | O | 25 | 0.36 | 1.5% | 16 | 66% | 8 | 4.3% | -1 | -2% | 24 | 1.5% | B | 13 | 42 | 9 | 1.22 | 20 | 30% | | HAL |
| 하와이안일렉트릭 | U | 17 | 1.24 | 7.3% | 1 | 8% | 16 | 8.0% | 24 | 144% | 41 | 3.0% | B+ | 12 | 30 | 15 | 0.99 | 17 | 125% | X | HE |
| 하니웰 | R | 37 | 1.21 | 3.3% | 7 | 19% | 30 | 4.0% | 44 | 117% | 81 | 1.5% | B+ | 23 | 50 | 11 | 3.07 | 12 | 39% | | HON |
| 인터내셔널페이퍼 | O | 22 | 0.10 | 0.4% | 20 | 88% | 3 | 3.8% | -18 | -81% | 4 | 2.3% | B | 4 | 31 | 11 | -2.96 | -8 | -3% | X | IP |
| 키코프 | O | 6 | 0.04 | 0.6% | 6 | 100% | 1 | 7.4% | -5 | -83% | 1 | 3.0% | B- | 4 | 17 | 10 | -2.98 | -2 | -1% | X | KEY |
| 킴벌 인터내셔널 | R | 6 | 0.20 | 3.1% | 1 | 23% | 5 | 4.0% | 7 | 106% | 13 | 1.5% | B- | 4 | 13 | 10 | 0.46 | 14 | 43% | | KBALB |
| 랭카스터 콜로니 | D | 50 | 1.14 | 2.3% | 27 | 55% | 23 | 5.0% | 26 | 51% | 76 | 1.5% | B | 26 | 53 | 14 | 3.18 | 16 | 36% | | LANC |

| 종목 | 상태 | 주가 | 배당금 | 배당 수익률 (배당금÷주가) | 하락 여력 (주가-저평가 기준) | 하락 여력(%) (하락 여력÷주가) | 저평가 기준 | 고배당 수익률 | 상승 여력 (고평가 기준-주가) | 상승 여력(%) (상승 여력÷주가) | 고평가 기준 | 저배당 수익률 | S&P 평가 | 52주 최저가 | 52주 최고가 | 주당 순자산 가치 | 12개월 주당 순이익 | 주가 수익 비율 | 배당 성향 | 배당 위험 | 종목 코드 |
|---|---|---|---|---|---|---|---|---|---|---|---|---|---|---|---|---|---|---|---|---|---|
| 랜스 | O | 26 | 0.64 | 2.5% | 16 | 62% | 10 | 6.5% | 0 | 0% | 26 | 2.5% | B | 17 | 26 | 8 | 0.95 | 27 | 67% |  | LNCE |
| 로슨 프로덕츠 | O | 17 | 0.12 | 0.7% | 12 | 72% | 5 | 2.5% | -2 | -11% | 15 | 0.8% | B | 10 | 38 | 16 | -0.76 | -22 | -16% | X | LAWS |
| 레이지보이 | O | 9 | 0.08 | 0.9% | 7 | 80% | 2 | 4.5% | -4 | -50% | 4 | 1.8% | B- | 1 | 12 | 6 | -2.15 | -4 | -4% | X | LZB |
| 레겟&플랫 | U | 18 | 1.04 | 5.6% | -2 | -12% | 21 | 5.0% | 47 | 252% | 65 | 1.6% | B | 10 | 25 | 11 | 0.23 | 80 | 452% | X | LEG |
| 일라이 릴리 | U | 33 | 1.96 | 5.9% | -32 | -98% | 65 | 3.0% | 163 | 494% | 196 | 1.0% | B | 27 | 48 | 7 | -1.48 | -22 | -132% | X | LLY |
| 리즈클레이본 | U | 4 | 0.23 | 5.6% | -4 | -99% | 8 | 2.8% | 29 | 698% | 33 | 0.7% | A- | 1 | 20 | 4 | -11.41 | 0 | -2% | X | LIZ |
| LSI인더스트리스 | U | 7 | 0.20 | 2.8% | 0 | 7% | 7 | 3.0% | 10 | 133% | 17 | 1.2% | B | 3 | 10 | 6 | -0.62 | -12 | -32% | X | LYTS |
| 루브리졸 Corp. | O | 66 | 1.24 | 1.9% | 41 | 62% | 25 | 5.0% | -9 | -14% | 56 | 2.2% | B | 24 | 65 | 25 | -0.32 | -205 | -388% | X | LZ |
| 마커스Corp. | U | 12 | 0.34 | 2.8% | 1 | 7% | 11 | 3.0% | 19 | 152% | 31 | 1.1% | B | 6 | 20 | 11 | 0.58 | 21 | 59% |  | MCS |
| 매스코Corp. | R | 13 | 0.30 | 2.3% | 2 | 15% | 11 | 2.7% | 4 | 27% | 17 | 1.8% | B | 4 | 22 | 8 | -1.42 | -9 | -21% | X | MAS |
| 맥케슨 | R | 56 | 0.48 | 0.9% | 12 | 22% | 44 | 1.1% | 40 | 71% | 96 | 0.5% | B+ | 28 | 60 | 24 | 3.17 | 18 | 15% |  | MCK |
| 머큐리제너럴 Corp. | U | 36 | 2.32 | 6.4% | -15 | -42% | 52 | 4.5% | 56 | 155% | 93 | 2.5% | B | 22 | 62 | 30 | -1.79 | -20 | -130% | X | MCY |
| 모건/체이스 | O | 42 | 0.20 | 0.5% | 39 | 92% | 3 | 6.0% | -34 | -81% | 8 | 2.5% | B | 15 | 51 | 37 | 0.90 | 47 | 22% |  | JPM |
| 나이코 | R | 36 | 1.86 | 5.2% | 8 | 21% | 28 | 6.6% | 19 | 53% | 55 | 3.4% | B | 28 | 52 | 22 | 2.55 | 14 | 73% |  | GAS |
| 뉴코 | U | 44 | 1.40 | 3.2% | -26 | -58% | 70 | 2.0% | 96 | 217% | 140 | 1.0% | B | 25 | 53 | 24 | 1.64 | 27 | 85% |  | NUE |
| 올드리 퍼블릭 인터내셔널 | U | 11 | 0.68 | 5.9% | -6 | -55% | 17 | 4.0% | 29 | 248% | 40 | 1.7% | B | 7 | 17 | 16 | -1.05 | -11 | -65% | X | ORI |

| 종목 | 상태 | 주가 | 배당금 | 배당 수익률 (배당금÷주가) | 하락 여력 (주가-저평가 기준) | 하락 여력(%) (하락 여력÷주가) | 저평가 기준 | 고배당 수익률 | 상승 여력 (고평가 기준-주가) | 상승 여력(%) (상승 여력÷주가) | 고평가 기준 | 저배당 수익률 | S&P 평가 | 52주 최저가 | 52주 최고가 | 주당 순자산 가치 | 12개월 주당 순이익 | 주가 수익 비율 | 배당 성향 | 배당 위험 | 종목 코드 |
|---|---|---|---|---|---|---|---|---|---|---|---|---|---|---|---|---|---|---|---|---|---|
| 옴니케어 | O | 23 | 0.09 | 0.4% | 19 | 81% | 5 | 2.0% | -15 | -65% | 8 | 1.1% | B+ | 19 | 33 | 31 | 1.34 | 17 | 7% |  | OCR |
| 폴Corp. | D | 30 | 0.58 | 1.9% | 11 | 36% | 19 | 3.0% | 28 | 92% | 58 | 1.0% | B+ | 18 | 40 | 9 | 1.63 | 19 | 36% |  | PLL |
| JC 페니 | O | 30 | 0.80 | 2.6% | 17 | 56% | 13 | 6.0% | -3 | -9% | 28 | 2.9% | B | 14 | 44 | 19 | 1.59 | 19 | 50% |  | JCP |
| 펩보이즈 | R | 9 | 0.12 | 1.3% | 7 | 71% | 3 | 4.5% | 3 | 29% | 12 | 1.0% | C | 3 | 11 | 8 | -0.46 | -20 | -26% | X | PBY |
| 퍼킨엘머 | R | 18 | 0.28 | 1.5% | 9 | 48% | 9 | 3.0% | 10 | 55% | 28 | 1.0% | B | 11 | 29 | 13 | 0.98 | 18 | 29% |  | PKI |
| 피나클웨스트 | U | 32 | 2.10 | 6.5% | -10 | -30% | 42 | 5.0% | 48 | 150% | 81 | 2.6% | B | 22 | 38 | 32 | 0.24 | 135 | 875% | X | PNW |
| 프로그레스 에너지 | R | 39 | 2.48 | 6.3% | 8 | 21% | 31 | 8.0% | 43 | 111% | 83 | 3.0% | B | 31 | 46 | 33 | 2.87 | 14 | 86% |  | PGN |
| 리전스 파이낸셜 | O | 6 | 0.04 | 0.7% | 5 | 88% | 1 | 6.0% | -4 | -72% | 2 | 2.6% | B | 2 | 20 | 13 | -8.63 | -1 | 0% | X | RF |
| 로빈스 마이어스 | D | 24 | 0.16 | 0.7% | 16 | 66% | 8 | 2.0% | 8 | 35% | 32 | 0.5% | B- | 13 | 42 | 15 | 2.17 | 11 | 7% |  | RBN |
| RPMInc. | U | 16 | 0.80 | 4.9% | 0 | 0% | 16 | 5.0% | 13 | 81% | 30 | 2.7% | B | 9 | 22 | 9 | 0.94 | 17 | 85% |  | RPM |
| 사라리Corp. | D | 9 | 0.44 | 4.7% | 3 | 33% | 6 | 7.0% | 13 | 135% | 22 | 2.0% | B | 7 | 14 | 3 | 0.52 | 18 | 85% |  | SLE |
| 슐만 | R | 20 | 0.60 | 3.0% | 5 | 24% | 15 | 4.0% | 40 | 203% | 60 | 1.0% | B | 11 | 24 | 15 | 0.37 | 54 | 162% | X | SHLM |
| 스카이라인 Corp. | R | 23 | 0.72 | 3.2% | 5 | 20% | 18 | 4.0% | 13 | 60% | 36 | 2.0% | B- | 15 | 31 | 17 | -1.84 | -12 | -39% | X | SKY |
| 스탠더드 레지스터 | R | 5 | 0.20 | 4.3% | 2 | 34% | 3 | 6.5% | 5 | 116% | 10 | 2.0% | B- | 3 | 12 | 2 | -0.17 | -27 | -118% | X | SR |
| 스탠덱스 인터내셔널 | O | 18 | 0.20 | 1.1% | 14 | 75% | 4 | 4.5% | -8 | -45% | 10 | 2.0% | B- | 8 | 30 | 14 | -0.44 | -41 | -45% | X | SXI |
| 수피어리어인 더스트리스 | U | 14 | 0.64 | 4.5% | -23 | -163% | 38 | 1.7% | 114 | 794% | 128 | 0.5% | B- | 8 | 20 | 15 | -4.19 | -3 | -15% | X | SUP |

| 종목 | 상태 | 주가 | 배당금 | 배당 수익률 (배당금÷주가) | 하락 여력 (주가 -저평가 기준) | 하락 여력(%) (하락 여력 ÷주가) | 저평가 기준 | 고배당 수익률 | 상승 여력 (고평가 기준- 주가) | 상승 여력(%) (상승 여력 ÷주가) | 고평가 기준 | 저배당 수익률 | S&P 평가 | 52주 최저가 | 52주 최고가 | 주당 순자산 가치 | 12개월 주당 순이익 | 주가 수익 비율 | 배당 성향 | 배당 위험 | 종목 코드 |
|---|---|---|---|---|---|---|---|---|---|---|---|---|---|---|---|---|---|---|---|---|---|
| 테이스티 베이킹 | D | 7 | 0.20 | 2.9% | 4 | 58% | 3 | 7.0% | 1 | 21% | 8 | 2.4% | B- | 3 | 8 | 4 | -0.47 | -15 | -43% | X | TSTY |
| 텔레폰&데이 터시스템스 | U | 28 | 0.43 | 1.5% | -3 | -10% | 31 | 1.4% | 80 | 284% | 108 | 0.4% | B | 21 | 41 | 35 | 0.65 | 43 | 66% |  | TDS |
| 텍사스인스트 루먼트 | R | 25 | 0.44 | 1.8% | 8 | 32% | 17 | 2.6% | 30 | 121% | 55 | 0.8% | B | 13 | 25 | 7 | 0.73 | 34 | 60% |  | TXN |
| 텍스트론Inc. | O | 17 | 0.08 | 0.5% | 16 | 94% | 1 | 7.5% | -14 | -81% | 3 | 2.5% | B | 4 | 41 | 11 | 0.10 | 171 | 80% |  | TXT |
| 팀켄 | O | 21 | 0.36 | 1.7% | 16 | 76% | 5 | 7.0% | -11 | -51% | 10 | 3.5% | B | 10 | 31 | 16 | 0.33 | 64 | 109% | X | TKR |
| 투시롤 | D | 24 | 0.32 | 1.4% | 17 | 73% | 6 | 5.0% | 30 | 126% | 53 | 0.6% | B | 19 | 34 | 11 | 0.77 | 31 | 42% |  | TR |
| 버라이즌 | U | 31 | 1.84 | 6.0% | 0 | 0% | 31 | 6.0% | 18 | 58% | 48 | 3.8% | B | 23 | 36 | 15 | 2.12 | 14 | 87% |  | VZ |
| 워소모스 | R | 10 | 0.34 | 3.5% | 1 | 13% | 9 | 4.0% | 24 | 247% | 34 | 1.0% | C | 4 | 12 | 4 | -0.06 | -163 | -567% |  | WPP |
| 와이스마켓 | U | 32 | 1.16 | 3.6% | -1 | -2% | 33 | 3.5% | 64 | 198% | 97 | 1.2% | B | 23 | 40 | 25 | 2.11 | 15 | 55% |  | WMK |
| 웨어하우저 | O | 37 | 0.20 | 0.5% | 34 | 91% | 3 | 6.0% | -28 | -77% | 9 | 2.3% | B- | 19 | 66 | 20 | -6.16 | -6 | -3% | X | WY |
| 워딩턴 인더스트리스 | R | 14 | 0.40 | 3.0% | 7 | 51% | 7 | 6.0% | 10 | 74% | 24 | 1.7% | B | 7 | 22 | 9 | -1.37 | -10 | -29% | X | WOR |
| 와이어스 | D | 48 | 1.20 | 2.5% | 24 | 50% | 24 | 5.0% | 12 | 25% | 60 | 2.0% | B | 28 | 48 | 16 | 3.38 | 14 | 36% |  | WYE |

이 통계 분석 자료를 제공한다. 투자 등급은 떨어졌지만 보다시피 배당수익률은 저평가 구간일 때나 고평가 구간일 때나 여전히 양호한 편이다. 주식명 뒤의 R, D, O, U는 각각 상승세, 하락세, 고평가, 저평가를 나타낸다.

자료 5-3은 대략 75개 주식 종목으로 구성된 빛바랜 블루칩의 리스트다. 빛바랜 블루칩으로 강등된 기업이라도 퀄리티 랭킹을 평균 이상인 B+로 다시 끌어올리거나 그 외의 기준 미달 사항을 시정하면 최우수 블루칩으로 다시 선별될 자격을 얻을 수 있다.


## 기본에 충실하라

주식 시장에서는 '투자자가 무엇을 찾고자 하든 결국 그것을 시장에서 발견하게 된다'는 말이 있다. 왜 투자하느냐고 물으면 대부분의 투자자는 돈을 벌기 위해서라고 답할 것이다. 물론 모든 투자자는 돈을 좋아한다. 그러나 실제로는 짜릿한 흥분이나 오락을 목적으로 투자하는 사람들도 적지 않다. 심지어 심리적인 불만이나 좌절을 해소하기 위한 수단으로 주식 시장을 이용하는 이들도 있다. '이번에도 주식 시장에 당했다'거나 '개미는 절대 큰손을 이길 수 없다' 같은 하소연을 친구나 이웃과 나누기 위해 주식에 투자하는 경우마저 존재한다.

투자 역시 하나의 사업이다. 그리고 사업에서는 남들이 기피하거나 쉽게 하지 않는 일을 기꺼이 감내하는 사업주가 성공하기 마련이다. 흥분과 즉각적인 보상을 추구하는 투자자라면, 역사적으로 우수한 가치를 지닌 우량주를 찾아내고 그 잠재력이 충분히 발현될 때까지 기다리는 과정이 달갑지 않을 수도 있다. 그렇기에 주식 시장에서 인내는 무엇과도 바꿀 수 없는 강력한 장점이다.

1974년, 제럴딘 와이스는 벤저민 그레이엄을 인터뷰했고, 그 내용은 얼마 뒤 일간지 「샌디에이고 유니언San Diego Union」에 실렸다. 이 인터뷰에서 그레이엄은 인내의 가치에 대해 매우 인상적인 견해를 밝혔다.

좋은 가치를 찾아내는 것 자체가 매우 어려운 일이다. 주가가 서서히 상승할 때는 기업의 내재 가치도 그에 맞춰 점진적으로 상승할 수 있다. 그러나 주가가 급속도로 상승할 때, 즉 기업의 근본적인 성장 속도보다 주가가 더 빠르게 오를 때 투자자는 그 기업의 주식을 팔고 새로운 투자 결정을 내려야 한다. 그런데 새로운 투자를 결정할 때는 항상 실수할 위험이 따른다.

어떤 이들은 이 책에서 소개하는 배당 가치 투자 전략이 따분하고 흥미롭지 못하다고 생각할지도 모른다. 그러나 지난 40여 년에 걸쳐 배당 가치 투자 전략은 현재와 미래의 현금 수요를 충족하고자 본격적인 부의 성장을 추구한 투자자들에게 그 효과를 입증해 왔다. 현명한 투자자에게 부의 성장은 인내할 가치가 있는 보상이다.

제2부

사이클 속의
기회 포착하기

# 6 가치와 주식 시장

"가치를 파악하면 시장을 이해할 수 있다."
— **찰스 다우** Charles Dow

오랫동안 라디오 해설가로 활동한 폴 하비 Paul Harvey는 "이런 시기에는 예전에도 늘 비슷한 시기가 있었다는 사실을 떠올리는 것이 도움이 된다"고 말한 것으로 알려져 있다. 이 말은 다소 단순하게 들릴 수 있지만, 핵심을 정확히 짚고 있다. 사업과 경제, 그리고 시장은 순환한다.

투자자 심리 역시 마찬가지다. 금융업계가 호황일 때는 악재가 산적해 있어도 시장이 쉽게 하락하지 않는다. 반대로 투자 심리가 위축되면 아무리 많은 호재가 쏟아져도 시장은 좀처럼 상승세를 타지 못한다.

이성적이고 노련한 투자자라면 이러한 사실을 분명히 인식하고 있어야 한다. 투자 심리가 극단을 오가는 것은 시장의 섭리로, 피할 수 없는 일이다. 하지만 어디까지나 일시적인 현상에 불과하다.

순환은 일정한 리듬과 패턴을 지닌다는 점에서 계절과 닮아 있다. 가을이 지나면 겨울이 오고 겨울이 지나면 봄이 오듯이, 호황 뒤에는 불황이 따르고 강세장은 결국 약세장으로 이어진다. 이 모든 변화 속에서도 세상은 중심축을 따라 계속해서 순환한다.

개별 종목의 저평가 구간과 고평가 구간이 역사적으로 높은 배당수익률과 낮은 배당수익률에 각각 대응하듯이, 전체 주식 시장 역시 배당수익률을 기준으로 저평가 구간과 고평가 구간을 구분할 수 있다.

실제로 다우존스 산업평균지수와 다우존스 유틸리티 평균지수 Dow Jones Utility Average는 오랜 기간에 걸쳐 서로 다른 가치 프로필을 형성해 왔다. 주식 시장 전반을 대표하고 널리 활용되는 이 두 지수의 가치 프로필은 현재 시장 가치가 어느 수준에 있는지, 상승 국면에 있는지 혹은 하락 국면에 접어들고 있는지를 투자자에게 알려준다.

투자자가 배당수익률의 사이클을 이해하고, 현재의 사이클이 초기 단계에 있어 매력적인 투자 가치를 제공하는지, 아니면 이미 후반부에 접어들어 대부분의 가치가 실현된 상태인지를 판단할 수 있다면 실질 총수익률을 극대화하고 주가 하락 위험을 최소화하기가 훨씬 수월해진다. 자신이나 타인을 위해 필요한 현금을 마련하고 이를 바탕으로 소득의 지속적인 증대를 투자 목표로 삼는 투자자라면, 수익을 극대화하는 동시에 위험을 최소화하는 접근이 필수적이다.

## 배당수익률 사이클

순환, 즉 사이클을 주제로 한 책은 얼마든지 쏟아져 나올 수 있다. 순환은 헤아릴 수 없을 만큼 다양한 형태로 관찰되기 때문이다. 시간과 지면의 제약 때문에 그 모든 사례를 일일이 나열할 수는 없지만, 우리의 일상에는 대부분의 사람이 무심코 지나치면서도 이미 익숙해져 있는 순환적 패턴들이 존재한다. 농업과 날씨, 계절, 역사와 정치, 스포츠는 물론 인간의 삶 전반에서도 순환을 발견할 수 있다. 그중에는 자연 현상으로 자리 잡은 순환도 있고, 수십억 명의 집단적 사고와 행동이 만들어낸 순환도 있다.

배당수익률 이론의 중요한 전제 조건 가운데 하나는 '배당수익률 역시 순환한다'는 점이다. 실제로 우리는 주식 시장을 수십 년에 걸쳐 연구하고 배당 이력을 검토한 결과, 장기간에 걸쳐 배당금을 꾸준히 인상해 온 우량주들이 대체로 높은 배당수익률과 낮은 배당수익률 사이를 반복적으로 오간다는 분명한 근거를 확인할 수 있었다.

또한 배당수익률 변화는 주식 시장 전체의 상승 및 하락 사이클과 밀접하게 연결되어 있었다. 그리고 이러한 사이클은 시장 참여자들이 정치·경제적 소식과 사건을 예측하거나 그에 반응하는 과정에서 형성되는 경향이 있었다.

배당 가치 투자 전략의 핵심은 바로 배당수익률의 반복적인 패턴을 활용해 저평가 구간과 고평가 구간, 즉 가격 범위envelope를 설정할 수 있다는 데 있다. 이 저점과 고점은 '배당수익률 순환 주기'

의 바닥과 꼭대기에 해당한다. 충분히 긴 기간 동안 배당수익률의 흐름을 차트로 나타내면 이러한 저점과 고점을 비교적 명확하게 식별할 수 있다.

어떤 주식이나 지수가 하락세로 전환되거나 하락세에서 상승세로 반전될 때 배당수익률이 보이는 패턴을 관찰하고 반복적으로 나타난 고점과 저점을 기록 및 계산해 보면, 해당 주식이나 지수의 향후 움직임을 예측하는 데 중요한 단서를 얻을 수 있다.

배당수익률의 패턴은 한번 형성되면 비교적 안정적으로 유지되는 경향이 있다. 외부 환경의 변화로 인해 시장 참여자들이 저평가와 고평가의 기준을 새롭게 설정해야 할 필요가 생길 때에만 이러한 패턴이 달라진다.

배당금이 인상되면 해당 기업의 저평가와 고평가를 가르는 가격 기준선 역시 자동적으로 상향 조정되고, 그 결과 장기간에 걸쳐 형성된 배당수익률의 구조는 그대로 유지된다. 이때 주가 또한 배당금 인상으로 인한 기업 가치의 상승을 반영해 그에 맞게 조정된다.

배당수익률 사이클은 결국 시장에 의해 만들어진다. 이 과정은 경제학의 기본 원리인 수요와 공급으로 비교적 명확하게 설명할 수 있다. 어떤 우량 배당주가 가격 하락으로 인해 배당수익률이 역사적 고점 수준에 이르면, 투자 경험이 풍부하고 가치 투자 기회를 기다리며 충분한 자금을 보유한 투자자들이 해당 종목을 매수하고 축적하기 시작한다. 이러한 매수가 지속되면 주가는 하락을 멈추고 점차 안정되며, 이후 추세가 반전되기 시작한다.

주가의 반전 흐름이 분명해지면 다른 투자자들 역시 매수에 가세하면서 주가는 본격적인 상승 국면으로 접어든다. 반면 경험이 상대적으로 부족한 투자자들은 상승 추세가 형성되고 그 흐름이 지속될 조짐이 보일 때에야 매수에 나서는 경우가 많다. 그 무렵이 되면 저평가 구간에서 이미 주식을 매수해 두었던 투자자들은 차익 실현의 유혹을 강하게 느끼기 시작한다.

주가가 역사적 기준에서 고평가 구간에 이르렀을 때는 배당수익률이 이미 매력을 상당 부분 상실한 상태다. 이 시점에서는 더 이상 새로운 매수자들의 수요를 끌어들이기 어렵고, 그 결과 상승 사이클은 자연스럽게 마무리 단계에 접어들게 된다. 초기 매수자들이 매도자로 돌아서고 새로운 매수 수요가 사라지는 순간, 주가는 하락하기 시작한다. 하락 추세가 분명해지면 아직 남아 있던 주주들마저 수익이나 원금을 조금이라도 지키기 위해 서둘러 매도에 나선다.

이러한 매도 압력은 배당수익률이 다시 역사적으로 높은 수준에 도달해 새로운 투자자들을 충분히 끌어들이고, 그 결과 주가 하락이 멈출 때까지 이어진다. 바로 이 지점에서 장기적인 투자 사이클은 다시 출발한다.


다음 항목으로 넘어가기 전에 이번 내용을 정리해보자. 배당주는 장기간에 걸쳐 낮은 배당수익률, 즉 고평가 구간의 정점과 높은 배당수익률, 즉 저평가 구간의 저점 사이를 오가며 순환한다. 이러한 정점과 저점은 주식을 언제 매수하고 언제 매도해야 하는지를 식별하는 데 중요한 기준을 제공한다.

## 저평가와 고평가의 사이클

가치 프로필은 배당수익률을 기준으로 현재 주식의 가치가 고평가되어 있는지 저평가되어 있는지를 보여주는 분석 도구다. 자료 6-1에서 확인할 수 있듯이, 모든 주식은 저마다 고유한 가치 프로필을 지닌다.

자료를 보면 주가 상단에 고평가 프로필 선이 주가 차트 하단에 저평가 프로필 선이 그어져 있다. 과거의 배당수익률 고점과 저점에 맞춰 설정된 두 선은 기업의 배당금이 변화할 때마다 그에 맞춰 위치가 조정되는 모습을 보인다.

역사적으로 높은 배당수익률이 나타나는 구간과 낮은 배당수익률이 나타나는 구간은 주식마다 다르다. 완벽히 동일한 가치 프로필을 지닌 두 종목은 존재하지 않는다. 이러한 점에서 배당수익률은 주식의 가치를 식별하는 핵심적인 도구로 활용될 수 있기도 하다.

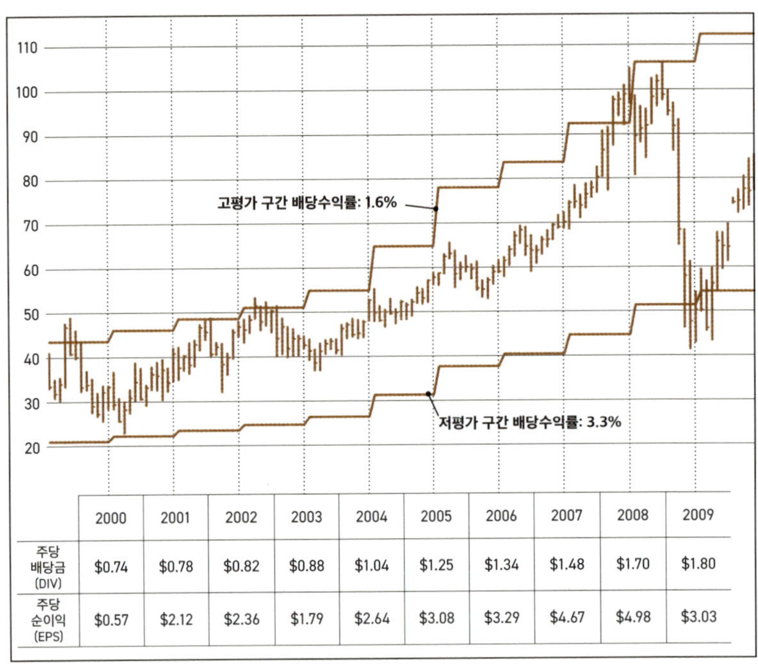


|  | 2000 | 2001 | 2002 | 2003 | 2004 | 2005 | 2006 | 2007 | 2008 | 2009 |
|---|---|---|---|---|---|---|---|---|---|---|
| 주당 배당금 (DIV) | $0.74 | $0.78 | $0.82 | $0.88 | $1.04 | $1.25 | $1.34 | $1.48 | $1.70 | $1.80 |
| 주당 순이익 (EPS) | $0.57 | $2.12 | $2.36 | $1.79 | $2.64 | $3.08 | $3.29 | $4.67 | $4.98 | $3.03 |

**투자 지표**
퀄리티 랭킹: A+
기관투자자 숫자: 1,332
발행주식수(백만 단위): 210,082
배당 시작 연도: 1954년
이익률: 7.9%
12개월 주당순이익: 3.03달러
주가수익비율: 26.6666666666667
주당순자산가치: 23.46달러
배당 성향: 59%

**현재 잠재력**
주가: 80.8달러
배당수익률: 2.2%

**고평가 구간**
주가: 112.5달러
배당수익률: 1.6%
상승 여력: 31.7
상승 여력(%): 39%

**저평가 구간**
주가: 55달러
배당수익률: 3.3%
하락 여력: 26
하락 여력(%): 32%

출처: 「밸류 트렌드 분석 보고서」

> **배당의 진실**
>
> 저평가 구간에 있는 주식을 매수하여 그 주식이 역사적 고평가 구간에 도달할 때 매도하는 투자자는 다음과 같은 세 가지 목표를 달성하게 된다.
>
> 1. 주식 시장의 하락 위험을 최소화한다.
> 2. 자본 차익의 상승 가능성을 극대화한다.
> 3. 가장 낮은 가격에 가능한 한 많은 배당주를 매수함으로써 배당 소득의 성장률을 극대화한다.

시장과 경제의 주요 추세에 따라 다르겠지만 평균적으로 어떤 주식이 저평가 구간에서 고평가 구간에 이를 정도로 상승하기까지 걸리는 기간은 대략 3년에서 5년 9개월 사이다. 이보다 더 빠른 주기로 움직이는 주식도 있다. 특히 배당금을 자주 인상하는 종목들은 상승 추세가 길게 이어지므로 매도가 필요한 고평가 구간이 좀 더 늦게 찾아온다. 이런 주식들은 좀 더 오랜 기간 보유해도 좋다.

반대로 고평가 구간에서 하락 추세를 거쳐 저평가 구간으로 돌아오기까지의 순환에는 보통 2년 정도의 시간이 걸린다.

## 강세장과 약세장의 사이클

시장이 순환하는 과정에서는 지금이 강세장인지, 약세장인지, 아니면 횡보장인지 쉽게 단정할 수 없는 순간이 반드시 찾아온다. 예를 들어 200포인트 하락은 강세장에서는 일시적인 조정에 불과할 수 있지만, 약세장에서는 본격적인 급락의 전조일 수도 있고, 횡보장에서는 박스권 하단에 도달했다는 신호일 수도 있다. 시간이 충분히 지난 뒤에는 누구나 시력이 2.0인 것처럼 당시의 상황을 또렷하게 돌아볼 수 있다. 그러나 가장 명확한 판단이 요구되는 바로 그 순간에는, 이런 사후적 통찰력은 거의 아무런 도움이 되지 않는다.

불확실성을 좋아하는 사람은 거의 없지만, 투자자만큼 불확실성을 꺼리는 집단도 드물다. 벤저민 그레이엄은 "감정을 통제하지 못하는 사람은 투자로 수익을 내기에 적합하지 않다"고 말했다. 이 말은 특히 시장 변동성이 극심해 투자자들의 감정이 크게 흔들리는 시기에 더욱 정확하게 들어맞는다. 그런 시기일수록 투자자들은 장기적인 부의 축적에 해가 되는 결정을 내리기 쉽기 때문이다.

과거부터 현재에 이르기까지 투자 업계의 거물들은 시장이 불확실할 때 투자자가 취해야 할 태도에 대해 수많은 격언을 남겼다. "거리에 피가 흐를 때 매수하라"는 존 D. 록펠러의 조언은 이제 널리 알려진 말이 되었다. '오마하의 현인'으로 불리는 워런 버핏 역시 "남들이 탐욕을 부릴 때 두려워하라. 남들이 두려워할 때 탐욕을 부려라"라는 말을 남겼다.

록펠러와 버핏의 조언은 모두 역발상 투자 철학을 잘 드러낸다. 다만 이 말들도 '거리에 피가 흐르는 상황'이나 '두려워할 때와 탐욕을 부릴 때'를 어떻게 해석하느냐에 따라 전혀 다른 투자 판단의 근거로 사용될 수 있다.

실질 총수익률을 극대화하고 동시에 위험을 최소화하는 것이 목표라면, 이러한 주관적 해석이 필요한 기준은 보다 대담한 투자자들에게 맡겨두는 편이 현명하다. 그보다는 오랜 기간 동안 가치 판단의 신뢰할 만한 지표로 기능해온 객관적인 분석 척도에 집중해야 한다.

그런 의미에서 배당수익률 이론을 다시 살펴볼 필요가 있다. 이 이론을 다우존스 산업평균지수에 적용해 보면, 지난 80여 년 동안 배당수익률이 얼마나 강력하고 일관된 신호를 제공해 왔는지를 분명히 확인할 수 있다.


## 다우존스 산업평균지수의 사이클

개별 주식에서 배당수익률을 기준으로 반복적으로 나타나는 고평가 구간과 저평가 구간을 설정할 수 있듯이, 다우존스 산업평균지수에서도 종합적인 배당수익률을 바탕으로 최적의 매수 구간과 매도 구간을 설정할 수 있다.

자료 6-2는 다우존스 산업평균지수의 배당수익률 데이터를 토대로 저평가 및 고평가 구간을 시각화한 것이다. 1949년부터 2009

년까지를 (a)부터 (g)까지 총 일곱 개의 차트로 구성했다.

차트에 익숙하지 않은 독자를 위해, 먼저 기본적인 읽는 법을 간단히 짚고 넘어가자. 차트의 왼쪽 세로축은 가격을, 하단 가로축은 시간을 나타낸다. 이 차트는 월간 차트이므로, 각 캔들은 한 달을 의미한다. 캔들의 윗부분은 해당 기간의 최고가, 아랫부분은 최저가를 나타낸다.

### 자료 6-2 다우존스 산업평균지수의 저평가 및 고평가 구간

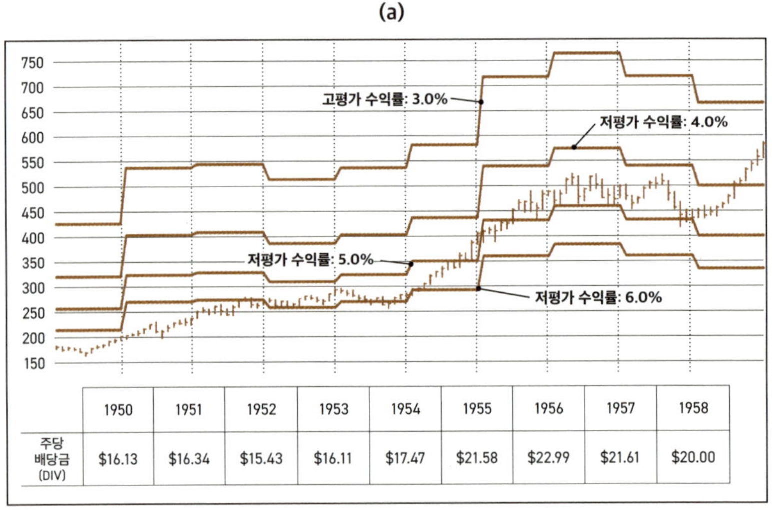



| | 1950 | 1951 | 1952 | 1953 | 1954 | 1955 | 1956 | 1957 | 1958 |
|---|---|---|---|---|---|---|---|---|---|
| 주당 배당금 (DIV) | $16.13 | $16.34 | $15.43 | $16.11 | $17.47 | $21.58 | $22.99 | $21.61 | $20.00 |

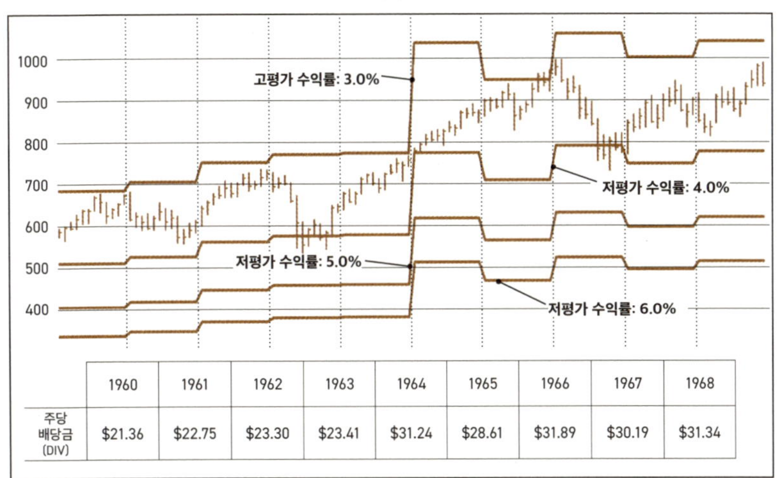



| | 1960 | 1961 | 1962 | 1963 | 1964 | 1965 | 1966 | 1967 | 1968 |
|---|---|---|---|---|---|---|---|---|---|
| 주당<br>배당금<br>(DIV) | $21.36 | $22.75 | $23.30 | $23.41 | $31.24 | $28.61 | $31.89 | $30.19 | $31.34 |



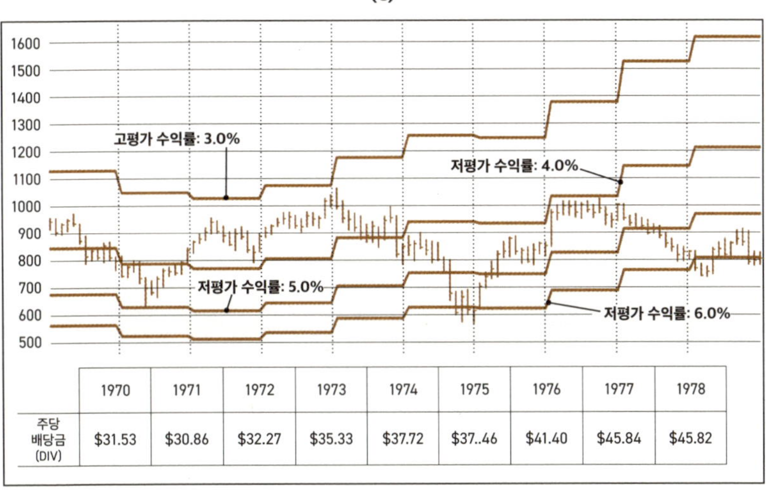



| | 1970 | 1971 | 1972 | 1973 | 1974 | 1975 | 1976 | 1977 | 1978 |
|---|---|---|---|---|---|---|---|---|---|
| 주당<br>배당금<br>(DIV) | $31.53 | $30.86 | $32.27 | $35.33 | $37.72 | $37..46 | $41.40 | $45.84 | $45.82 |

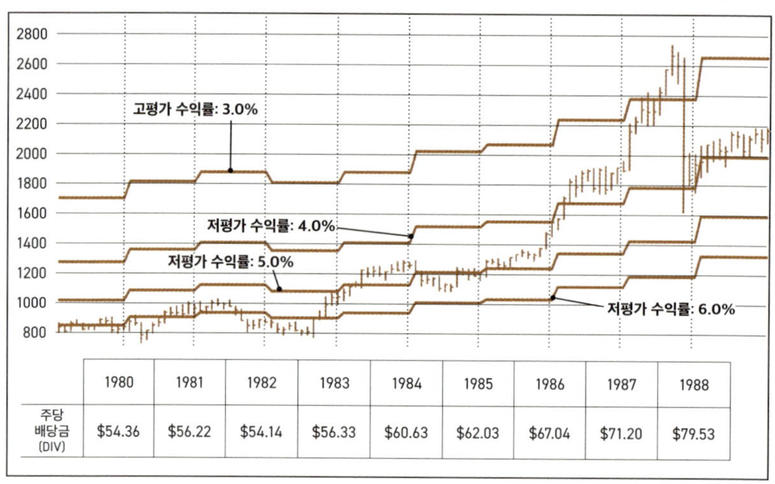


|  | 1980 | 1981 | 1982 | 1983 | 1984 | 1985 | 1986 | 1987 | 1988 |
|---|---|---|---|---|---|---|---|---|---|
| 주당<br>배당금<br>(DIV) | $54.36 | $56.22 | $54.14 | $56.33 | $60.63 | $62.03 | $67.04 | $71.20 | $79.53 |



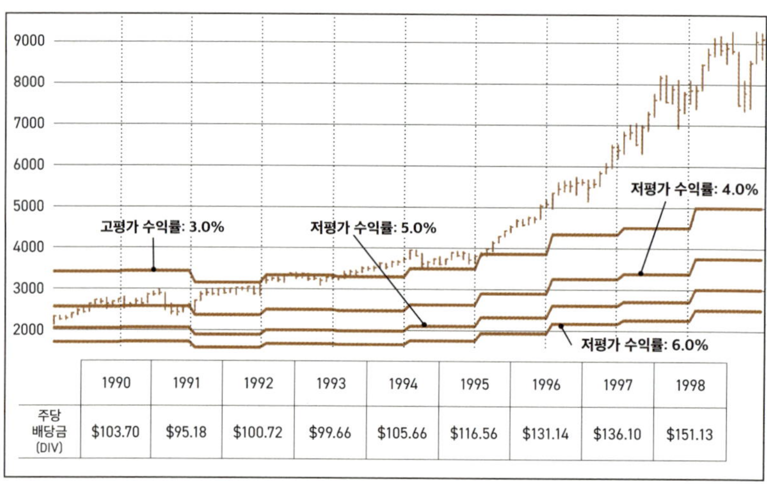


|  | 1990 | 1991 | 1992 | 1993 | 1994 | 1995 | 1996 | 1997 | 1998 |
|---|---|---|---|---|---|---|---|---|---|
| 주당<br>배당금<br>(DIV) | $103.70 | $95.18 | $100.72 | $99.66 | $105.66 | $116.56 | $131.14 | $136.10 | $151.13 |

**(f)**

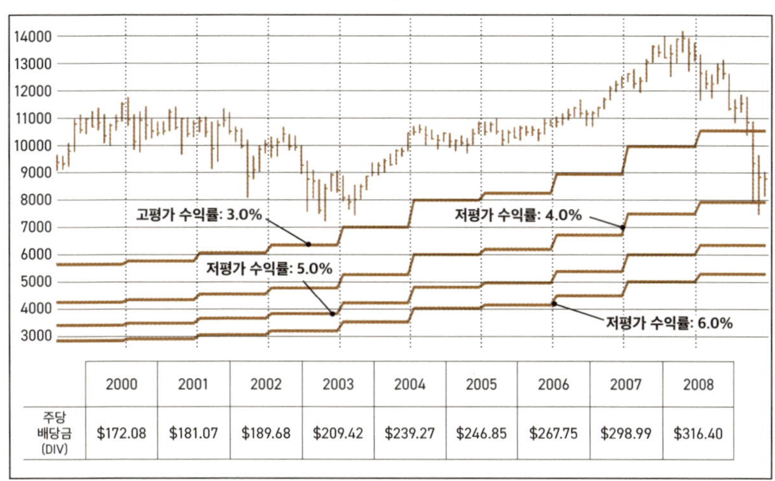



| | 2000 | 2001 | 2002 | 2003 | 2004 | 2005 | 2006 | 2007 | 2008 |
|---|---|---|---|---|---|---|---|---|---|
| 주당<br>배당금<br>(DIV) | $172.08 | $181.07 | $189.68 | $209.42 | $239.27 | $246.85 | $267.75 | $298.99 | $316.40 |

**(g)**

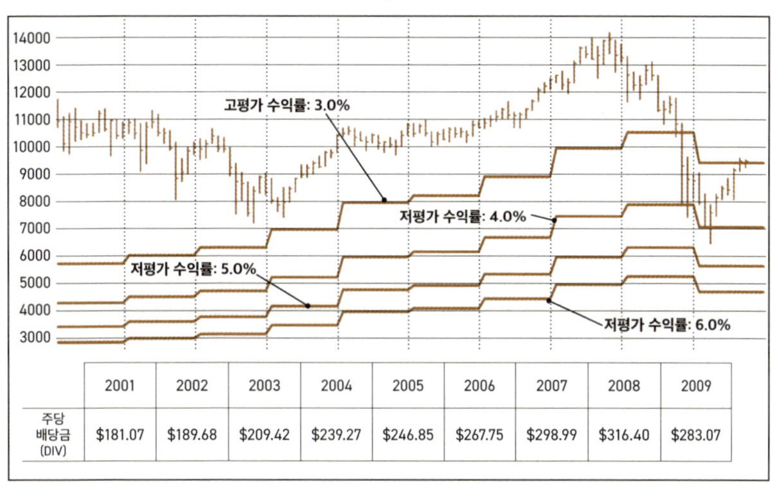



| | 2001 | 2002 | 2003 | 2004 | 2005 | 2006 | 2007 | 2008 | 2009 |
|---|---|---|---|---|---|---|---|---|---|
| 주당<br>배당금<br>(DIV) | $181.07 | $189.68 | $209.42 | $239.27 | $246.85 | $267.75 | $298.99 | $316.40 | $283.07 |

출처:「밸류 트렌드 분석 보고서」

앞서 살펴보았듯이, 모든 주식에는 배당수익률을 통해 저평가 구간과 고평가 구간을 구분할 수 있는 고유한 가치 프로필이 존재한다. 다우존스 산업평균지수는 네 개의 서로 다른 가치 구간을 지니고 있는데, 이 가운데 하나는 고평가 구간이고 나머지 세 개는 저평가 구간이다.

가치 프로필의 특징은 특정 배당수익률 수준에 대응하는 주가를 가로선으로 표시한다는 점이다. 배당금이 인상되면 해당 가로선은 위로 이동해 동일한 배당수익률에 걸맞은 주가 수준을 보여주고, 반대로 배당금이 삭감되면 가로선은 아래로 이동해 동일한 배당수익률에 맞는 주가 수준을 반영한다.

이 일곱 개의 차트를 통해 확인할 수 있는 핵심은 배당수익률의 네 가지 구간이 반복적인 패턴을 보인다는 사실이다. 배당수익률 3.0%는 고평가 구간에 해당하며, 4.0%, 5.0%, 6.0%는 저평가 구간을 나타낸다. 역사적으로 다우존스 산업평균지수는 배당수익률이 약 6.0% 수준까지 상승할 때마다 매우 매력적인 가치 구간에 진입해 왔다. 구체적으로는 1949~1953년, 1974년, 1978~1982년에 이러한 현상이 관찰되었다.

또한 배당수익률 4.0% 구간에서는 강력한 가격 지지선이 여러 차례 형성되었다. 이 지지선 덕분에 1960년, 1962년, 1966년, 1971년, 그리고 특히 1987년 10월 19일에 발생한 급락 국면에서도 하락이 멈추고 주가 흐름이 반전되는 모습을 확인할 수 있었다. 1970년에는 배당수익률이 5.0%에 도달하자 대규모 하락 추세가 멈추고 반전이 일어났다.

또 2009년 3월 9일 장중에는 다우존스 산업평균지수의 배당수익률이 5.0%에 불과 10베이시스포인트0.10% 못 미치는 수준까지 상승한 적도 있다. 다만 마지막 차트 (g)에서 2009년 3월을 나타내는 캔들은 배당수익률이 5.0%에 얼마나 근접했는지를 정확히 보여주지 못한다. 그 이유는 같은 해 3월 이후 다우존스 산업평균지수의 총 배당금이 감소하면서, 배당수익률 5.0%가 실현되는 주가 수준 자체가 그만큼 더 낮아졌기 때문이다.

제8장에서 자세히 다루겠지만, 1995년부터 2007년까지의 기간을 예외로 하면 다우존스 산업평균지수는 배당수익률이 3.0%에 도달할 때마다 상승 추세가 꺾이며 반전되는 모습을 보여왔다. 이러한 현상은 1950년, 1961년, 1966년, 1968년, 1973년, 1987년, 1990년에 반복적으로 관찰되었다. 더 나아가 1929년으로 거슬러 올라가는 차트를 작성해 보면, 월가 대폭락 직전에도 배당수익률이 3.0% 바로 아래 수준까지 하락했음을 확인할 수 있다.

이처럼 네 개의 배당수익률 구간은 역사적으로 분명한 근거를 지니고 있다. 연방준비제도 의장을 지낸 앨런 그린스펀Alan Greenspan이 '비이성적 과열'의 시기라고 정확히 지적한 1995년부터 2007년을 제외하면, 배당수익률 3.0%는 거의 예외 없이 시장 급락의 전조 역할을 해왔다. 반대로 다우존스 산업평균지수의 배당수익률이 6.0% 또는 그 이상으로 상승했을 때는 언제나 투자자에게 유리한 매수 기회가 제공되었다.

# 다우존스 유틸리티 평균지수

다우존스 산업평균지수와 마찬가지로 다우존스 유틸리티 평균지수 역시 저평가 구간과 고평가 구간을 설정할 수 있다.

자료 6-3은 격주로 발행되는 「인베스트먼트 퀄리티 트렌드」의 앞표지에 실리는 시장 측정 지표로, 다우존스 산업평균지수와 다우존스 유틸리티 평균지수의 저평가 및 고평가 구간을 지속적으로 추적한 내역이다.

**자료 6-3 시장 측정 지표** 2009년 9월 초 기준

| | 현재 | | | 고평가 가능성 | | | | 저평가 가능성 | | | |
|---|---|---|---|---|---|---|---|---|---|---|---|
| | 주가 | 연간 배당금 | 배당 수익률 | 상승 여력 | 상승 여력 (%) | 고평가 기준 | 고평가 지점 배당 수익률 | 하락 여력 | 하락 여력 (%) | 저평가 기준 | 저평가 지점 배당 수익률 |
| 다우존스 산업평균 지수 | 9,544 | $286.88 | 3.01% | 4,800 | 50% | 14,344 | 2.00% | 2,372 | 25% | 7,172 | 4.00% |
| 다우존스 유틸리티 평균지수 | 377 | $16.67 | 4.42% | 179 | 49% | 556 | 3.00% | 99 | 26% | 278 | 6.00% |

출처: 「인베스트먼트 퀄리티 트렌드」

여기서 주목할 점은 두 지수의 가치 프로필이 매우 유사한 움직임을 보인다는 사실이다. 즉, 배당수익률이 3.0% 수준에 도달하면 고평가 구간이 형성되고, 6.0% 수준에 이르면 저평가 구간이 형성되는 패턴이 반복적으로 나타난다.

이 두 지수의 배당수익률 특성과 각 산업군의 차이에 대해서는 제8장에서 보다 자세히 살펴볼 것이다.

## 가치 사이클

주식 시장 분석이 시작된 이래 투자자들은 미래를 완벽하게 예측할 수 있는 단 하나의 지표를 찾아 헤매어 왔다. 상상만 해도 흥미롭지만, 그런 지표가 실제로 존재한다면 시장은 결국 붕괴되고 말 것이다. 모든 위험이 제거된 상태에서 그 지표를 활용하는 사람들만이 시장의 자산을 독점하게 될 것이기 때문이다. 설령 투자자들이 시장의 장기적인 방향성을 정확히 파악할 수 있다 하더라도, 약세장에서도 상승하는 종목이 있고 강세장에서도 하락하는 종목은 늘 존재한다.

나 역시 모든 조건이 동일하다면 시장의 장기 추세가 어느 방향으로 움직이는지 알 필요가 없다고 생각하지는 않는다. 그러나 그러한 지표는 시장의 전반적인 분위기를 알려줄 뿐, 현재 매력적인 가치를 지닌 개별 종목을 어떻게 찾아야 하는지는 설명해 주지 못한다.

여기서 반드시 짚고 넘어가야 할 중요한 사실이 있다. 전체 주식시장stock market과 개별 주식 종목들의 시장market of stocks은 서로 전혀 다른 개념이라는 점이다. 우리는 지난 40여 년 동안 최우수 블루칩 주식에 초점을 맞춰 개별 종목들의 시장을 관찰해 왔고, 그 과정에서 하나의 결론에 도달했다. 그리고 그 결론을 바탕으로

---

●     시장 측정 지표에 표시된 다우존스 산업평균지수의 4%의 배당수익률은 저평가 구간의 첫 번째 영역을 의미한다. 한편 고평가 구간에 해당하는 2.0%의 배당수익률에 대해서는 제8장에서 자세히 다룰 것이다.

사이클 분석 지표를 개발했다. 이 지표는 우리가 언제나 가장 중요하게 여기는 '가치'를 측정하는 데 초점을 맞추고 있다.

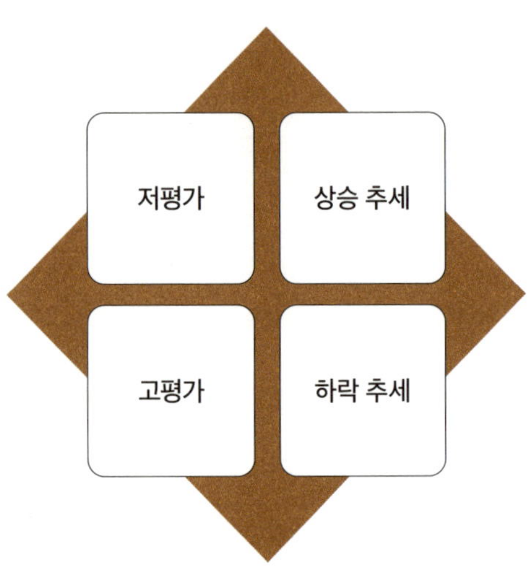



**자료 6-4 최우수 블루칩 주식의 4가지 범주**

　자료 6-4에서 확인할 수 있듯이, 우리의 최우수 블루칩 영역은 저평가, 상승 추세, 고평가, 하락 추세라는 네 가지 서로 다른 범주로 구분된다.

　저평가 범주는 역사적으로 반복되어 온 낮은 주가와 높은 배당수익률이 형성되는 하단 구간에 속한 주식 종목들로 구성된다. 상승 추세 범주는 저평가 구간의 최저점에서 주가가 10% 이상 상승한 종목들이다. 고평가 범주는 역사적으로 반복되어 온 높은 주가와 낮은 배당수익률이 나타나는 상단 구간에 도달한 종목들로 이루어진다. 하락 추세 범주는 고평가 구간의 최고점에서 주가가

10% 이상 하락한 종목들로 구성된다.

우리는 이 네 가지 범주에 속한 종목의 수와, 각 범주가 전체 종목에서 차지하는 비중을 한 달에 두 차례 산출한다. 이러한 방식으로 40여 년에 걸쳐 각 범주의 비율을 지속적으로 집계해 왔으며, 그 결과를 「인베스트먼트 퀄리티 트렌드」의 블루칩 추세 검증 차트 Blue Chip Trend Verifier를 통해 소개해 왔다. 자료 6-5는 바로 이 누적 데이터를 보여준다.

**자료 6-5 유형별 종목 비율** 2009년 9월 초 기준

|  | 종목 수 | 비율 |
| --- | --- | --- |
| 저평가 주식 | 84 | 30.8% |
| 고평가 주식 | 61 | 22.3% |
| 상승 추세 | 90 | 33.0% |
| 하락 추세 | 38 | 13.9% |
| 합계 | 273 | 100% |

우리는 각 범주 간의 이동을 지속적으로 추적하고, 그 변화를 다우존스 산업평균지수의 고점과 저점과 비교·분석해 왔다. 그 결과, 전체 종목 가운데 저평가 범주에 속한 종목의 비율이 70~80% 수준으로 높아질 때는 다우존스 산업평균지수가 저점을 형성하는 국면과 거의 일치하며, 시장 전반에 매력적인 매수 기회가 다수 존재한다는 사실을 확인했다.

반대로 저평가 종목의 비율이 17% 이하로 낮아질 경우에는 다우존스 산업평균지수가 고점 국면에 위치하는 경우가 많았는데,

이는 시장이 전반적으로 고평가되어 있으며 향후 큰 폭의 하락이 발생할 가능성이 높다는 경고 신호로 해석할 수 있다.

예를 들어 1973년 초, 다우존스 산업평균지수가 1966년과 1969년에 기록했던 고점을 돌파하자 수많은 투자자는 새로운 강세장이 시작되었다고 판단했다. 그러나 대부분이 간과한 사실이 하나 있었다. 그 새로운 고점이 바로 배당수익률 3.0% 수준에서 형성되었다는 점이다. 앞서 살펴보았듯이 3.0%는 역사적으로 주식 시장의 고평가 국면에서 반복적으로 나타났던 배당수익률이다.

실제로 1973년 1월 첫 번째 호에 실린 '블루칩 추세 검증 차트'를 보면, 최우수 블루칩 종목 가운데 저평가 범주에 속한 비율은 고작 17%에 불과했다. 이후 시장은 반등에 실패했고, 1974년 12월 약세장의 바닥이 형성될 때까지 하락을 이어갔다.

이제 같은 지표를 1975년 1월과 비교해 보자. 1975년 1월 첫 번째 호에 실린 시장 측정 지표에 따르면, 당시 다우존스 산업평균지수의 배당수익률은 6.1%에 달했고, 저평가 범주에 속한 최우수 블루칩의 비율은 무려 80%였다. 객관적으로 보아도 더없이 매력적인 매수 기회가 형성된 시점이었다.

1987년 봄으로 넘어가 보자. 당시 최우수 블루칩 가운데 저평가 범주에 속한 종목의 비율은 12%에 불과했다. 그 시기의 배당수익률은 어떠했을까? 예상대로 고평가 구간을 나타내는 3.0% 수준에 도달했을 뿐 아니라, 그 수준을 훌쩍 넘어 있었다. 역사적 기준에서 보면 시장이 극도로 고평가된 상태였다는 점은 분명했다. 이러한 과열은 같은 해 10월 19일, 다우존스 산업평균지수가 하루 만에 사상 최대 낙폭을 기록하며 급격히 해소되었다.

좀 더 최근의 사례로는 2000년 1월을 들 수 있다. 당시 다우존스 산업평균지수는 12,000선에 바짝 다가서며 고점을 형성했다. 그리고 「인베스트먼트 퀄리티 트렌드」 2000년 1월 첫 번째 호에 따르면, 최우수 블루칩 영역에서 저평가 범주에 속한 종목의 비율도 단 13%에 지나지 않았다. 그렇게 이후 시작된 시장 하락은 2002년 10월까지 이어졌다.

그런데 더욱 의미심장한 사실은 2002년 11월 첫 번째 호에서도 저평가 종목의 비율이 여전히 16%에 불과했다는 점이다. 이는 약세장이 아직 끝나지 않았음을 명확히 보여주는 신호였으며, 나아가 그로부터 몇 년 뒤에 닥칠 또 다른 위기의 전조이기도 했다.


## 가치가 결국 승리한다

시장의 사이클과 지표, 그리고 가치에 대해서는 1995년부터 2007년까지 벌어진 중요한 사건들과 함께 제8장에서 보다 자세히 살펴볼 것이다. 다만 여기까지 읽은 독자라면, 배당수익률의 사이클과 주가의 저평가·고평가 사이클을 식별하는 능력이 얼마나 강력한 도구가 되는지 이미 충분히 체감했을 것이다. 이러한 사이클의 존재를 인식하고 이를 판별할 수 있는 기준을 갖추는 일은 장기적인 투자 목표를 달성하는 데 큰 도움이 된다.

그러나 이 장을 마무리하기에 앞서 한 가지 경고를 덧붙이고 싶다. 나무에만 집중한 나머지 숲 전체를 보지 못하는 실수를 범해서는 안 된다. 전체 주식 시장의 단기적인 움직임에 집착하다가, 개별 주식 종목들이 만들어내는 흐름을 놓치는 일이 있어서는 안 된다는 뜻이다.

# 7 저평가 종목과 고평가 종목 찾아내기



'모든 주식에는 매수와 매도의 최적기가 존재한다'는 사실은 시장의 고수가 아니더라도 어렵지 않게 이해할 수 있다. 자본 차익을 극대화하고 가능한 한 많은 배당 소득과 성장 기회를 확보하려는 투자자라면, 반복적으로 나타나는 저평가 구간과 고평가 구간을 파악하는 일이 필수적이다.

저평가 구간에 이르지 않은 주식으로도 자본 차익을 얻을 수는 있다. 그러나 그런 주식은 저평가된 주식에 비해 상승 여력이 제한적인 반면 하락 위험은 더 크다. 상승장에서는 일시적인 수익을 거둘 수도 있겠지만, 이러한 행위를 반복하다 보면 투자 자금은 순식간에 소진될 수 있다. 가치에 대한 이해를 바탕으로 매수와 매도의 규칙을 지킬 때에만 자본과 소득을 꾸준히 성장시킬 가능성이 커진다.

우리의 경험에 따르면, 좋은 가치를 지닌 주식을 가장 확실하게 찾아내는 방법은 투자 대상을 최우량 주식으로 한정한 뒤 배당수익률의 반복적인 패턴을 살펴보는 것이다. 배당수익률의 흐름을 분석하면 주식의 저평가 구간과 고평가 구간을 비교적 명확하게 식별할 수 있다.

어떤 이들은 우리가 배당 가치 투자 전략이라 부르는 이 과정이 지나치게 기계적이거나 융통성이 없다고 느낄지도 모른다. 그러나 겉보기에 경직되어 보이는 이 방식에는 분명한 논리적 근거가 있다.

사실 숙련된 투자자조차도 역동적인 시장의 에너지와 모멘텀에 이끌려 군중을 따라가고 싶은 유혹에 빠지기 마련이다. 바로 그런 순간에 대부분의 투자자는 실수를 저지르며, 그 실수는 포트폴리오에 장기적인 손실을 남긴다. 그러한 함정에 빠진 투자자는 '현재와 미래의 현금 수요를 충족시킬 자산을 축적한다'는 최종 목표에 도달하기 어렵다.

반대로 퀄리티와 가치에 대한 원칙을 지키고 차분한 태도와 객관적인 시각을 유지한다면, 다른 투자자들이 빠져드는 그 함정을 피해갈 수 있다. 저평가된 주식을 찾아 매수하는 데에는 인내와 용기가 필요하다. 그러나 이 두 가지 미덕을 갖춘 투자자는 결국 그 시간과 노력에 상응하는 수익을 얻게 된다.

제7장에서는 가치의 네 가지 범주인 저평가, 상승 추세, 고평가, 하락 추세를 식별하는 방법에 초점을 맞출 것이다. 상승 추세와 하락 추세를 이해하는 일도 중요하지만, 이 장의 중심은 저평가와 고

평가를 구분하는 방법을 이해하는 데 있다. 제8장부터는 이러한 네 가지 가치 범주에 대한 이해를 배당 가치 포트폴리오의 구성과 관리에 어떻게 적용할 수 있는지 살펴볼 것이다.

---

### 배당의 진실

1. 배당 가치 투자 전략에서의 기술적 분석: 반복적으로 나타나는 배당수익률의 고점과 저점을 차트로 그리는 것
2. 배당 가치 투자 전략에서의 기본적 분석: 최우수 블루칩 선정 기준에 따라 블루칩 주식을 식별하는 것

---

## 정교한 접근법

이 책의 앞부분에서 언급했듯이, 주식 시장 분석은 대체로 기본적 분석과 기술적 분석 가운데 하나를 중심으로 이루어진다. 반면 배당 가치 투자 전략은 이 두 가지 접근법을 균등하게 결합한 방식이다.

배당수익률의 고점과 저점을 차트로 표시해 역사적인 가치 구간을 파악하는 과정은 분명 기술적 분석의 영역에 속한다. 동시에 우리는 기본적 분석을 통해 가치 탐색의 대상을 최우수 블루칩 종목으로 한정해야 한다는 원칙을 고수한다. 그 이유는 이러한 기업들

이 펀더멘털, 즉 예상되는 배당금을 안정적으로 제공할 수 있는 역량을 갖추고 있는지 확인하는 게 가장 중요하기 때문이다.

각 주식은 배당수익률을 기준으로 주가의 저평가 또는 고평가 여부를 드러내는 고유한 가치 프로필을 지닌다. 따라서 주식은 개별적으로 분석되어야 한다. 어떤 종목이 충분히 긴 기간 동안 배당을 지급해 왔다면, 투자자는 그 종목의 배당수익률을 토대로 가치 프로필을 구축할 수 있다. 이러한 패턴을 식별하기 위해서는 최소 10년, 가능하다면 15~25년에 걸친 배당수익률을 계산한 뒤, 그 범위를 격자선이 있는 표에 차트로 시각화하는 과정이 필요하다.

「인베스트먼트 퀄리티 트렌드」는 상당히 정교한 알고리즘을 활용해 주가가 낮고 배당수익률이 높은 구간, 그리고 주가가 높고 배당수익률이 낮은 구간을 식별해 낸다.

예전에는 계산자slide rule*를 능숙하게 다루어야만 이런 작업이 가능했다. 한동안은 천공 카드punch card로 프로그래밍하는 컴퓨터 데이터Computer Data 사의 구식 컴퓨터를 임대해 사용하기도 했다. 제럴딘 와이스는 배당수익률 산출 시간을 크게 줄여준 소형 계산기를 인류 역사상 가장 위대한 발명품이라고 자주 말하곤 했다. 그리고 지금 우리는 컴퓨터 워크스테이션이라는 호사를 누리고 있다.

---

● 이동 가능한 눈금자가 달린 아날로그식 계산기-역주

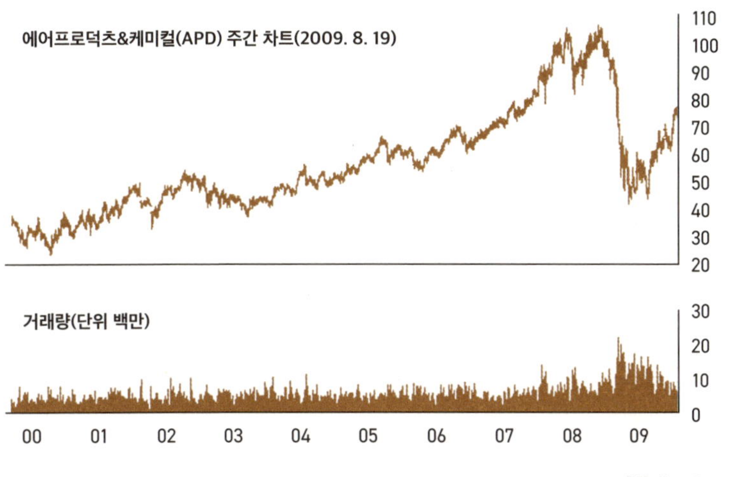



그 산출 과정을 구체적으로 보여주기 위해 자료 7-1의 차트를 제시한다. 대부분의 주가 차트와 마찬가지로 가격은 세로축에, 시간은 가로축에 표시된다.

분석의 첫 단계는 고점과 저점이라는 극단값을 모두 식별하는 것이다. 자료 7-1 그래프에서는 1999년, 2002년, 2007년에 고점이 나타나고, 2000년과 2008년에 저점이 나타난다.

두 번째 단계는 고점이 형성된 연도의 최고가와 저점이 형성된 연도의 최저가를 확인하는 것이다. 예시에서는 최고가가 1999년 49.25달러, 2002년 53.52달러, 2007년 105.02달러로 나타나며, 최저가는 2000년 23달러, 2008년 40.71달러로 나타난다.

세 번째 단계는 각 연도의 해당 시점에 지급된 배당금을 확인한 뒤, 그 시점의 배당수익률을 계산하는 것이다. 그 결과 고점의 배당수익률은 각각 1.42%, 1.53%, 1.41%이며, 저점의 배당수익률은 3.21%와 3.47%로 산출된다. 이후 고점의 배당수익률 세 값을 합산한 뒤 3으로 나누어 평균 1.45%를 구한다.

이후에는 1.45%라는 기준이 얼마나 신뢰성이 있는지 테스트해볼 필요가 있다. 지면의 제약 때문에 자료 7-1에는 표시되지 않았지만 해당 종목은 1987년과 1992년 고점에서 1.60%라는 배당수익률을 기록한 적이 있는데, 이에 따르면 1.45%는 1.60%라는 과거의 기록과 편차가 있는 불완전한 기준이라 볼 수 있다. 이를 보완하기 위해 우리는 앞의 세 값에 2005년 고점의 배당수익률 1.89%를 더한 뒤 4로 나누어 평균 1.56%를 구한다. 그러면 이를 반올림한 1.60%라는, 해당 종목의 고평가 가치 구간 기준을 세울 수 있다.

이제 저점에서 나타나는 배당수익률을 살펴보자. 2000년과 2008년의 주요 저점 사이에는 2001년, 2003년, 2005년의 단기 저점이 존재한다. 그러나 이 세 시점의 배당수익률은 편차가 크므로, 우리는 이를 배제하고 2000년과 2008년의 주요 저점에 집중한다. 두 지점의 배당수익률을 더해 2로 나누면 평균은 3.34%가 되며, 이를 내림해 3.30%로 정리한다. 테스트를 위해 1987년, 1988~1989년, 1990년의 저점을 살펴보면 배당수익률이 3.30%에 도달했을 때 주가 하락 추세가 멈추고 반전된 사례가 확인된다. 이를 통해 3.30%가 해당 종목의 저평가, 즉 낮은 가격과 높은 배당수익률이 나타나는 가치 구간임을 확인할 수 있다.

## 저평가된 주식

최대한 간단히 말해 '저평가'란 과거 큰 폭의 하락 국면에서 주가가 바닥을 형성할 때마다 반복적으로 나타났던 '상대적으로 높은 배당수익률 구간'을 뜻한다. 이 개념은 개별 종목뿐 아니라 특정 종목군, 더 나아가 전체 시장에도 적용할 수 있다. 차트에 높은 배당수익률 구간을 표시해 보면, 주가가 사이클마다 비슷한 배당수익률 수준에서 하락을 멈추고 반등하는 흐름이 드러난다.

쉽게 설명하기 위해 위제츠 'R' 어스Widgets 'R' Us라는 가상의 회사를 예로 들어보자. 1999년에 배당수익률이 2.5%를 기록했는데, 이것이 사이클의 최고점이었다고 하자. 이후에도 2003년, 2005년, 2007년에 각각 2.5%, 2.3%, 2.7%의 낮은 배당수익률이 나타났다. 반면 2002년에는 배당수익률이 5.0% 수준일 때 주가가 하락을 멈추고 반등했다. 2004년에도 비슷한 반등이 두 차례 있었는데, 당시 배당수익률은 4.8%와 5.2%였다.

이처럼 높은 배당수익률 구간의 평균값과 낮은 배당수익률 구간의 평균값을 구하면, 위제츠 'R' 어스는 배당수익률이 대략 5.0% 수준일 때 하락이 멈추고 반등하는 반면 2.5% 부근에서는 상승이 둔화되는 경향이 있음을 알 수 있다. 다만 배당수익률은 주가와 배당금으로 계산되므로, 배당금의 변화에 따라 같은 배당수익률이 의미하는 주가 수준이 변동된다는 점을 유의해야 한다.

이제 실제 기업인 스탠리웍스Stanley Works, SWK의 차트 자료 7-2

를 살펴보자. 차트에서 보듯 스탠리웍스는 배당수익률이 5.0%일 때 역사적 기준의 저평가 구간에 들어가고, 주가가 상승해 배당수익률이 2.0%로 낮아질 때는 역사적 기준의 고평가 구간에 진입한다.

자료 7-2 스탠리웍스SWK

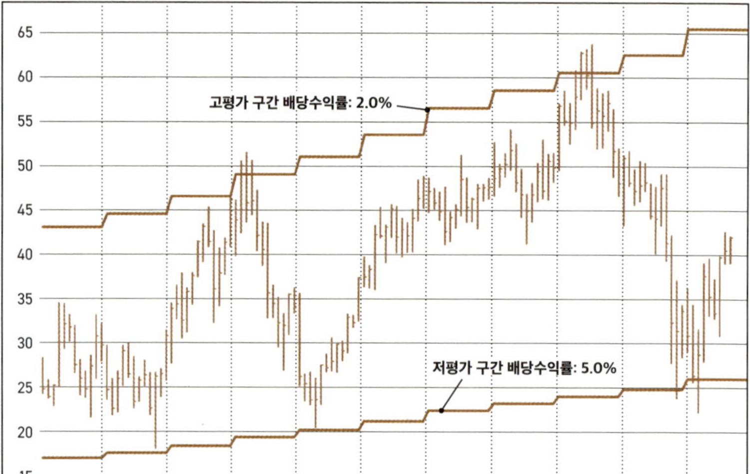



| | 2000 | 2001 | 2002 | 2003 | 2004 | 2005 | 2006 | 2007 | 2008 | 2009 |
|---|---|---|---|---|---|---|---|---|---|---|
| 주당<br>배당금<br>(DIV) | $0.90 | $0.94 | $0.82 | $1.03 | $1.08 | $1.14 | $1.18 | $1.22 | $1.26 | $1.32 |
| 주당<br>순이익<br>(EPS) | $2.22 | $1.81 | $2.10 | $1.14 | $2.85 | $3.18 | $3.47 | $4.00 | $2.82 | $3.47 |

**투자 지표**
퀄리티 랭킹: B+
기관투자자 숫자: 784
발행주식수(백만 단위): 79,076
배당 시작 연도: 1877년
이익률: 6.8%
12개월 주당순이익: 3.47달러
주가수익비율: 12.1037463976945
주당순자산가치: 22.63달러
배당 성향: 38%

**현재 잠재력**
주가: 42달러
배당수익률: 3.1%

**고평가 구간**
주가: 66달러
배당수익률: 2.0%
상승 여력: 24
상승 여력(%): 57%

**저평가 구간**
주가: 26달러
배당수익률: 5.0%
하락 여력: 16
하락 여력(%): 37%

출처: 「밸류 트렌드 분석 보고서」

2000년 10월, 스탠리웍스의 주가는 18.80달러로 하락했다. 그 당시의 연간 배당금인 0.94달러를 18.80달러로 나누면 5.0%의 배당수익률이 산출되므로 스탠리웍스의 주식이 역사적 저평가 구간에 들어섰음을 알 수 있다.

배당수익률의 산출 공식은 다음과 같다.

**배당금 ÷ 주가 = 배당수익률**

**0.94달러 ÷ 18.80달러 = 5.0%**

5.0%의 배당수익률은 2003년, 2008년, 2009년에도 저평가<sup>좋은 가치</sup> 구간을 나타냈다. 만약 모든 주식의 저평가 구간을 단 하나의 기준으로 식별할 수 있다면 투자 인생은 훨씬 단순해질 것이다. 그러나 그런 배당수익률은 존재하지 않는다. 앞서 말했듯이 주식은 저마다 배당수익률이 높고 낮은 정도인, 고유한 가치 프로필을 지닌다. 저평가란 단순히 주가가 낮다는 뜻이 아니라, 현재의 주가 수준에 비해 배당수익률이 상대적으로 높다는 의미다. 바로 이 점 때문에 저평가 구간은 '가성비 좋은 매수 기회'를 제공한다. 다시 말해 우량 주식을 낮은 가격에 살 수 있다는 뜻이다.

배당수익률 전략을 최대한 활용하려면 일정한 노력이 필요하다. 최소한 투자 대상 종목들의 저평가·고평가 기준선을 꾸준히 점검해야 한다. 종목을 매수한 뒤에는 사이클이 이어지는 동안 가격과 배당수익률의 움직임을 지속적으로 모니터링해야 한다.

특히 배당금이 인상되면 저평가 구간과 고평가 구간에 해당하는 배당수익률 기준도 다시 계산해야 한다. 그래야 너무 이르거나 늦은 매도를 피할 수 있고, 일시적인 주가 하락으로 새로운 저평가 기회가 나타날 때 추가 매수할 수 있다.



우리는 스탠리웍스 외에 나머지 272개의 최우수 블루칩에 대해서도 가치 프로필을 식별해 두었다. 현재 배당수익률을 기준으로 각 종목은 저평가, 상승 추세, 고평가, 하락 추세 가운데 하나로 분류된다. 또한 우리의 데이터 표에는 각 가치 범주뿐 아니라 현재 주가, 배당금, 배당수익률, 지난 12개월 이익, 순자산가치 등 핵심적인 기초 정보도 함께 수록되어 있다. 「인베스트먼트 퀄리티 트렌드」 9월 중순 호에 실린 저평가 범주 종목들은 자료 7-3에서 확인할 수 있다. 이러한 데이터 표를 투자 대상 검토에 효과적으로 활용하는 방법은 뒤에서 따로 다루겠다.

## 자료 7-3 저평가된 종목군

| 종목 | 상태 | 주가 | 배당금 | 배당 수익률 (배당금÷주가) | 하락 여력 (주가-저평가 기준) | 하락 여력(%) (하락 여력÷주가) | 저평가 기준 | 고배당 수익률 | 상승 여력 (고평가 기준-주가) | 상승 여력(%) (상승 여력÷주가) | 고평가 기준 | 저배당 수익률 | S&P 평가 | 52주 최저가 | 52주 최고가 | 주당 순자산 가치 | 12개월 주당 순이익 | 주가 수익 비율 | 배당 성향 | 배당 위험 | 부채 수준 | 베타 계수 | 종목 코드 |
|---|---|---|---|---|---|---|---|---|---|---|---|---|---|---|---|---|---|---|---|---|---|---|---|
| 애보트랩스 | G U | 47 | 1.60 | 3.38% | -6 | -13% | 53 | 3.00% | 67 | 141% | 114 | 1.40% | A- | 41 | 60 | 13 | 3.43 | 14 | 47% | | 45% | 6 | ABT |
| 애플랙 | G U | 42 | 1.12 | 2.68% | -14 | -34% | 56 | 2.00% | 145 | 347% | 187 | 0.60% | A | 11 | 68 | 14 | 2.50 | 17 | 45% | | 20% | 6 | AFL |
| 알베르토-컬버 | U | 27 | 0.30 | 1.10% | -3 | -10% | 30 | 1.00% | 33 | 119% | 60 | 0.50% | A- | 19 | 29 | 12 | 2.37 | 12 | 13% | | 0% | 6 | ACV |
| 알트리아 | G U | 18 | 1.36 | 7.56% | -9 | -51% | 27 | 5.00% | 27 | 152% | 45 | 3.00% | A | 14 | 21 | 2 | 1.52 | 12 | 89% | | 260% | 6 | MO |
| 어플라이드 인더스트리얼 테크 | U | 22 | 0.60 | 2.79% | -1 | -3% | 22 | 2.70% | 28 | 132% | 50 | 1.20% | A- | 14 | 30 | 12 | 0.99 | 22 | 61% | | 5% | 5 | AIT |
| 아처대니얼스 | G U | 29 | 0.56 | 1.95% | 1 | 2% | 28 | 2.00% | 27 | 95% | 56 | 1.00% | A+ | 14 | 32 | 21 | 2.65 | 11 | 21% | | 46% | 6 | ADM |
| AT&T | U | 27 | 1.64 | 6.18% | -3 | -12% | 30 | 5.50% | 55 | 209% | 82 | 2.00% | B+ | 21 | 32 | 17 | 2.02 | 13 | 81% | | 57% | 4 | T |
| 오토매틱 데이터 | G U | 38 | 1.32 | 3.44% | -31 | -81% | 69 | 1.90% | 150 | 391% | 189 | 0.70% | A+ | 31 | 46 | 11 | 2.64 | 15 | 50% | | 1% | 6 | ADP |
| 뱅코프사우스 | U | 23 | 0.88 | 3.79% | 0 | 0% | 23 | 3.80% | 8 | 35% | 31 | 2.80% | A- | 16 | 32 | 15 | 1.30 | 18 | 68% | | NA | 6 | BXS |
| 뱅크오브 하와이 | G U | 40 | 1.80 | 4.56% | -5 | -14% | 45 | 4.00% | 32 | 82% | 72 | 2.50% | A | 25 | 70 | 18 | 3.21 | 12 | 56% | | NA | 6 | BOH |
| 뱅크오브 몬트리얼 | G U | 48 | 2.62 | 5.43% | -8 | -16% | 56 | 4.70% | 53 | 109% | 101 | 2.60% | B+ | 19 | 52 | 29 | 2.79 | 17 | 94% | | NA | 4 | BMO |
| 벡턴디킨슨 | G U | 71 | 1.32 | 1.87% | 5 | 7% | 66 | 2.00% | 94 | 133% | 165 | 0.80% | A | 58 | 85 | 22 | 4.82 | 15 | 27% | | 20% | 6 | BDX |
| 베미스컴퍼니 | U | 27 | 0.90 | 3.36% | -3 | -12% | 30 | 3.00% | 23 | 86% | 50 | 1.80% | A- | 17 | 30 | 15 | 1.61 | 17 | 56% | | 44% | 6 | BMS |
| 밥에반스팜스 | U | 28 | 0.64 | 2.29% | -1 | -4% | 29 | 2.20% | 30 | 103% | 58 | 1.10% | B+ | 13 | 33 | 20 | -0.09 | -310 | -711% | X | 22% | 5 | BOBE |
| 보잉 | G U | 51 | 1.68 | 3.30% | -9 | -18% | 60 | 2.80% | 78 | 1.54% | 129 | 1.30% | B+ | 29 | 63 | 0 | 3.11 | 16 | 54% | | 84% | 5 | BA |
| 브리스톨 마이어스 | U | 22 | 1.24 | 5.54% | -2 | -11% | 25 | 5.00% | 40 | 177% | 62 | 2.00% | B+ | 16 | 24 | 7 | 2.74 | 8 | 45% | | 56% | 5 | BMY |

| 종목 | 상태 | 주가 | 배당금 | 배당<br>수익률<br>(배당금<br>÷주가) | 하락<br>여력<br>(주가<br>-저평가<br>기준) | 하락<br>여력(%)<br>(하락<br>여력<br>÷주가) | 저평가<br>기준 | 고배당<br>수익률 | 상승<br>여력<br>(고평가<br>기준-<br>주가) | 상승<br>여력(%)<br>(상승<br>여력<br>÷주가) | 고평가<br>기준 | 저배당<br>수익률 | S&P<br>평가 | 52주<br>최저가 | 52주<br>최고가 | 주당<br>순자산<br>가치 | 12개월<br>주당<br>순이익 | 주가<br>수익<br>비율 | 배당<br>성향 | 배당<br>위험 | 부채<br>수준 | 베타<br>계수 | 종목<br>코드 |
|---|---|---|---|---|---|---|---|---|---|---|---|---|---|---|---|---|---|---|---|---|---|---|---|
| 카디널헬스 | G U | 27 | 0.70 | 2.63% | -17 | -64% | 44 | 1.60% | 113 | 426% | 140 | 0.50% | A | 25 | 53 | 24 | 3.19 | 8 | 22% |  | 47% | 6 | CAH |
| 캐터필러 | G U | 49 | 1.68 | 3.44% | -1 | -1% | 49 | 3.40% | 56 | 115% | 105 | 1.60% | A+ | 22 | 75 | 12 | 2.90 | 17 | 58% |  | 186% | 6 | CAT |
| 센트럴퍼시픽<br>파이낸셜 | U | 2 | 0.25 | 11.16% | -6 | -272% | 8 | 3.00% | 14 | 644% | 17 | 1.50% | A- | 2 | 22 | 17 | -1.03 | -2 | -24% | X | NA | 5 | CPF |
| 센추리텔 | G U | 31 | 2.80 | 8.89% | -59 | -187% | 90 | 3.10% | 669 | 2124% | 700 | 0.40% | A- | 20 | 40 | 31 | 3.22 | 10 | 87% |  | 85% | 6 | CTL |
| 셰브론 | G U | 71 | 2.72 | 3.83% | -7 | -9% | 78 | 3.50% | 65 | 91% | 136 | 2.00% | A- | 56 | 90 | 44 | 8.13 | 9 | 33% |  | 8% | 6 | CVX |
| 신시내티<br>파이낸셜 | G U | 26 | 1.58 | 6.09% | -14 | -52% | 40 | 4.00% | 53 | 205% | 79 | 2.00% | A | 17 | 35 | 26 | 2.62 | 10 | 60% |  | NA | 6 | CINF |
| 신타스 | G U | 29 | 0.47 | 1.63% | -18 | -63% | 47 | 1.00% | 65 | 226% | 94 | 0.50% | A | 18 | 34 | 15 | 1.48 | 19 | 32% |  | 42% | 6 | CTAS |
| 클로락스 | G U | 58 | 2.00 | 3.46% | -14 | -24% | 71 | 2.80% | 96 | 166% | 154 | 1.30% | A | 46 | 65 | 1 | 3.81 | 15 | 52% |  | NA | 6 | CLX |
| 코카콜라 | G U | 52 | 1.64 | 3.14% | -3 | -5% | 55 | 3.00% | 153 | 293% | 205 | 0.80% | A | 37 | 56 | 10 | 2.70 | 19 | 61% |  | 12% | 6 | KO |
| 콜게이트팜<br>올리브 | G U | 75 | 1.76 | 2.35% | 2 | 2% | 73 | 2.40% | 85 | 113% | 160 | 1.10% | A+ | 54 | 80 | 5 | 3.91 | 19 | 45% |  | 165% | 6 | CL |
| 커뮤니티트<br>러스트뱅코프 | G U | 26 | 1.20 | 4.69% | -2 | -9% | 28 | 4.30% | 21 | 80% | 46 | 2.60% | A | 23 | 46 | 21 | 1.21 | 21 | 99% |  | NA | 5 | CTBI |
| 코노코필립스 | G U | 47 | 1.88 | 4.04% | -3 | -6% | 49 | 3.80% | 52 | 112% | 99 | 1.90% | B+ | 34 | 80 | 40 | -16.38 | -3 | -11% | X | 24% | 4 | COP |
| CVS케어마크 | G U | 37 | 0.30 | 0.82% | -1 | -3% | 38 | 0.80% | 38 | 105% | 75 | 0.40% | A+ | 23 | 39 | 25 | 2.25 | 16 | 13% |  | 26% | 5 | CVS |
| 이튼 | U | 58 | 2.00 | 3.46% | -9 | -15% | 67 | 3.00% | 42 | 73% | 100 | 2.00% | A- | 30 | 72 | 40 | 2.74 | 21 | 73% |  | 43% | 6 | ETN |
| 이튼밴스 | G U | 29 | 0.62 | 2.11% | -12 | -41% | 41 | 1.50% | 48 | 164% | 78 | 0.80% | A- | 12 | 44 | 3 | 0.97 | 30 | 64% |  | 271% | 6 | EV |
| 에니스 | U | 15 | 0.62 | 4.27% | 1 | 7% | 13 | 4.60% | 20 | 137% | 34 | 1.80% | B+ | 7 | 18 | 11 | -1.44 | -10 | -43% | X | 22% | 5 | EBF |
| 엑셀론 | G U | 49 | 2.10 | 4.26% | 4 | 7% | 46 | 4.60% | 51 | 103% | 100 | 2.10% | B+ | 38 | 69 | 18 | 4.20 | 12 | 50% |  | 134% | 5 | EXC |

| 종목 | 상태 | 주가 | 배당금 | 배당 수익률 (배당금 ÷주가) | 하락 여력 (주가 -저평가 기준) | 하락 여력(%) (하락 여력 ÷주가) | 저평가 기준 | 고배당 수익률 | 상승 여력 (고평가 기준- 주가) | 상승 여력(%) (상승 여력 ÷주가) | 고평가 기준 | 저배당 수익률 | S&P 평가 | 52주 최저가 | 52주 최고가 | 주당 순자산 가치 | 12개월 주당 순이익 | 주가 수익 비율 | 배당 성향 | 배당 위험 | 부채 수준 | 베타 계수 | 종목 코드 |
|---|---|---|---|---|---|---|---|---|---|---|---|---|---|---|---|---|---|---|---|---|---|---|---|
| 퍼스트머천츠 | U | 7 | 0.32 | 4.91% | -1 | -9% | 7 | 4.50% | 4 | 64% | 11 | 3.00% | A- | 7 | 27 | 17 | -1.11 | -6 | -29% | X | NA | 5 | FRME |
| 갤러거 아서 | G U | 24 | 1.28 | 5.30% | -8 | -32% | 32 | 4.00% | 40 | 165% | 64 | 2.00% | A- | 15 | 30 | 8 | 1.16 | 21 | 110% | X | 57% | 5 | AJG |
| 그리프 | G U | 53 | 1.52 | 2.84% | -7 | -14% | 61 | 2.50% | 63 | 119% | 117 | 1.30% | B+ | 26 | 73 | 22 | 1.93 | 28 | 79% |  | 71% | 5 | GEF |
| 해리스 | G U | 36 | 0.88 | 2.42% | -27 | -73% | 63 | 1.40% | 89 | 246% | 126 | 0.70% | B+ | 26 | 55 | 14 | 0.28 | 130 | 314% | X | 38% | 4 | HRS |
| 하스브로 | G U | 29 | 0.80 | 2.78% | -2 | -7% | 31 | 2.60% | 71 | 248% | 100 | 0.80% | A- | 21 | 42 | 10 | 1.92 | 15 | 42% |  | 54% | 6 | HAS |
| 하인즈 | U | 40 | 1.68 | 4.21% | 3 | 6% | 37 | 4.50% | 36 | 91% | 76 | 2.20% | B+ | 31 | 53 | 5 | 2.85 | 14 | 59% |  | 251% | 4 | HNZ |
| 헨리(잭) | G U | 24 | 0.34 | 1.39% | -10 | -39% | 34 | 1.00% | 89 | 363% | 113 | 0.30% | A+ | 14 | 24 | 7 | 1.22 | 20 | 28% |  | 1% | 5 | JKHY |
| HNI | G U | 23 | 0.86 | 3.82% | -12 | -53% | 34 | 2.50% | 44 | 194% | 66 | 1.30% | A- | 8 | 34 | 9 | 0.33 | 68 | 261% | X | 78% | 5 | HNI |
| 홈디포 | G U | 28 | 0.90 | 3.27% | -7 | -26% | 35 | 2.60% | 54 | 197% | 82 | 1.10% | A | 17 | 30 | 11 | 1.38 | 20 | 65% |  | 64% | S | HD |
| IBM | G U | 119 | 2.20 | 1.85% | -3 | -3% | 122 | 1.80% | 126 | 106% | 244 | 0.90% | A | 70 | 124 | 12 | 9.37 | 13 | 23% |  | 76% | 6 | IBM |
| 인테그리스 에너지 | U | 35 | 2.72 | 7.77% | -1 | -4% | 36 | 7.50% | 24 | 69% | 59 | 4.60% | A- | 19 | 54 | .37 | -2.33 | -15. | -117% | X | 67% | 5 | TEG |
| 존슨&존슨 | G U | 60 | 1.96 | 3.25% | 4 | 7% | 56 | 3.50% | 49 | 80% | 109 | 1.80% | A+ | 46 | 73 | 17 | 4.55 | 13 | 43% |  | 19% | 6 | JNJ |
| 케이던 | U | 34 | 0.72 | 2.13% | -2 | -6% | 36 | 2.00% | 38 | 113% | 72 | 1.00% | A- | 21 | 59 | 20 | 1.48 | 23 | 49% |  | 41% | 5 | KDN |
| 켈리서비스 | U | 13 | 0.54 | 4.16% | -1 | -4% | 14 | 4.00% | 23 | 177% | 36 | 1.50% | B+ | 6. | 20 | 17 | -5.24 | -2 | -10% | X | 13% | 4 | KELYA |
| 킴벌리클라크 | G U | 58 | 2.40 | 4.14% | -9 | -15% | 67 | 3.60% | 83 | 143% | 141 | 1.70% | A | 43 | 66 | 11 | 3.95 | 15 | 61% |  | 107% | 6 | KMB |
| 리미티드 브랜즈 | U | 16 | 0.60 | 3.79% | -11 | -72% | 27 | 2.20% | 104 | 657% | 120 | 0.50% | B+ | 6 | 22 | 6 | 0.30 | 53 | 200% | X | 135% | 4 | LTD |
| 록히드마틴 | G U | 76 | 2.28 | 3.02% | -24 | -31% | 99 | 2.30% | 87 | 115% | 163 | 1.40% | B+ | 57 | 118 | 7 | 7.51 | 10 | 30% |  | 41% | 5 | LMT |

| 종목 | 상태 | 주가 | 배당금 | 배당 수익률 (배당금 ÷주가) | 하락 여력 (주가 -저평가 기준) | 하락 여력(%) (하락 여력 ÷주가) | 저평가 기준 | 고배당 수익률 | 상승 여력 (고평가 기준- 주가) | 상승 여력(%) (상승 여력 ÷주가) | 고평가 기준 | 저배당 수익률 | S&P 평가 | 52주 최저가 | 52주 최고가 | 주당 순자산 가치 | 12개월 주당 순이익 | 주가 수익 비율 | 배당 성향 | 배당 위험 | 부채 수준 | 베타 계수 | 종목 코드 |
|---|---|---|---|---|---|---|---|---|---|---|---|---|---|---|---|---|---|---|---|---|---|---|---|
| M&T뱅크 | G U | 59 | 2.80 | 4.72% | -11 | -18% | 70 | 4.00% | 156 | 263% | 215 | 1.30% | A- | 29 | 109 | 57 | 2.58 | 23 | 109% | X | NA | 6 | MTB |
| 맥도날드 | G U | 54 | 2.00 | 3.69% | -1 | -2% | 56 | 3.60% | 46 | 84% | 100 | 2.00% | A- | 46 | 65 | 12 | 3.77 | 14 | 53% |  | 71% | 6 | MCD |
| 머크앤컴퍼니 | U | 33 | 1.52 | 4.62% | -11 | -32% | 43 | 3.50% | 68 | 208% | 101 | 1.50% | B+ | 20 | 34 | 10 | 2.70 | 12 | 56% |  | 19% | 4 | MRK |
| 메리디스 | G U | 28 | 0.90 | 3.19% | -41 | -145% | 69 | 1.30% | 122 | 432% | 150 | 0.60% | A- | 11 | 31 | 14 | -2.38 | -12 | -38% | X | 39% | 6 | MDP |
| 3M | U | 75 | 2.04 | 2.74% | 7 | 9% | 68 | 3.00% | 45 | 61% | 120 | 1.70% | A+ | 41 | 75 | 15 | 4.05 | 18 | 50% |  | 32% | 8 | MMM |
| 마인세이프티 어플라이언스 | G U | 27 | 0.96 | 3.51% | -6 | -21% | 33 | 2.90% | 53 | 192% | 80 | 1.20% | B+ | 16 | 42 | 11 | 1.51 | 18 | 64% |  | 21% | 5 | MSA |
| 나이키 클라스B | G U | 55 | 1.00 | 1.82% | -1 | -1% | 56 | 1.80% | 112 | 204% | 167 | 0.60% | A+ | 38 | 68 | 18 | 3.03 | 18 | 33% |  | 6% | 6 | NKE |
| 노블에너지 | G U | 67 | 0.72 | 1.08% | -1.3 | -20% | 80 | 0.90% | 113 | 169% | 180 | 0.40% | B+ | 31 | 69 | 35 | 5.79 | 12 | 12% |  | 39% | 5 | NBL |
| 노퍽서던 | U | 49 | 1.36 | 2.77% | 4 | 8% | 45 | 3.00% | 48 | 98% | 97 | 1.40% | A- | 27 | 73 | 27 | 3.72 | 13 | 37% |  | 64% | 5 | NSC |
| 노스롭그루먼 | U | 49 | 1.72 | 3.49% | -8 | -16% | 57 | 3.00% | 65 | 133% | 115 | 1.50% | A- | 34 | 71 | 38 | -3.79 | -13 | -45% | X | 22% | 5 | NOC |
| 오버시스쉽 홀딩 | G U | 38 | 1.75 | 4.65% | 3 | 7% | 35 | 5.00% | 65 | 173% | 103 | 1.70% | B+ | 20 | 71 | 71 | 8.35 | 5 | 21% |  | 83% | 5 | OSG |
| 펩시코 | G U | 59 | 1.80 | 3.07% | -23 | -39% | 82 | 2.20% | 91 | 156% | 150 | 1.20% | A+ | 44 | 75 | 9 | 3.23 | 18 | 56% |  | 36% | 6 | PEP |
| 화이자 | U | 16 | 0.64 | 3.91% | 0 | 2% | 16 | 4.00% | 33 | 201% | 49 | 1.30% | B+ | 12 | 19 | 9 | 1.12 | 15 | 57% |  | 11% | 4 | PFE |
| 필립모리스 인터내셔널 | G U | 48 | 2.16 | 4.53% | 4 | 9% | 43 | 5.00% | 24 | 51% | 72 | 3.00% | A+ | 32 | 55 | 3 | 3.25 | 15 | 67% |  | 45% | 6 | PM |
| 피트니보우스 | U | 23 | 1.44 | 6.14% | -5 | -23% | 29 | 5.00% | 73 | 309% | 96 | 1.50% | B+ | .18 | 40 | 0 | 1.90 | 12 | 76% |  | 800% | 4 | PBI |
| 폴라리스 인더스트리 | G U | 38 | 1.56 | 4.09% | -14 | -36% | 52 | 3.00% | 66 | 173% | 104 | 1.50% | A- | 15 | 54 | 5 | 3.04 | 13 | 51% |  | 189% | 5 | PII |
| PPG 인더스트리스 | U | 58 | 2.12 | 3.66% | 5 | 8% | 53 | 4.00% | 24 | 41% | 82 | 2.60% | B+ | 28 | 70 | 19 | 1.35 | 43 | 157% | X | 74% | 4 | PPG |

| 종목 | 상태 | 주가 | 배당금 | 배당 수익률 (배당금 ÷주가) | 하락 여력 (주가 -저평가 기준) | 하락 여력(%) (하락 여력 ÷주가) | 저평가 기준 | 고배당 수익률 | 상승 여력 (고평가 기준- 주가) | 상승 여력(%) (상승 여력 ÷주가) | 고평가 기준 | 저배당 수익률 | S&P 평가 | 52주 최저가 | 52주 최고가 | 주당 순자산 가치 | 12개월 주당 순이익 | 주가 수익 비율 | 배당 성향 | 배당 위험 | 부채 수준 | 베타 계수 | 종목 코드 |
|---|---|---|---|---|---|---|---|---|---|---|---|---|---|---|---|---|---|---|---|---|---|---|---|
| 프록터&갬블 | G U | 55 | 1.76 | 3.18% | -15 | -27% | 70 | 2.50% | 105 | 189% | 160 | 1.10% | A+ | 44 | 74 | 21 | 4.26 | 13 | 41% | | 34% | 6 | PG |
| 레이먼드 제임스 파이낸셜 | G U | 23 | 0.44 | 1.90% | -1 | -6% | 24 | 1.80% | 26 | 112% | 49 | 0.90% | A- | 11 | 38 | 16 | 1.34 | 17 | 33% | | 12% | 5 | RJF |
| 셀렉티브인 슈어런스그룹 | U | 16 | 0.52 | 3.16% | -1 | -5% | 17 | 3.00% | 18 | 111% | 35 | 1.50% | A- | 10 | 30 | 18 | -0.05 | -329 | -1040% | X | 27% | 5 | SIGI |
| 씨그마 알드리치 | G U | 52 | 0.58 | 1.12% | 3 | 6% | 48 | 1.20% | 64 | 125% | 116 | 0.50% | A+ | 31 | 57 | 13 | 2.67 | 19 | 22% | | 12% | 6 | SIAL |
| 스털링뱅코프 | U | 8 | 0.36 | 4.69% | -1 | -17% | 9 | 4.00% | 8 | 104% | 16 | 2.30% | A- | 6 | 19 | 7 | 0.58 | 13 | 62% | | NA | 5 | STL |
| 시스코 | G U | 26 | 0.96 | 3.71% | -22 | -85% | 48 | 2.00% | 111 | 430% | 137 | 0.70% | A+ | 19 | 35 | 6 | 1.77 | 15 | 54% | | 62% | 6 | SYY |
| 타깃 | G U | 47 | 0.68 | 1.43% | -21 | -43% | 68 | 1.00% | 89 | 187% | 136 | 0.50% | A+ | 25 | 60 | 19 | 2.77 | 17 | 25% | | 105% | 6 | TGT |
| 텔레플렉스 | G U | 47 | 1.36 | 2.87% | -24 | -51% | 72 | 1.90% | 104 | 219% | 151 | 0.90% | A- | 37 | 68 | 37 | 7.12 | 7 | 19% | | 106% | 6 | TFX |
| TJX컴퍼니스 | G U | 37 | 0.48 | 1.30% | 0 | 0% | 37 | 1.30% | 59 | 160% | 96 | 0.50% | A+ | 18 | 37 | 7 | 2.22 | 17 | 22% | | 40% | 6 | TJX |
| 트러스트마크 | G U | 19 | 0.92 | 4.83% | -7 | -38% | 26 | 3.50% | 27 | 141% | 46 | 2.00% | B+ | 14 | 34 | 17 | 1.47 | 13 | 63% | | NA | 4 | TRMK |
| 유나이티드 테크놀로지스 | G U | 62 | 1.54 | 2.50% | -8 | -14% | 70 | 2.20% | 67 | 108% | 128 | 1.20% | A+ | 37 | 67 | 18 | 4.40 | 14 | 35% | | 37% | 6 | UTX |
| 밸리내셔널 뱅크 | U | 12 | 0.76 | 6.60% | 1 | 6% | 11 | 7.00% | 14 | 120% | 25 | 3.00% | A- | 8 | 24 | 8 | 0.43 | 27 | 177% | X | NA | 6 | VLY |
| 발스파 | G U | 27 | 0.60 | 2.19% | 2 | 9% | 25 | 2.40% | 27 | 99% | 55 | 1.10% | B+ | 14 | 28 | 15 | 1.35 | 20 | 44% | | 55% | 5 | VAL |
| VF | G U | 72 | 2.36 | 3.26% | 7 | 9% | 66 | 3.60% | 59 | 81% | 131 | 1.80% | A | 38 | 84 | 33 | 4.74 | 15 | 50% | | 31% | 6 | VFC |
| 월그린 | G U | 34 | 0.55 | 1.61% | -5 | -15% | 39 | 1.40% | 103 | 302% | 138. | 0.40% | A+ | 21 | 37 | 14 | 2.03 | 17 | 27% | | 1% | 6 | WAG |
| 월마트스토어 스 | G U | 50 | 1.09 | 2.16% | -4 | -8% | 55 | 2.00% | 59 | 116% | 109 | 1.00% | A- | 46 | 64 | 17 | 3.41 | 15 | 32% | | 57% | 6 | WMT |
| 웨이코그룹 | G U | 22 | 0.60 | 2.70% | -5 | -23% | 27 | 2.20% | 32 | 145% | 55 | 1.10% | A- | 20 | 42 | 14 | 1.08 | 21 | 56% | | 1% | 6 | WEYS |

## 저평가와 고평가 기준선은 절대 불변인가?

저평가된 주식이라고 해서 무조건 매수해서는 안 된다. 특히 시장이 사이클의 정점, 또는 그에 가까운 구간에 있을 때는 매수 전에 반드시 다른 요인들도 함께 점검해야 한다. 면밀히 들여다보면 기업 내부의 문제가 심각해 주가가 저평가 수준까지 떨어진 경우도 있기 때문이다. 과도한 부채나 지나치게 높은 배당 성향은 '배당이 위협받고 있다'는 신호일 수 있다. 다만 일반적으로 탄탄한 이익으로 배당이 뒷받침되는 블루칩 주식을 저평가 구간에서 매수하는 것은 충분히 타당한 선택이다.

스탠리웍스 같은 블루칩 주식이 저평가 구간까지 내려오면 추가 하락 가능성은 크게 줄어든다. 그렇다고 위험이 완전히 사라지는 것은 아니다. 저평가·고평가 구간은 오랜 기간의 패턴을 통해 형성되지만, 그 구간에 해당하는 주가 수준은 결코 고정값이 아니기 때문이다.

기억해야 할 점은 시장이 수백만 투자자의 생각과 의견, 감정이 반영된 결과물이라는 사실이다. 투자자들의 행동은 순간순간 달라질 수 있고, 시장은 때로 비이성적으로 움직이기도 한다. 그 결과 주가는 저평가 구간이나 고평가 구간을 벗어날 뿐 아니라, 터무니없이 낮거나 높은 수준으로까지 치우치기도 한다.

정도의 차이는 있겠지만, 어떤 세력도 주가를 특정 범위 안에 가둬둘 수는 없다. 우리는 2008년의 약세장을 거치며 한 가지를 분명히 확인했다. 투자자들이 감정적으로 동요하면, 주가는 합리적인 범위를 넘어 비정상적인 극단으로까지 움직일 수 있다는 점이다.

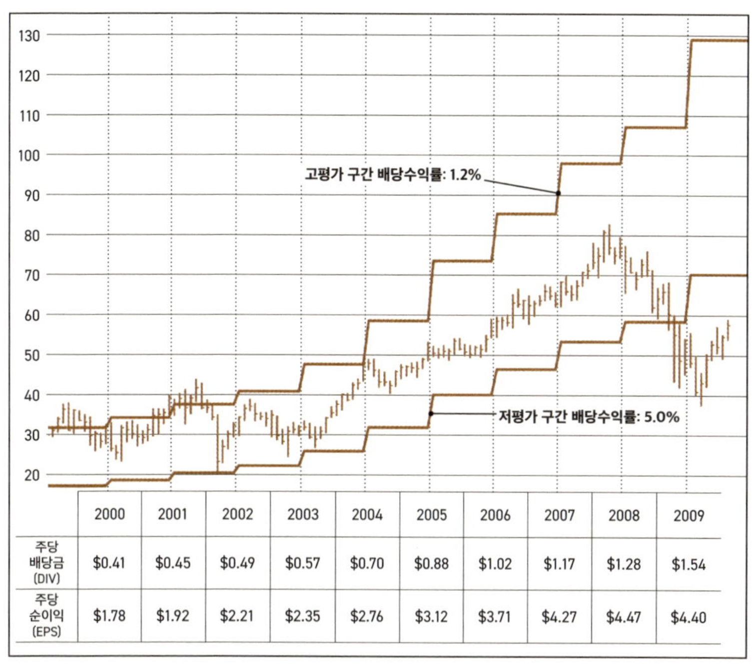


| | 2000 | 2001 | 2002 | 2003 | 2004 | 2005 | 2006 | 2007 | 2008 | 2009 |
|---|---|---|---|---|---|---|---|---|---|---|
| 주당 배당금 (DIV) | $0.41 | $0.45 | $0.49 | $0.57 | $0.70 | $0.88 | $1.02 | $1.17 | $1.28 | $1.54 |
| 주당 순이익 (EPS) | $1.78 | $1.92 | $2.21 | $2.35 | $2.76 | $3.12 | $3.71 | $4.27 | $4.47 | $4.40 |

**투자 지표**
퀄리티 랭킹: A+
기관투자자 숫자: 2,286
발행주식수(백만 단위): 942,036
배당 시작 연도: 1936년
이익률: 7.6%
12개월 주당순이익: 4.4달러
주가수익비율: 13.0454545454545
주당순자산가치: 18.46달러
배당 성향: 35%

**현재 잠재력**
주가: 57.4달러
배당수익률: 2.7%

**고평가 구간**
주가: 128.3333달러
배당수익률: 1.2%
상승 여력: 70.9333333333333
상승 여력(%): 124%

**저평가 구간**
주가: 70달러
배당수익률: 2.2%
하락 여력: -13
하락 여력(%): -22%

출처: 「밸류 트렌드 분석 보고서」

자료 7-4의 주가 차트를 보면 유나이티드테크놀로지스United Technologies, 이하 UTX는 배당수익률이 2.2% 수준에 도달할 때마다 역사적으로 반복되어온 저평가 구간에 진입하고, 주가가 상승해 배당수익률이 1.2%까지 낮아지면 역사적 고평가 구간에 들어선다는 점을 확인할 수 있다.

2001년 9·11 테러 이후 시장이 재개장했을 때 UTX의 주가는 전체 시장과 함께 하락해 주당 20달러를 조금 웃도는 수준까지 떨어졌다. 당시 배당금이 주당 0.45달러였으므로 UTX의 배당수익률은 2.2%에 도달했고, 이는 곧 역사적 저평가 구간 진입을 의미했다. 이어지는 2001년 10월 구간을 보면 이 신호를 포착한 투자자들의 매수가 유입되면서 주가가 상승했고, 2002년 4월에는 직전 최고점과의 격차가 10%도 채 되지 않는 수준까지 올라갔음을 알 수 있다.

하지만 그 시점에서 전체 시장이 하락세로 돌아서 2001년 9월의 저점 부근까지 재차 내려갔고, UTX 주가도 이를 따라 2002년 10월에는 배당수익률 2.2%에 다시 근접할 정도로 하락했다. 이후 UTX는 반등해 상승 추세로 전환되는 듯했지만, 2003년 2월에 시장 전체가 2002년 10월의 저점 부근까지 다시 밀리면서 상승 흐름이 중단됐다.

2003년 3월, UTX의 배당수익률이 다시 2.2%에 도달하자 주가는 재차 반등했고 빠르게 상승 추세로 복귀했다. 이 상승 추세는 2007년 10월까지 이어졌으나, 시장 전반이 흔들리기 시작하면서 멈추었다. 2008년 7월에는 주가 하락과 함께 배당수익률이 2.2%에 이르며 UTX가 다시 저평가 구간에 진입했고, 이미 형성된 패턴대로 반등이 나타났다. 그러나 2008년 9월 이후 시장이 폭포수처럼 급락하면서 UTX 주가는 추가적인 하락을 이어갔고, 2009년 3월

9일에 이르러서야 하락이 멈추고 반등했다.

잘 알다시피 2008년 9월은 리먼 브라더스Lehman Brothers가 파산을 신청하면서 은행·신용·투자 업계 전반이 붕괴 직전까지 몰렸던 시기였다. 차트가 보여주듯 투자자들은 이 사태와 이후 연쇄적으로 발생한 사건들에 극도로 부정적으로 반응했고, 그 결과 UTX의 주가는 배당수익률 2.2%가 가리키는 역사적 저평가 구간을 한참 밑도는 수준까지 떨어졌다.

UTX는 다우존스 산업평균지수 구성 종목이었고, 퀄리티 랭킹에서 A+를 받았으며, 10년 동안 이익과 배당을 꾸준히 늘려 왔다. 더 거슬러 올라가면 그 이전부터도 오랜 기간 우수한 실적을 축적해 온 기업이었다. 그럼에도 감정에 휩쓸려 패닉에 빠진 투자자들에게는 이러한 사실이 중요하게 보이지 않았다.

이 글을 쓰는 시점인 2009년 9월 중순, UTX는 주당 63달러에 가까운 가격에 거래되고 있으며, 오래전에 형성된 가치 프로필을 다시 회복하기 시작한 것으로 보인다.

저평가 구간과 고평가 구간은 대체로 큰 폭의 주가 변동으로 형성된 고점이나 저점에서 10% 이내의 범위로 잡힌다. 따라서 배당수익률 이론에서는 현재 배당수익률이 과거에 반복적으로 나타난 높은 수준 또는 낮은 수준에 10% 이내로 근접해 있을 때, 그에 해당하는 주가를 저평가 또는 고평가로 판단한다.


### 주식 종목들의 시장

앞서 언급했듯이 전체 주식 시장과 개별 종목들의 시장은 접근 방법이 엄연히 다르다. 따라서 시장 사이클과 무관하게 가치 있는 종목을 찾아내는 일은 사실상 언제나 가능하다.

다만 약세장 말기나 강세장의 큰 조정 국면에서는 저평가 종목을 발견하기가 한층 수월해진다. 이 시기에는 저평가 종목의 선택지가 크게 늘어나므로, 투자자는 보유 종목을 다각화할 기회를 포착할 수 있다.

예를 들어 2009년 3월 중순 발행된 「인베스트먼트 퀄리티 트렌드」에 따르면, 우리가 선별한 273개 최우수 블루칩 가운데 65%에 해당하는 177개가 저평가 범주, 즉 역사적 기준에서 매력적인 가치 구간에 속해 있었다. 실제로 많은 종목이 순자산가치 이하로 거래되었고, UTX 사례에서 보듯 투자자들의 매도 압력으로 배당수익률이 역사적 고점을 넘어선 종목도 적지 않았다.

배당수익률 이론은 지난 40여 년 동안 반복적으로 나타난 저평가 구간을 비교적 정확하게 식별해 왔다. 다만 저평가 구간에서 매수한 종목이 정확히 언제 상승하기 시작할지는 단정하기 어렵다. 그럼에도 분명한 사실은, 이런 종목이 상대적으로 좋은 가격 조건에서 매수할 기회를 제공한다는 점이다. 결국 오랜 기간 가치를 입증해 온 우량주는 다시 투자자들의 관심을 끌어모으게 마련이다.


노련한 투자자라면 알겠지만, 완벽한 매수 시점을 지속적으로 포착하는 것은 사실상 불가능하다. 그러나 매수 시점이 시장 전반의 흐름과 완전히 맞아떨어지지 않더라도, 저평가된 주식은 가치와 가격의 균형을 회복하려는 성향을 보인다.

이는 약세장에서도 마찬가지다. 내 동업자인 마이클이 자주 말하듯 "저평가된 주식의 경우 관건은 상승하느냐 마느냐가 아니라 언제 상승하느냐다."

영리한 투자자라면 오랫동안 우수한 가치를 제공해 온 우량 기업을 계속 외면하기 어렵다. 모든 경기 순환에는 끝이 있고, 시장은 결국 수축 국면으로 전환되지만 시간이 지나면 하락을 초래했던 여건이 개선되며 투자자의 야성적 충동이 다시 저평가 종목으로 향하게 된다. '저평가 종목에 투자한다는 것'은 장기적으로 '의미 있는 자본 차익을 실현할 기회를 선점한다'는 뜻이다.


## 고평가된 주식


최대한 간단히 말해 고점이란 과거 큰 폭의 상승 국면에서 주가가 신고점을 형성할 때마다 반복적으로 나타난, 상대적으로 낮은 배당수익률 구간을 뜻한다. 이 개념은 개별 종목뿐 아니라 특정 종목군, 더 나아가 전체 시장에도 적용할 수 있다.

차트에 낮은 배당수익률 구간을 표시해 보면, 주가가 사이클마다 비슷한 배당수익률 수준에서 상승을 멈추고 하락으로 전환되는 흐름을 보였던 것이 비교적 분명하게 드러난다. 이런 방식으로 낮은 배당수익률들의 평균값을 구하면 주가 고점이 형성되는 범위를 추정할 수 있다.

역사적으로 반복되어 온 고평가 구간을 찾아내는 절차는 앞서 설명한 저평가 구간의 식별 과정과 동일하다. 다만 바닥을 찾는 대신 천장을 찾는다는 점만 다르다. 자세한 과정을 다시 확인하고 싶다면 자료 7-1과 그에 대한 설명을 참고하면 된다.

고평가 구간의 사례는 앞서 저평가 종목을 설명할 때 사용한 가상의 기업 위제츠 'R' 어스와 실제 기업 스탠리웍스의 사례를 떠올리면 이해가 쉽다. 저평가와 고평가를 식별하는 방법은 동일하며, 관찰의 초점만 바닥에서 천장으로 바뀐다.

어떤 주식이 저평가 구간에 접근한다는 것은 머지않아 역사적 기준에서 매력적인 가치 구간에 들어설 수 있음을 알리는 신호다. 반대로 주가가 고평가 구간에 다가간다는 것은 저평가 구간에서 축적된 가치가 상승 추세를 거치며 상당 부분 소진되었다는 신호다.

그렇다고 고평가된 주식이 더 이상 오를 수 없다는 뜻은 아니다. 실제로 고평가 구간에 진입한 뒤에도 추가로 상승한 사례는 적지 않다. 다만 고평가 구간에서는 추가 상승 여력보다 하락 위험이 더 커진다는 점을 염두에 둬야 한다.

예외가 있다면, 고평가 상태에 있는 기업이 배당금을 인상하는 경우다. 배당금 인상은 같은 구간에서도 주가를 한 단계 더 끌어올릴 수 있는 요인이 될 수 있으므로, 상승 추세가 이어지는 동안 추가 상승 여력이 발생할 여지가 있다.

투자 경험이 풍부하고 스스로에게 정직한 투자자라면, 과거에 도박과 다를 바 없는 투기적 행위에 손을 댄 적이 있다는 사실을 내심 인정할 것이다. 주식 시장의 급등이 만들어내는 에너지와 흥분을 경험해 본 사람이라면 내가 말하는 바를 곧바로 이해할 것이다. 누구나 그 '날아갈 듯한 기분'을 즐기지만, 그 도취감은 불청객처럼 쉽게 사라지지 않는다.

문제는 투자에서의 도취감은 심각한 판단 오류를 낳을 수 있다는 점이다. 특히 '사이클이 이미 정점을 찍었다'는 사실을 간과하기 쉽게 만든다. 안목이 있는 투자자는 고평가 구간이야말로 종을 울리고 깃발을 꽂아야 할 시점, 즉 그동안 축적한 수익을 회수할 때라는 것을 알고 있다.

고평가 구간은 대개 경험이 부족한 투자자들이 주변의 큰 수익을 보고 유혹에 빠지는 시점과 겹친다. 그래서 꼭대기에서 매수하는 일이 흔히 벌어진다. 특히 그 시기의 '가장 인기 있는 종목'에서 이런 현상이 자주 나타난다. 이로 인해 추가 매수가 이어지며 주가는 기업의 펀더멘털을 넘어서는 수준으로 치솟지만, 어느 순간 조정은 피할 수 없다. 나무는 하늘까지 자랄 수 없다.

전체 시장이 고평가 국면에 들어서면 전반적인 위험 수준은 올라간다. 그렇더라도 투자 판단은 어디까지나 개별 종목의 고유한 가치에 기반해 내려져야 한다. 앞서 살펴보았듯이 종목마다 고평가 구간은 서로 다르기 때문이다.

따라서 강세장이 후반부에 접어들었다고 해서 모든 종목이 일괄적으로 고평가되는 것은 아니다. 또한 고평가된 종목이라 하더라도 그 정도는 종목별로 다르게 나타난다.

이런 이유로 개별 종목의 배당수익률을 차트에 표시하고, 역사적으로 주가 추세가 전환되던 시점의 배당수익률을 확인해 두는 작업이 중요하다. 그래야 배당수익률이 어느 수준일 때 해당 종목이 고평가 구간에 진입했는지 파악할 수 있다.

배당수익률 차트에서 주가가 채널선channel line의 상단에 도달했다는 것은 투자자들이 장차 받을 배당금에 비해 과도한 가격을 치르기 시작했다는 뜻이다. 이는 과거에 반복적으로 나타난 고평가 구간을 통해서도 확인할 수 있다.


## 고평가 = 매도 구간


2009년 9월 중순의 고평가 종목 목록은 다음 자료를 참고하라. 자료의 주식 종목들은 각각 높은 가격과 낮은 배당수익률을 보이는 역사적 고평가 구간에 도달해 있다. 이처럼 고평가된 주식들은 배당금이 인상되지 않는 한 저평가 구간을 향해 하락할 것으로 예상된다.

고평가 구간에서는 반드시 하락 위험이 존재한다는 사실을 인식하는 것이 중요하다. 따라서 고평가 구간에서 주식을 매도하면 수익과 자본을 지킬 수 있다.

## 자료 7-5 고평가된 종목군 2009년 9월 중순 기준

| 종목 | 상태 | 주가 | 배당금 | 배당 수익률 (배당금÷주가) | 하락 여력 (주가-저평가 기준) | 하락 여력(%) (하락 여력÷주가) | 저평가 기준 | 고배당 수익률 | 상승 여력 (고평가 기준-주가) | 상승 여력(%) (상승 여력÷주가) | 고평가 기준 | 저배당 수익률 | S&P 평가 | 52주 최저가 | 52주 최고가 | 주당 순자산 가치 | 12개월 주당 순이익 | 주가 수익 비율 | 배당 성향 | 배당 위험 | 부채 수준 | 베타 계수 | 종목 코드 |
|---|---|---|---|---|---|---|---|---|---|---|---|---|---|---|---|---|---|---|---|---|---|---|---|
| ABM 인더스트리스 | O | 21 | 0.52 | 2.52% | 10 | 50% | 10 | 5.00% | 2 | 10% | 23 | 2.30% | A- | 12 | 24 | 13 | 0.98 | 21 | 53% | | 49% | 5 | ABM |
| 아메리칸 스테이츠워터 | O | 36 | 1.00 | 2.77% | 16 | 45% | 20 | 5.00% | -8 | -21% | 29 | 3.50% | B+ | 27 | 41 | 19 | 1.35 | 27 | 74% | | 88% | 5 | AWR |
| 아메텍 | O | 35 | 0.24 | 0.69% | 31 | 90% | 4 | 6.70% | -11 | -31% | 24 | 1.00% | A | 25 | 50 | 13 | 2.10 | 17 | 11% | | 52% | 5 | AME |
| 에이온 | O | 42 | 0.60 | 1.43% | 34 | 80% | 8 | 7.30% | -24 | -57% | 18 | 3.30% | B+ | 33 | 50 | 21 | 1.87 | 22 | 32% | | 31% | 4 | AOC |
| 어소시에이티드뱅코프 | O | 10 | 0.20 | 1.94% | 6 | 56% | 5 | 4.40% | 0 | -0% | 10 | 2.00% | A- | 9 | 32 | 18 | 0.49 | 21 | 41% | | NA | 5 | ASBC |
| 뱅크오브뉴욕멜런 | O | 29 | 0.36 | 1.24% | 19 | 65% | 10 | 3.50% | 1 | 3% | 30 | 1.20% | B+ | 15 | 40 | 23 | 0.72 | 40 | 50% | | NA | 4 | BK |
| 뱅크오브아메리카 | O | 17 | 0.04 | 0.24% | 16 | 95% | 1 | 5.00% | -15 | -86% | 2 | 1.70% | B+ | 3 | 40 | 23 | 0.60 | 28 | 7% | | NA | 5 | BAC |
| 바드CR | O | 81 | 0.68 | 0.84% | 54 | 67% | 27 | 2.50% | 4 | 5% | 85 | 0.80% | A | 69 | 102 | 21 | 4.77 | 17 | 14% | | 8% | 6 | BCR |
| 반즈그룹 | O | 17 | 0.32 | 1.89% | 8 | 46% | 9 | 3.50% | -2 | -10% | 15 | 2.10% | B+ | 8 | 25 | 12 | 0.80 | 21 | 40% | | 63% | 5 | B |
| 블랙앤데커 | O | 47 | 0.48 | 1.01% | 35 | 75% | 12 | 4.00% | 1 | 1% | 48 | 1.00% | B+ | 20 | 70 | 19 | 2.91 | 16 | 16% | | 97% | 4 | BDK |
| 캘리포니아워터서비스 | O | 37 | 1.18 | 3.19% | 20 | 54% | 17 | 7.00% | -8 | -20% | 30 | 4.00% | B+ | 28 | 48 | 20 | 2.11 | 18 | 56% | | 75% | 4 | CWT |
| 처치&드와이트 | G O | 56 | 0.56 | 1.01% | 32 | 58% | 23 | 2.40% | -12 | -22% | 43 | 1.30% | A+ | 45 | 66 | 21 | 3.01 | 18 | 19% | | 61% | 6 | CHD |
| 시티그룹 | O | 5 | 0.04 | 0.80% | 3 | 60% | 1 | 2.80% | -1 | -20% | 4 | 1.00% | B+ | 1 | 24 | 14 | -3.65 | -1 | -1% | X | NA | 4 | C |
| 클라코어 | O | 33 | 0.36 | 1.11% | 24 | 72% | 9 | 4.00% | -15 | -45% | 18 | 2.00% | A | 23 | 43 | 13 | 1.56 | 21 | 23% | | 18% | 6 | CLC |
| 클레코 | O | 25 | 0.90 | 3.63% | 13 | 52% | 12 | 7.50% | 1 | 4% | 26 | 3.50% | B+ | 17 | 28 | 18 | 1.40 | 18 | 64% | | 84% | 5 | CNL |
| 코메리카 | O | 28 | 0.20 | 0.72% | 25 | 91% | 3 | 8.00% | -21 | -76% | 7 | 3.00% | B+ | 12 | 42 | 33 | -0.06 | -460 | -333% | X | NA | 4 | CMA |

| 종목 | 상태 | 주가 | 배당금 | 배당 수익률 (배당금 ÷주가) | 하락 여력 (주가 -저평가 기준) | 하락 여력(%) (하락 여력 ÷주가) | 저평가 기준 | 고배당 수익률 | 상승 여력 (고평가 기준- 주가) | 상승 여력(%) (상승 여력 ÷주가) | 고평가 기준 | 저배당 수익률 | S&P 평가 | 52주 최저가 | 52주 최고가 | 주당 순자산 가치 | 12개월 주당 순이익 | 주가 수익 비율 | 배당 성향 | 배당 위험 | 부채 수준 | 베타 계수 | 종목 코드 |
|---|---|---|---|---|---|---|---|---|---|---|---|---|---|---|---|---|---|---|---|---|---|---|---|
| 에코랩 | G O | 46 | 0.56 | 1.22% | 31 | 67% | 15 | 3.70% | 1 | 2% | 47 | 1.20% | A+ | 29 | 52 | 8 | 1.49 | 31 | 38% |  | 42% | 6 | ECL |
| 엔브리지 | G O | 38 | 1.36 | 3.59% | 17 | 45% | 21 | 6.50% | -8 | -20% | 30 | 4.50% | A | 26 | 41 | 17 | 3.47 | 11 | 39% |  | 177% | 6 | ENB |
| 에너젠 | O | 43 | 0.50 | 1.15% | 31 | 71% | 13 | 4.00% | -23 | -54% | 20 | 2.50% | A | 23 | 52 | 28 | 4.02 | 11 | 12% |  | 74% | 6 | EGN |
| 에퀴팩스 | O | 28 | 0.16 | 0.58% | 25 | 91% | 2 | 6.60% | -21 | -76% | 7 | 2.40% | B+ | 19 | 37 | 12 | 1.95 | 14 | 8% |  | 82% | 4 | EFX |
| 페더럴REIT | O | 62 | 2.64 | 4.25% | 29 | 47% | 33 | 8.00% | 4 | 6% | 66 | 4.00% | A- | 37 | 95 | 18 | 1.85 | 34 | 143% | X | 88% | 6 | FRT |
| 피프스서드 뱅크 | O | 10 | 0.04 | 0.41% | 9 | 90% | 1 | 4.20% | -8 | -77% | 2 | 1.80% | B+ | 1 | 21 | 13 | -2.45 | -4 | -2% | X | NA | 4 | FITB |
| 퍼스트미드 웨스트뱅코프 | O | 10 | 0.04 | 0.40% | 9 | 88% | 1 | 3.30% | -8 | -83% | 2 | 2.30% | A | 6 | 31 | 14 | 0.01 | 1010 | 400% | X | NA | 6 | FMBI |
| 풀턴파이낸셜 | O | 7 | 0.12 | 1.63% | 4 | 59% | 3 | 4.00% | -3 | -35% | 5 | 2.50% | A | 5 | 17 | 9 | -0.33 | -22 | -36% | X | NA | 5 | FULT |
| 고먼러프 | O | 26 | 0.40 | 1.55% | 16 | 64% | 9 | 4.30% | -9 | -35% | 17 | 2.40% | A | 15 | 45 | 10 | 1.29 | 20 | 31% |  | 1% | 6 | GRC |
| 하스코 | O | 34 | 0.80 | 2.37% | 21 | 63% | 13 | 6.40% | -2 | -5% | 32 | 2.50% | A- | 17 | 47 | 18 | 1.87 | 18 | 43% |  | 60% | 5 | HSC |
| 헌팅턴 뱅크셰어스 | O | 4 | 0.04 | 0.98% | 4 | 86% | 1 | 7.00% | -3 | -67% | 1 | 3.00% | B+ | 1 | 14 | 6 | -7.86 | -1 | -1% | X | NA | 4 | HBAN |
| 임페리얼오일 | O | 38 | 0.37 | 0.96% | 29 | 76% | 9 | 4.00% | -22 | -58% | 16 | 2.30% | A+ | 24 | 48 | 10 | 2.72 | 14 | 14% |  | 1% | 6 | IMO |
| 잉거솔랜드 | O | 32 | 0.28 | 0.87% | 28 | 86% | 5 | 6.00% | -18 | -57% | 14 | 2.00% | A | 11 | 38 | 21 | -9.26 | -3 | -3% | X | 11% | 6 | IR |
| 인터내셔널 플레이버스& 프래그런스 | O | 38 | 1.00 | 2.64% | 18 | 47% | 20 | 5.00% | 2 | 6% | 40 | 2.50% | A- | 25 | 45 | 9 | 2.55 | 15 | 39% |  | 184% | 5 | IFF |
| 존슨컨트롤스 | G O | 27 | 0.52 | 1.92% | 19 | 71% | 8 | 6.70% | -6 | -23% | 21 | 2.50% | A+ | 8 | 36 | 14 | -1.05 | -26 | -50% | X | 32% | 6 | JCL |
| 라클리드그룹 | O | 33 | 1.54 | 4.74% | 11 | 32% | 22 | 7.00% | -2 | -5% | 31 | 5.00% | B+ | 29 | 56 | 24 | 2.97 | 11 | 52% |  | 74% | 5 | LG |
| 레그메이슨 | O | 30 | 0.12 | 0.40% | 25 | 84% | 5 | 2.50% | -18 | -60% | 12 | 1.00% | A | 10 | 52 | 33 | -13.20 | -2 | -1% | X | 46% | 5 | LM |

| 종목 | 상태 | 주가 | 배당금 | 배당 수익률 (배당금 ÷주가) | 하락 여력 (주가 -저평가 기준) | 하락 여력(%) (하락 여력 ÷주가) | 저평가 기준 | 고배당 수익률 | 상승 여력 (고평가 기준- 주가) | 상승 여력(%) (상승 여력 ÷주가) | 고평가 기준 | 저배당 수익률 | S&P 평가 | 52주 최저가 | 52주 최고가 | 주당 순자산 가치 | 12개월 주당 순이익 | 주가 수익 비율 | 배당 성향 | 배당 위험 | 부채 수준 | 베타 계수 | 종목 코드 |
|---|---|---|---|---|---|---|---|---|---|---|---|---|---|---|---|---|---|---|---|---|---|---|---|
| 링컨내셔널 | O | 26 | 0.04 | 0.15% | 25 | 98% | 0 | 8.30% | -25 | -95% | 1 | 3.30% | B+ | 5 | 60 | 30 | -4.27 | -6 | -1% | X | 42% | 4 | LNC |
| 메리어트 인터내셔널 | O | 25 | 0.02 | 0.08% | 23 | 92% | 2 | 1.00% | -20 | -80% | 5 | 0.40% | A | 12 | 30 | 4 | 0.27 | 92 | 7% |  | 209% | 5 | MAR |
| 마셜&일슬리 | O | 7 | 0.04 | 0.58% | 6 | 88% | 1 | 5.00% | -5 | -73% | 2 | 2.10% | A- | 3 | 30 | 18 | -8.11 | -1 | 0% |  | NA | 5 | MI |
| MGE에너지 | O | 37 | 1.47 | 3.98% | 19 | 50% | 18 | 8.00% | -8 | -20% | 29 | 5.00% | B+ | 27 | 37 | 21 | 2.35 | 16 | 63% |  | 53% | 5 | MGEE |
| 노스웨스트 내추럴가스 | O | 41 | 1.58 | 3.82% | 16 | 39% | 25 | 6.30% | -6 | -15% | 35 | 4.50% | A- | 37 | 55 | 25 | 2.76 | 15 | 57% |  | 81% | 6 | MWN |
| 내셔널 퓨얼가스 | O | 46 | 1.34 | 2.94% | 30 | 65% | 16 | 8.50% | -8 | -18% | 37 | 3.60% | B+ | 27 | 50 | 20 | 1.45 | 31 | 92% |  | 55% | 4 | NFG |
| 파카 인더스트리스 | O | 39 | 0.36 | 0.91% | 27 | 70% | 12 | 3.00% | -3 | -9% | 36 | 1.00% | B+ | 20 | 46 | 14 | 1.28 | 31 | 28% |  | 68% | 4 | PCAR |
| 파카하니핀 | G O | 53 | 1.00 | 1.90% | 33 | 62% | 20 | 5.00% | -13 | -24% | 40 | 2.50% | A- | 28 | 62 | 27 | 3.13 | 17 | 32% |  | 23% | 6 | PH |
| PNC파이낸셜 그룹 | O | 43 | 0.40 | 0.94% | 34 | 80% | 8 | 4.80% | -27 | -63% | 16 | 2.50% | B+ | 16 | 88 | 42 | 1.26 | 34 | 32% |  | NA | 4 | PNC |
| 프로텍티브 라이프 | O | 22 | 0.48 | 2.15% | 14 | 64% | 8 | 6.00% | 2 | 7% | 24 | 2.00% | A- | 3 | 37 | 19 | -0.04 | -559 | -1200% | X | 51% | 5 | PL |
| 퀘스타 | O | 35 | 0.50 | 1.42% | 27 | 76% | 8 | 6.00% | -13 | -36% | 23 | 2.20% | A | 21 | 48 | 20 | 2.67 | 13 | 19% |  | 75% | 6 | STR |
| 리걸벨로이트 | O | 49 | 0.64 | 1.32% | 37 | 75% | 12 | 5.30% | -17 | -34% | 32 | 2.00% | A- | 25 | 50 | 30 | 2.66 | 18 | 24% |  | 62% | 5 | RBC |
| 로퍼 인더스트리스 | G O | 51 | 0.33 | 0.65% | 28 | 54% | 24 | 1.40% | -4 | -8% | 47 | 0.70% | A | 35 | 70 | 24 | 2.80 | 18 | 12% |  | 43% | 5 | ROP |
| 쉐링플라우 | O | 29 | 0.26 | 0.91% | 23 | 80% | 6 | 4.60% | -3 | -9% | 26 | 1.00% | B+ | 12 | 29 | 6 | 1.50 | 19 | 17% |  | 79% | 4 | SGP |
| 사우스웨스트 뱅코프 | O | 13 | 0.10 | 0.78% | 9 | 70% | 4 | 2.60% | -4 | -29% | 9 | 1.10% | A- | 5 | 24 | 16 | 0.72 | 18 | 14% |  | NA | 6 | OKSB |
| 스테이트 스트리트 | O | 53 | 0.04 | 0.08% | 52 | 97% | 1 | 3.00% | -50 | -94% | 3 | 1.30% | A | 14 | 73 | 25 | -4.91 | -11 | -1% | X | 29% | 6 | STT |
| 스테판컴퍼니 | O | 60 | 0.88 | 1.47% | 35 | 59% | 24 | 3.60% | -22 | -36% | 38 | 2.30% | B+ | 23 | 60 | 24 | 4.99 | 12 | 18% |  | 59% | 5 | SCL |

| 종목 | 상태 | 주가 | 배당금 | 배당<br>수익률<br>(배당금<br>÷주가) | 하락<br>여력<br>(주가<br>-저평가<br>기준) | 하락<br>여력(%)<br>(하락<br>여력<br>÷주가) | 저평가<br>기준 | 고배당<br>수익률 | 상승<br>여력<br>(고평가<br>기준-<br>주가) | 상승<br>여력(%)<br>(상승<br>여력<br>÷주가) | 고평가<br>기준 | 저배당<br>수익률 | S&P<br>평가 | 52주<br>최저가 | 52주<br>최고가 | 주당<br>순자산<br>가치 | 12개월<br>주당<br>순이익 | 주가<br>수익<br>비율 | 배당<br>성향 | 배당<br>위험 | 부채<br>수준 | 베타<br>계수 | 종목<br>코드 |
|---|---|---|---|---|---|---|---|---|---|---|---|---|---|---|---|---|---|---|---|---|---|---|---|
| 선트러스트<br>뱅크스 | O | 22 | 0.04 | 0.18% | 22 | 97% | 1 | 7.00% | -20 | -92% | 2 | 2.30% | A | 6 | 64 | 36 | -3.04 | -7 | -1% | X | NA | 5 | STI |
| 시노버스<br>파이낸셜 | O | 4 | 0.04 | 1.05% | 2 | 65% | 1 | 3.00% | 0 | -12% | 3 | 1.20% | A- | 2 | 13 | 6 | -4.34 | -1 | -1% | X | NA | 6 | SNV |
| TCF파이낸셜 | O | 14 | 0.20 | 1.40% | 9 | 65% | 5 | 4.00% | -4 | -30% | 10 | 2.00% | A | 9 | 28 | 9 | 0.69 | 21 | 29% | | NA | 5 | TCB |
| 토치마크 | O | 44 | 0.56 | 1.28% | 35 | 81% | 8 | 6.70% | -9 | -20% | 35 | 1.60% | A | 16 | 65 | 32 | 4.62 | 9 | 12% | | 19% | 6 | TMK |
| 트러스트코<br>뱅크 | O | 6 | 0.25 | 4.08% | 2 | 32% | 4 | 6.00% | 0 | 2% | 6 | 4.00% | B+ | 5 | 14 | 3 | 0.37 | 17 | 68% | | NA | 4 | TRST |
| 밸몬트<br>인더스트리스 | G O | 87 | 0.60 | 0.69% | 57 | 65% | 30 | 2.00% | -27 | -31% | 60 | 1.00% | A- | 37 | 101 | 27 | 5.55 | 16 | 11% | | 31% | 6 | VMI |
| 워싱턴페더럴 | O | 15 | 0.20 | 1.37% | 11 | 77% | 3 | 6.00% | -8 | -54% | 7 | 3.00% | B+ | 10 | 27 | 16 | -0.09 | -162 | -222% | X | NA | 4 | WFSL |
| 와인가튼<br>리얼티 | O | 21 | 1.00 | 4.78% | 11 | 54% | 10 | 10.50% | -9 | -44% | 12 | 8.50% | A- | 8 | 40 | 16 | 1.03 | 20 | 97% | | 221% | 5 | WRI |
| 웰스파고 | O | 28 | 0.20 | 0.72% | 23 | 81% | 5 | 3.70% | -18 | -64% | 10 | 2.00% | A- | 8 | 45 | 18 | 0.91 | 31 | 22% | | NA | 6 | WFC |
| 윌밍턴<br>트러스트 | O | 13 | 0.04 | 0.31% | 12 | 94% | 1 | 5.00% | -11 | -88% | 2 | 2.50% | A- | 7 | 36 | 14 | -0.63 | -21 | -6% | X | NA | 5 | WL |
| 자이언스뱅코 | O | 16 | 0.04 | 0.24% | 16 | 96% | 1 | 6.00% | -14 | -88% | 2 | 2.00% | A- | 6 | 55 | 33 | -12.00 | -1 | 0% | X | NA | 5 | ZION |

**영웅이 된다 해서 상을 받지는 못한다**

우리 할아버지께서 남긴 여러 교훈 가운데 내가 가장 자주 들었던 말은 "이익은 물건을 살 때 얻는 거란다"였다. 할아버지의 소박한 명언은 대체로 이해하기 쉬웠지만, 이 말을 전할 때마다 사람들은 당황한 표정으로 이렇게 되묻곤 했다. '어떻게 매수할 때 이익을 확정하나요? 팔기 전에는 얼마를 벌었는지 모르죠!' 회계적 관점에서는 그 말이 맞다. 하지만 할아버지께서 전하고자 한 교훈은 '제대로 사면 이익이 날 가능성이 크게 높아진다'는 가치 중심의 사고방식이었다.

「인베스트먼트 퀄리티 트렌드」 식으로 표현하자면, 퀄리티와 가치에 집중할수록 수익이 뒤따를 확률이 높아진다는 뜻이다. 표현이 어떻든 핵심은 분명하다. 자본 차익의 가능성과 배당수익률을 극대화하려면, 해당 종목이 역사적 기준에서 '좋은 가치'에 도달했을 때 매수해야 한다.

그렇다면 '제대로 산다'는 것은 무엇을 의미할까? 배당수익률 이론에서 주가는 배당수익률의 저점과 고점을 나타내는 두 채널선 사이에서 움직인다. 하나는 낮은 가격·높은 배당수익률, 즉 저평가를 나타내는 선이고, 다른 하나는 높은 가격·낮은 배당수익률, 즉 고평가를 나타내는 선이다. 따라서 투자자는 역사적으로 반복되어 온 낮은 가격·높은 배당수익률의 저평가 구간에 진입한 종목을 매수해야 한다. 그래야 상승 여력은 극대화되고 하락 위험은 최소화된다. 이런 매수가 곧 '제대로 사는 것'이다.

제대로 사는 일은 결국 '제대로 파는 것'으로 이어져야 한다. 어떤 종목이나 시장이 고평가 구간에 들어섰다면, 투자자는 추가 매수를 고민하기보다 출구 전략을 준비해야 한다. 수십 개 종목을 꼼꼼히 살펴 투자할 만한 몇 종목을 골라 저평가 구간에서 매수한 뒤, 그 종목들이 상승 추세를 타고 역사적 고평가 구간에 도달할 때까지 묵묵히 기다린다면 투자자로서 할 일은 끝난 셈이다. 이제 보상을 거둬들이기만 하면 된다. 이런 매도가 바로 '제대로 파는 것'이다.

저평가 구간에서 사는 데는 용기가 필요하고, 고평가 구간에서 파는 데는 지혜가 필요하다. 여기서 분명히 알아둘 점은 시장은 사라지지 않는다는 사실이다. 주식 시장에서는 언제든 가치를 발견할 수 있다. 제럴딘 와이스는 주식 투자의 기회에 대해 "기회는 노면전차와 같아요. 금세 또 한 번의 기회가 찾아오게 되어 있죠"라고 내게 여러 차례 말했다.

## 상승 추세

어떤 종목의 가격이 저평가 기준선에서 10% 이상 상승하면, 그 종목은 상승 추세에 진입한 것으로 본다. 저평가 구간은 매수 구간, 고평가 구간은 매도 구간에 해당하므로 상승 추세 국면은 일반적으로 보유 구간으로 간주된다. 「인베스트먼트 퀄리티 트렌드」의 관점에서는 주가가 상승해 역사적 고평가 구간에 10% 미만으로 근접하거나, 반대로 하락해 저평가 구간에 10% 미만으로 근접하더라도, 추세가 유지되는 한 여전히 '상승 추세'로 분류한다.

시장을 오래 지켜본 투자자라면 알겠지만, 주가는 A지점에서 B지점까지 직선으로 움직이는 경우가 드물다. 어떤 종목은 상승 추세에 들어선 뒤에도 시장 전반의 하락에 휘말려 다시 저평가 구간으로 밀려나기도 한다. 반대로 어떤 종목은 저평가 구간을 벗어난 뒤 오랜 기간 상승 추세 속에서 횡보하다가, 저항선을 돌파하며 상승을 재개하기도 한다.

투자 대상을 검토할 때는 원칙적으로 저평가된 주식부터 살펴봐야 한다. 저평가된 주식은 역사적으로 반복되어 온 낮은 주가와 높은 배당수익률의 구간에 있는 종목들이다. 다만 주가가 저평가 구간에 어느 정도 근접해 있으면서 기술적으로는 상승 추세를 타는 경우에도, 수익성 있는 매수 기회가 생길 수 있다.

하지만 매수 결정을 내리기 전에는 반드시 두 가지를 점검해야 한다. 첫째는 전체 시장의 장기 추세다. 시장이 강세장인지, 약세장인지부터 확인해야 한다. 대체로 약세장에서는 상승 추세에 있는 종목을 매수하는 일을 피하는 편이 낫다. 강한 시장 매도세에 휩쓸리면 해당 종목의 상승 추세가 꺾이고 하락 추세로 전환될 수 있기 때문이다. 이런 상황에서는 주가가 다시 저평가 구간까지 내려갈 가능성이 크며, 그 이전에 매수한 투자자는 손실을 감수해야 할 수 있다.

두 번째로 점검해야 할 일은 해당 종목이 고평가 구간까지 추가로 상승할 여력이 얼마나 남아 있는지, 반대로 저평가 구간으로 되돌아갈 하락 위험이 얼마나 되는지를 비교하는 것이다. 전체 시장의 장기 추세가 상승, 즉 강세 국면이라면 상승 추세에 있는 종목에서도 여전히 매력적인 매수 기회를 찾을 수 있다.

이때 핵심은 '상승 추세가 어디까지 진행됐는가'다. 시장이 저평가 상태에 있거나 상승 추세의 초입에 있고, 특정 종목이 저평가 구간에 15% 미만으로 근접해 있다면 여전히 매수로 상당한 수익을 기대할 수 있다.

특히 그 종목이 오랜 기간 배당금을 꾸준히 인상해 온 이력이 있다면 가능성은 더 커진다. 앞서 언급했듯 배당금이 인상되면 저평가·고평가 기준선에 해당하는 가격도 함께 올라가므로, 초기 매수에 일종의 안전판이 추가되는 셈이다. 또한 배당금 인상은 배당 소득을 늘려줄 뿐 아니라 향후 주가 상승을 예고하는 신호로 작용해 상승 추세에 추진력을 더한다.

자료 7-6은 에머슨일렉트릭Emerson Electric, EMR의 사례를 보여준다. 2002년 10월 EMR은 저평가 기준선인 배당수익률 4.0%에 10% 미만으로 근접한 지점에서 하락을 멈춘 뒤, 그 자리에서 상승 추세로 전환했다. 이후 시장이 2002년 저점을 재시험하면서 상승 흐름이 한 차례 끊겼지만, 2003년 3월 반등과 함께 상승 추세는 다시 이어졌다. 2004년과 2005년에는 일시적 조정이 나타나 추가 매수 기회가 생겼는데, 이때 배당금 인상으로 저평가·고평가 기준선이 되는 주가 수준이 상향 조정되기도 했다.

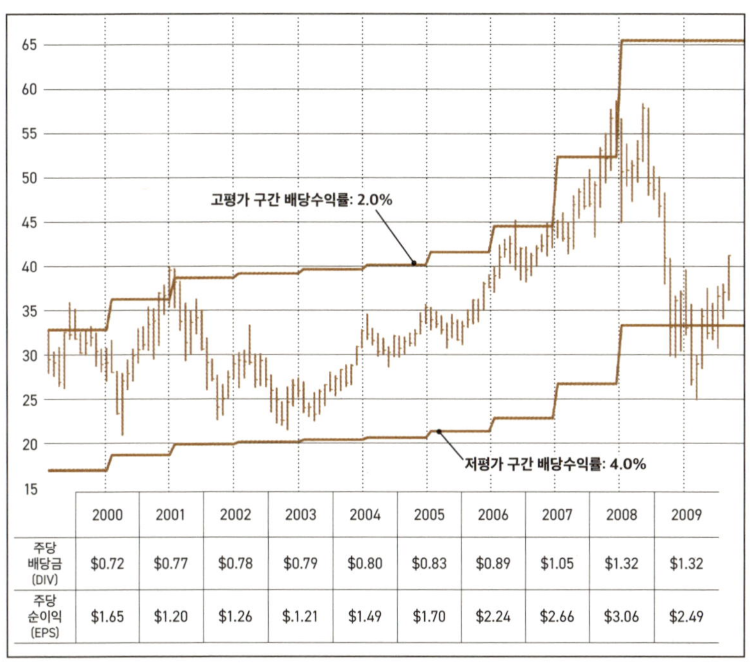



| | 2000 | 2001 | 2002 | 2003 | 2004 | 2005 | 2006 | 2007 | 2008 | 2009 |
|---|---|---|---|---|---|---|---|---|---|---|
| 주당<br>배당금<br>(DIV) | $0.72 | $0.77 | $0.78 | $0.79 | $0.80 | $0.83 | $0.89 | $1.05 | $1.32 | $1.32 |
| 주당<br>순이익<br>(EPS) | $1.65 | $1.20 | $1.26 | $.1.21 | $1.49 | $1.70 | $2.24 | $2.66 | $3.06 | $2.49 |

**투자 지표**
퀄리티 랭킹: A
기관투자자 숫자: 1,921
발행주식수(백만 단위): 751,441
배당 시작 연도: 1947년
이익률: 8.6%
12개월 주당순이익: 2.49달러
주가수익비율: 16.4658634538153
주당순자산가치: 11.52달러
배당 성향: 53%

**현재 잠재력**
주가: 41달러
배당수익률: 3.2%

**고평가 구간**
주가: 66달러
배당수익률: 2.0%
상승 여력: 25
상승 여력(%): 61%

**저평가 구간**
주가: 33달러
배당수익률: 4.0%
하락 여력: 8
하락 여력(%): 20%

출처: 「밸류 트렌드 분석 보고서」

2006년 EMR은 다시 고평가 구간에 도달했고, 예상대로 하락이 시작됐다. 다만 이후 추가적인 배당금 인상이 상승 여력을 보강하면서 주가는 다시 상승 추세로 전환됐고, 2007년에는 배당금 인상에 힘입어 고평가 수준을 넘어서는 흐름도 나타났다. 2008년 초 시장과 함께 하락했지만 투자자들은 EMR을 다시 상승 추세로 끌어올렸고, 이후 약세장의 압력이 상승 흐름을 꺾으면서 주가는 결국 2009년에 배당수익률 4.0% 수준의 저평가 구간까지 하락했다.

2009년 3월, 전체 시장이 안정을 되찾으며 반등하자 EMR도 그 흐름을 따라 반등했다. 그렇게 2009년 9월 중순 기준으로 EMR은 다시 상승 추세에 진입했다.

전체 시장이 상승 추세일 때는 이미 상승 추세에 있는 종목들도 단기적으로 매력적인 수익 기회를 제공할 수 있다. 상승장이 이어지는 환경에서는 이런 종목들이 저평가 구간에 있는 종목보다 더 빠른 시일 내에 고평가 구간에 도달할 가능성이 크다. 이미 가격 방향이 확인되었고, 시장 모멘텀이라는 강력한 추진력을 함께 받기 때문이다.

# 8 가치, 사이클, 그리고 다우존스

"질서와 단순화는 어떤 주제를 통달하기 위한 첫 번째 단계다."
— **토마스 만**Thomas Mann

앞선 장들에서 나는 퀄리티, 가치, 사이클, 추세가 왜 중요한지를 가능한 한 논리적으로 설명하고자 했다. 우리 회사는 최우수 블루칩 선별 기준을 적용해 투자 대상을 최우수 블루칩으로 한정한다. 그리고 배당수익률을 기준으로 역사적 저평가·고평가 구간을 식별한다. 이처럼 최우수 블루칩 선별 기준이라는 기본적 분석과 배당수익률 이론이라는 기술적 분석을 결합하면, 배당 가치 투자 전략의 핵심 구성 요소가 완성된다.

배당수익률 이론이 전제하는 '순환'은 개별 종목의 저평가·고평가 구간을 식별할 때뿐 아니라, 다우존스 산업평균지수로 측정되는 전체 시장의 가치 구간을 파악할 때도 동일하게 적용된다. 다우존스 지수의 가치 순환 사이클을 이해하면 투자자는 매수·매도·보유 시점을 한층 더 정교하게 판단할 수 있다. 물론 전체 시장의

추세와는 반대 방향의 가치 구간에 놓인 종목도 적지 않다. 그럼에
도 큰 흐름을 거스르기보다 흐름을 따라가는 편이 훨씬 수월하다
는 점은 부정하기 어렵다.

배당 가치 투자 전략을 바탕으로 포트폴리오를 구성하고 관리하
는 방법은 다음 장인 제9장에서 다루기로 한다. 이번 장에서는 다
우존스 지수의 장기 추세가 어떻게 전개되어 왔는지, 현재 어떤 가
치 국면이 진행 중인지, 그리고 이러한 정보가 매수·매도·보유 판
단에 어떻게 반영되어야 하는지를 중심으로 살펴보겠다.


내가 지금까지 다우존스 산업평균지수를 여러 차례 언급해 왔기
때문에, 일부 독자들은 '전체 시장을 대표하는 지수로는 S&P 500
이나 다우존스/윌셔 5000 Dow Jones/Wilshire 5000이 더 적절하지 않
느냐'고 반박할지도 모른다. 물론 두 지수 모두 중요한 비교 지표다.
특히 S&P 500은 가장 널리 인정받는 벤치마크로서, 대부분의 증
권사 담당자가 운용 성과를 비교·분석할 때 활용된다.

그럼에도 우리가 다우존스 산업평균지수에 주목하는 이유는 분
명하다. 퀄리티가 높은 블루칩 종목을 상대적으로 더 많이 포함하
고 있으며, 무엇보다 여전히 가장 널리 알려진 대표 지수이기 때문
이다. 우리는 퀄리티를 중시하므로 다우존스 지수를 핵심 기준으
로 삼는다.

배당 가치 투자자라면 다우존스 지수의 장기 추세와 현재의 가
치 국면을 반드시 이해해야 한다. 내가 제5장에서 1926년부터
1995년까지 반복적으로 나타난 배당수익률 패턴을 바탕으로 다우

존스 산업평균지수의 저평가·고평가 구간을 식별하는 방법을 자세히 설명한 것도 그 때문이다. 또한 1995년부터 2008년 사이에 이 패턴에 괴리가 발생했다는 점을 추가적인 해석이 필요한 중요한 변화로서 함께 다룬 것도 그 때문이다.

나는 현재 다우존스 지수가 '1995년 이전의 패턴으로 되돌아가는 과정'에 있다고 판단한다. 이 추정이 옳다면 그 변화가 이번 약세장의 남은 기간에 어떤 영향을 미칠지, 그리고 투자자들이 뒤이어 찾아올 강세장에 어떻게 대비해야 할지 논의할 필요가 있다.

다만 본격적인 논의에 들어가기 전에, 찰스 헨리 다우Charles Henry Dow의 삶과 다우존스 지수의 탄생 배경, 그리고 다우가 가치 투자에 기여한 바를 간략히 짚고 넘어가자.


## 찰스 헨리 다우와 다우존스 지수


찰스 헨리 다우는 투자은행가도, 자산운용가도, 주식중개인도 아니었다. 그는 가난한 농부의 아들로 태어났고, 여섯 살에 아버지를 잃었다. 다우는 아버지의 생명을 앗아간 고된 농사일보다는 더 나은 삶을 원했고, 기자가 되기 위해 열여섯 살에 집을 나와 독립했다. 언론학 학위는커녕 정규 교육조차 충분히 받지 못한 상황에서 내린 선택이었다.

그럼에도 다우는 「스프링필드 데일리 리퍼블리컨Springfield Daily Republican」, 「프로비던스 저널Providence Journal」 등 여러 신문사에 기자로 취업하는 데 성공했다. 이후 프로비던스를 떠나 뉴욕으로 갔는데, 당시 금융 뉴스를 수집해 배포하던 「키어넌 뉴스 에이전시Kiernan News Agency」에 들어갔다. 그곳에는 프로비던스 시절부터 알고 지내던 에드워드 D. 존스Edward D. Jones도 함께 근무하고 있었다.

1882년 다우와 존스는 찰스 버그스트레서Charles Bergstresser와 함께 다우존스 앤드 컴퍼니Dow Jones & Company를 설립했다. 1884년 다우존스는 훗날 「월스트리트 저널Wall Street Journal」의 전신이 되는 「커스터머스 애프터눈 레터Customer's Afternoon Letter」를 통해 미국 최초의 주식 평균지수를 발표했다. 이어 1886년에는 각 산업을 대표하는 12개 기업을 묶어 최초의 산업평균지수를 내놓았다.

초창기 다우존스 산업평균지수에 포함된 기업은 아메리칸 코튼 오일American Cotton Oil, 아메리칸 슈가American Sugar, 아메리칸 토바코American Tobacco, 시카고 가스Chicago Gas, 디스틸링 앤드 캐틀 피딩Distilling & Cattle Feeding, 라클리드 가스Laclede Gas, 내셔널 레드National Lead, 노스아메리칸 테네시 콜, 아이언 앤드 레일로드North American Tennessee Coal, Iron and Railroad Company, 유에스 레더U.S. Leather, 유에스 러버U.S. Rubber, 제너럴 일렉트릭General Electric이었다. 이 '원조 12개 기업' 가운데 오늘날까지 살아남은 기업은 제너럴 일렉트릭뿐이다.

다우존스가 발행하는 금융 주간지 「배런스Barron's」가 1920년대 초반에 출간한 『다우존스 평균지수Dow Jones Averages』에 따르면, 찰스 다우는 이미 1872년부터 최소 12개에서 최대 60개 종목을 조합해 다양한 형태의 평균 주가지수를 시험적으로 만들어 보았다고 한다. 다만 그가 왜 그처럼 여러 지수를 구성했는지에 대해서는 구체적인 기록이 남아 있지 않다. 그럼에도 당시의 맥락을 고려하면, 시장의 장기 추세를 가장 정확하게 포착할 수 있는 구성 방식을 찾기 위한 시도였을 가능성이 크다.

어쨌든 다우가 끝내 자신이 찾던 조합에 도달했다는 점만큼은 분명하다. 1897년에는 산업평균지수와 철도 평균지수도 탄생했는데, 이 가운데 철도 평균지수는 훗날 운송 평균지수로 발전했다. 또 1929년에는 전기·가스·수도 등 필수 공공재를 공급하는, 유틸리티 기업의 시장 성과를 추적하는 '다우존스 유틸리티 평균지수'를 새로 도입했다.


찰스 다우가 남긴 글 대부분은 오늘날 전해지지 않는다. 다만 그가 세상을 떠난 지 1년 뒤인 1903년, S.A. 넬슨S.A. Nelson이 『주식 투자의 ABCABC of Stock Speculation』에서 다우의 사설 16편을 소개하면서 그의 생각 일부가 전해지게 됐다.

일반적으로 다우는 전형적인 기술적 분석가로 알려져 있다. 실제로 평균지수와 구성 종목들이 강세장과 약세장 사이클의 영향을 받는다는 관점을 보면, 그가 기술적 관점에 무게를 두었던 것이 맞다. 그러나 그는 동시에 '가치'의 중요성도 분명히 인식하고 있었다.

다우가 가치에 관해 남긴 통찰은 벤저민 그레이엄의 저작들과 함께, 내 스승이자 선배인 제럴딘과 나에게도 큰 영향을 미쳤다. 배당 수익률 이론의 기반은 다우와 그레이엄이라는 두 '학문적 아버지'

로부터 형성되었고, 여기에 제럴딘 와이스의 독창적인 해석이 더해
졌다. 그 결과가 이 책에 요약되어 있으며, 「인베스트먼트 퀄리티 트
렌드」가 오랫동안 전파해 온 배당 가치 투자 전략으로 정리되었다.

제럴딘이 이 책 앞부분의 서문에서도 인용하듯, 창간 이래 「인베
스트먼트 퀄리티 트렌드」가 길잡이로 삼아온 원칙 가운데 하나는 다우
의 다음 문장이다. "가치를 이해하면 시장의 의미를 이해할 수 있으
며, 주식의 가치는 궁극적으로 배당수익률에 의해 결정된다."
오늘날 찰스 다우의 이름은 주로 「월스트리트 저널」과 그 이름을
딴 '다우 이론Dow Theory'으로 알려져 있다. 다우 이론은 추세를 다
루는 이론이지만, 그는 분명 가치의 중요성을 이해했고 배당이 가
치 판단에서 핵심적인 지표가 될 수 있다는 사실을 인식했던 사람
이었다.

## 배당수익률 이론과 다우존스 산업평균지수

개별 종목에 가치 기준선을 설정할 수 있듯이, 다우존스 산업평
균지수에도 매수와 매도에 적합한 구간을 설정할 수 있다. 주식 시
장 초기부터 다우존스 산업평균지수는 배당수익률 6.0%의 저평가
구간과 3.0%의 고평가 구간 사이를 오르내려 왔다 자료 6-2 참조. 이
가치 프로필은 1929년부터 1995년까지 이어진 모든 강세장과 약세
장에서 시장의 방향을 판단하는 데 유효한 지침으로 작동했다.

현대 역사에서 최악으로 꼽히는 약세장은 1966년 배당수익률이
고평가 구간인 3.0%에 도달했을 때 시작됐다. 그리고 1974년 12월
배당수익률이 저평가 구간인 6.0%에 이르렀을 때 비로소 끝났다.
그 직후인 1975년부터 시장은 배당수익률 5.0%와 6.0% 사이에서
등락을 거듭하다가, 1982년에 새로운 강세장을 맞이했다. 1982년
저평가 구간에서 출발한 강세장은 1992년에 고평가 구간에 도달했
고, 그 상태를 1995년까지 유지했다.

그런데 이 무렵부터 이전과는 다른 움직임이 나타났다. 다우존
스 산업평균지수가 사상 처음으로 고평가 구간에서도 지속적으로
상승하면서, '낮은 배당수익률은 고평가 신호'라는 기존 패턴이 흔
들리기 시작한 것이다. 그 결과 1990년대 중반부터 2008년 9월까
지는, 원래 고평가 신호로 간주되던 배당수익률 3.0%가 오히려 저
평가 기준선처럼 작동했고, 배당수익률 1.50%가 고평가매도 기준
선으로 자리 잡는 듯한 새로운 가치 프로필이 형성됐다.

하지만 2008년 10월 다우존스 산업평균지수는 1만 포인트 아래
로 내려섰고, 이후 장중 최저치 6,440.08까지 하락했다. 당시의 총
배당금을 기준으로 계산하면 배당수익률은 4.90%까지 치솟았으
며, 이를 계기로 '배당수익률 3.0%가 저평가 기준선으로 작동하던
시기'는 사실상 막을 내렸다.

## 장기 과열 국면의 정점

1990년대 초중반, 오랫동안 유지되던 다우존스 배당수익률의 기준선이 무너진 사건은 우리에게 큰 충격을 안겼다. 우리는 직감적으로 무언가 잘못되었다고 느꼈지만, 정확히 무엇이 문제인지는 짚어내지 못했다. 새로운 패턴이 상당 기간 이어졌기 때문에 우리는 그 흐름을 있는 그대로 전달할 수밖에 없었다.

다만 평균 회귀의 조짐이 나타나자, 한 가지 중요한 의문이 생겼다. 60년 넘게 예측 가능했던 전 세계 투자자들의 행동이 무엇 때문에 갑자기 바뀌었을까? 사후 부검을 하듯 당시 상황을 되짚어보면, 그 무렵 금융계에 이른바 '퍼펙트 스톰perfect storm'이 몰아쳤다는 점을 확인할 수 있다.

1990년대 중반, 일반인도 손쉽게 사용할 수 있는 운영체제와 생산성 소프트웨어가 탑재된 개인용 컴퓨터가 대중화되면서 현대판 산업혁명이 시작됐다. 이전에는 자금력이 막강한 기업이나 극소수의 부유층만 누릴 수 있던 기술이 대중에게까지 확산되자, 누구나 인터넷에 접속할 수 있게 되었고 정보화 시대가 본격적으로 열렸다. 그 결과 과거에는 수주에서 수개월에 걸쳐 취합되고 배포되던 뉴스와 금융 정보가, 이 시기부터는 거의 실시간으로 모든 사람에게 전달되기 시작했다.

정보기술의 비약적인 발전과 기술 산업의 폭발적 성장이 이어지던 바로 그때, 공교롭게도 미국 의회에서는 책임 재정fiscal responsibility의 기조가 강화되었다. 정치권이 작은 정부와 균형 재정을 약속하자 채권 수요가 늘었고, 이미 1982년부터 큰 폭으로 하락해 오던 시장 금리는 하락세를 더 이어갔다.

앨런 그린스펀Alan Greenspan 의장 시절 연방공개시장위원회 FOMC는 생산성이 급격히 향상되고 있다는 분위기에 힘입어 비교적 완화적인 통화 기조를 유지했다. 의회와 각종 규제 기관 역시 금융 산업과 시장에 대한 감독을 소홀히 했다. 법인세와 개인 소득세 부담도 전반적으로 낮았고, 자본 차익에는 우대 세율이 적용되었다.

이런 배경을 감안하면 투자자들이 배당수익률 3.0%라는 전통적 고평가 신호를 무시한 것도 그리 놀라운 일은 아니다. 정책 당국조차 투기적 행위를 사실상 부추기던 시대에, 누가 가치와 배당의 중요성에 주목했겠는가? 시장에는 순풍이 불었고, 세법은 배당보다 자본 차익에 우호적이었다. 그 결과 투자자들은 가치에는 무관심한 채 무모한 투자에 뛰어들었고, 기술주와 닷컴주 열풍이 뒤따랐다.

이제 시간을 잠시 거슬러, 1982년에 시작된 강세장이 어떤 환경에서 형성되었는지 다시 살펴보자. 1966년부터 1974년까지 시장은 약세장의 악순환 속에서 사실상 초토화되었다. 1974년 말 다우존스 지수의 배당수익률은 6.0%에 도달했고, 최우수 블루칩 종목 가운데 80%가 저평가 범주에 속해 있었다. 1974년부터 1982년까지 다우존스 지수는 배당수익률 5%와 6% 사이에서 등락을 반복했으며, 최우수 블루칩의 저평가 종목 비율 역시 80%를 약간 웃돌거나 밑도는 수준에서 크게 벗어나지 않았다.

자료 8-1은 당시 우수한 가치를 지닌 기업이 놀랄 만큼 많았다는 사실을 보여주는 「인베스트먼트 퀄리티 트렌드」의 블루칩 추세 검증 차트다.

**자료 8-1 최우수 블루칩 기업의 추세별 비율 변화** 1966년 7월~1987년 1월

**자료 8-2 최우수 블루칩 기업의 추세별 비율 변화** 1987년 7월~2009년 7월

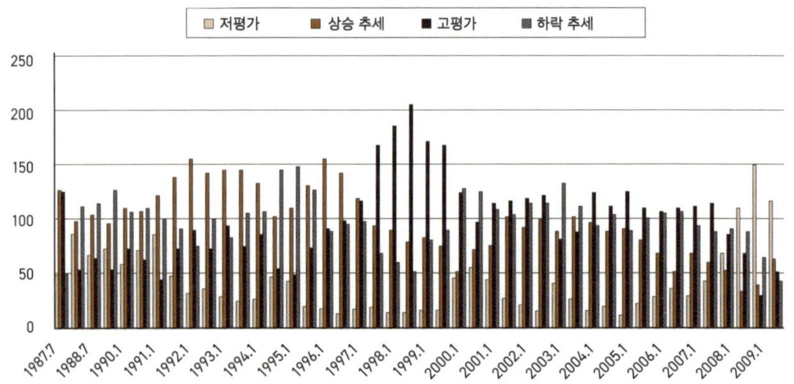

1973년, 약세장의 세 번째이자 마지막 하락 국면이 시작되자 저평가 범주에 속한 종목들이 시장을 장악했고, 이러한 흐름은 1982년 강세장이 시작될 때까지 이어졌다. 그러나 1982년에 이르러, 1974년부터 오랫동안 억눌려 있던 자본이 시장으로 유입되면서 주가가 상승하기 시작했다. 그리고 그 결과 상승 추세 범주의 비율이 저평가 범주를 넘어섰다.

자료 8-2를 보면, 역사적으로 우수한 가치를 인정받아 온 종목들이 1987년부터 2009년 7월까지 어떤 변화를 겪었는지 확인할 수 있다. 자료 8-2의 맨 왼쪽 막대는 1987년 7월의 수치다. 이 시점에는 상승 추세와 하락 추세 범주에 속한 종목 비중이 거의 비슷하다. 당시 다우존스 지수의 배당수익률은 이미 고평가 기준선인 3.0% 아래로 내려가 있었다.

바로 다음 막대는 1988년 1월을 나타내는데, 1987년 10월 19일 주식 시장 대폭락의 여파로 대다수 종목이 하락 추세 범주로 이동했음을 보여준다. 이때 다우존스 지수의 배당수익률도 다시 4.0% 수준으로 올라갔다. 1988년 7월과 1989년 1월의 막대 역시 1988년 1월과 유사한 가치 수준을 나타낸다. 반면 1990년 1월에는 상승 추세 범주가 다시 우위를 되찾는데, 이때 다우존스 지수의 배당수익률도 고평가 기준선인 3.0% 수준으로 내려오게 된다.

1994년 중반부터 1995년 1월까지는 하락 추세 범주가 시장을 주도했다. 이유는 단순하다. 최우수 블루칩의 상당수가 고평가 구간에서 밀려나 각자의 저평가 구간을 향해 하락하고 있었기 때문이다. 당시 투자자들은 시장이 과매수 상태여서 조정이 불가피하다는 점을 직감했던 것으로 보인다.

그러던 무렵, 앞서 설명한 '퍼펙트 스톰'이 시장을 덮쳤다. 1995년 중반부터 1997년 중반까지는 상승 추세 범주가 다시 시장의 우위를 차지했다. 이 시기 다우존스 지수의 배당수익률은 '우물을 파는 사람조차 찾아내기 어려울 만큼' 낮아져 있었다. 이후 2000년 초까지는 투자자들이 가치 투자 원칙을 사실상 외면한 결과, 고평가 범주가 압도적인 비중을 차지했다. 그러다 이 책을 쓰는 시점에도 이어지고 있는 약세장의 1차 하락 국면이 본격화되었다.

칵테일 파티에서 만난 투자자들에게 '빠른 수익'을 약속하던 기업들은 시간이 지날수록 그 화려함과 매력을 잃어갔다. 실질적인 이익을 내지 못했고, 대다수가 투기 대상으로만 부각됐다는 사실이 드러나면서 기술주와 닷컴주에 대한 환상은 순식간에 무너졌다. 2000년 말과 2001년 초에는 경기 침체가 뚜렷해졌고, 시장은 본격적인 하락 국면에 들어섰다. 2001년 9월 11일, 미국이 테러 공격을 받자 매도세는 한층 거세졌으며, 시장은 2002년 11월까지 하락을 이어갔다.

경기 침체와 9·11 사태로 인한 시장 경색에 대응하기 위해 연준은 기준금리인 연방기금금리를 사상 최저 수준으로 인하했다. 당시 투자자들이 즉시 동원할 수 있는 자금의 상당 부분은 주택 지분home equity에 묶여 있었고, 자금 경색을 풀 수 있는 현실적 수단은 금리를 대공황 시기 수준까지 낮춘 뒤 그 상태를 일정 기간 유지하는 것뿐이었다.

2003년에는 '시장 개혁'을 명분으로 세금 개혁법이 제정되면서 배당금과 자본 차익에 대한 소득세율이 크게 인하되었고, 그에 따라 투자에 대한 관심도 다시 높아졌다. 기술주·닷컴주 붕괴의 기억이 여전히 생생했고 엔론과 월드컴의 회계 부정 충격도 채 가시지 않은 시점에 세제 개편이 이루어지자, 투자자들은 가치주와 배당의 중요성을 다시 인식하기 시작했다. 그 결과 1990년대 내내 외면받다시피 했던 블루칩 배당주가 재조명되었고, 관련 종목들의 주가는 큰 폭으로 상승했다.

투자자들이 다시 배당주에 관심을 보이기 시작했음에도 자료 8-2를 보면 2003년은 역사적 기준에서 '좋은 가치'라고 부를 만한 근거를 거의 찾기 어려운 시기였다. 2002년 1차 하락 국면이 극치를 찍고 2003년 초에 저점을 다시 확인했을 때조차, 다우존스 지수의 배당수익률은 역사적으로 확인된 고평가 구간의 배당수익률보다도 더 낮은 수준에 머물러 있었다. 즉 시장이 크게 하락한 뒤에도 여전히 고평가 상태였다는 뜻이다.

다소 잔소리처럼 들릴 수 있지만, 이 지점은 분명히 짚고 넘어가야 한다. 1966년 이후 최우수 블루칩 그룹에서 저평가 범주의 비율이 17% 이하로 떨어질 때마다 시장은 언제나 주요 고점을 기록했다. 반대로 저평가 범주의 비율이 70~80%에 달했을 때 시장은 어김없이 주요 저점을 형성했다. 그런데 2000년 시장이 정점에 달했을 때 저평가 범주의 비율은 12%에 불과했다. 더 놀라운 것은 2002년 후반 1차 하락 국면이 정점을 찍었을 때조차 저평가 범주의 비율이 16%에 그쳤다는 사실이다. 다우존스 지수가 5,000포인트나 폭락했는데도 시장은 여전히 극도로 고평가된 상태에 머물러 있었던 셈이다.

이후 저평가 비율은 더 낮아져 2005년 중반에는 4%까지 떨어졌다. 그럼에도 시장은 그 뒤로 2년을 더 상승했다. 이 정도면 '고평가'나 '비이성적 과열'이라는 표현만으로는 부족하고, 차라리 '광기'라고 부르는 편이 더 정확하다. 사상 최저 수준의 금리가 만들어낸 막대한 유동성과 파생상품에 대한 환상이 이런 결과를 낳았다는 사실은 충격적이다.

다만 일부 투자자들은 제2차 세계대전 이후 장기간 누적되어 온 레버리지와 투기가 마침내 임계점에 도달했다는 점을 이미 감지하고 있었던 것으로 보인다. 그 근거는 분명하다. 저평가 범주에 속한 종목의 상당수가 은행과 금융주였기 때문이다.


## 무너져 내린 월가


주택 가격이 지속 불가능한 수준까지 치솟자, 주택을 더 비싼 값에 되팔아 대출을 상환하는 방식이 더는 통하지 않게 되었다. 그 결과 대출로 집을 산 사람들 가운데 상당수가 원리금 상환을 감당하지 못한다는 사실이 분명해졌다.

그러자 주택담보대출을 기초자산으로 한 주택저당증권mortgage-backed securities, MBS에도 의심이 번졌다. 기초자산인 부동산 가치가 하락하기 시작했기 때문이다. MBS에 대규모로 투자했던 은행, 증권사, 헤지펀드들은 보유 자산을 시장 가격으로 평가해야 했지만, 부동산과 MBS의 가치를 합리적으로 산정할 기준이 붕괴하면서 금융 시스템 자체가 흔들리기 시작했다. 각 금융회사가 재무제표를 방어하려고 유동성 확보에 나서자, 결국 대규모 마진콜margin call이 발생했다.

마진콜이 오면 선택지는 둘뿐이다. 보유 자산을 매각하거나 현금을 추가로 투입해야 한다. 그러나 당시에는 MBS를 팔고 싶어도 팔 수 없었기 때문에, 은행과 증권사, 헤지펀드들은 블루칩 주식, 원유, 금, 각종 원자재 등 팔 수 있는 것은 무엇이든 내다 팔 수밖에 없었다. 매도세가 거세지면서, 일반 투자자들까지도 부채담보부증권CDO과 신용부도스와프CDS 같은 파생상품과 합성 증권의 존재를 본격적으로 인식하게 되었다. 이런 상품들은 사실 1990년대 중반부터 이미 시장에서 거래되고 있었다.

한때 '대마불사too big to fail'로 여겨졌던 베어스턴스는 인수되었고, 리먼브라더스는 파산을 선언했으며, 메릴린치는 뱅크오브아메리카에 인수되었다. 40분기 연속으로 배당을 늘려 왔던 워싱턴뮤추얼은 연방예금보험공사FDIC에 인수된 뒤 헐값에 JP모건체이스로 넘어갔다.


## 게임의 종반전

이 책을 쓰는 시점의 시장 흐름은 1966년부터 1974년까지 이어진 약세장과 유사하다고 나는 판단한다. 그렇다고 이번 약세장이 8년 동안 지속될 것이라고 보지는 않는다. 다만 당시처럼 세 차례 하락 국면 사이에 두 번의 큰 역추세 반등counter-trend rally이 끼어 있는 형태로 전개될 가능성이 크다고 생각한다. 이러한 흐름은 다우존스 지수의 배당수익률이 다시 5.0%에서 6.0% 사이로 내려오고, 새로운 강세장이 형성될 조건이 갖춰질 때까지 이어질 것이다.

이제 1966~1974년 약세장의 패턴을 보여주는 자료 8-3을 참고 자료로 살펴보자.

**자료 8-3** 다우존스 산업평균지수 기준 약세장1966~1974년

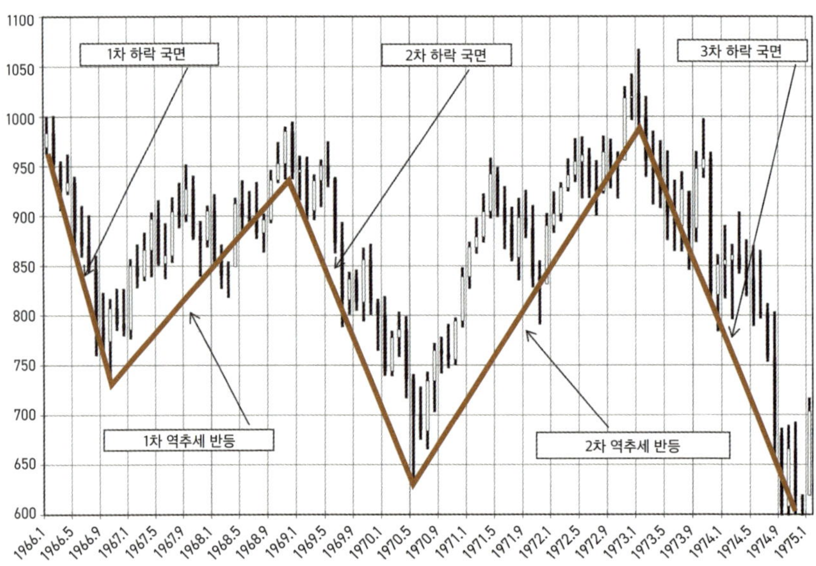

약세장이 시작된 1966년은 다우존스 지수의 배당수익률이 역사적 고평가 구간인 3.0%까지 내려간 시점이었다. 그해 하반기에 배당수익률이 4.0%에 도달하면서 1차 하락 국면이 마무리됐고, 시장은 반등으로 전환했다.

첫 번째 역추세 반등은 1969년에 정점을 찍었으며, 1966년 고점 바로 아래까지 주가를 끌어올렸다. 이후 2차 하락 국면이 시작되었고, 배당수익률이 5.0%에 도달할 때까지 하락 추세는 멈추거나 반전되지 않았다.

이후 1970년 시작된 두 번째 역추세 반등은 1973년 초에 고점을 형성했는데, 흥미롭게도 이 반등은 1966년과 1969년의 고점을 돌파했다.

공교롭게도 1973년 고점에서도 다우존스 지수의 배당수익률은 3.0%였다. 다우존스 지수가 1966년 고점을 넘어섰을 때 많은 투자자가 새로운 강세장이 시작됐다고 믿었지만, 실제로는 시장이 다시 꺾이며 3차 하락 국면으로 접어들었다. 이 하락 국면은 1974년 12월 다우존스 지수의 배당수익률이 6.0%를 기록했을 때 비로소 종료되었다.

이제 자료 8-4에 나타난 현재의 약세장과 방금 살펴본 1966~1974년 약세장을 비교해보자.

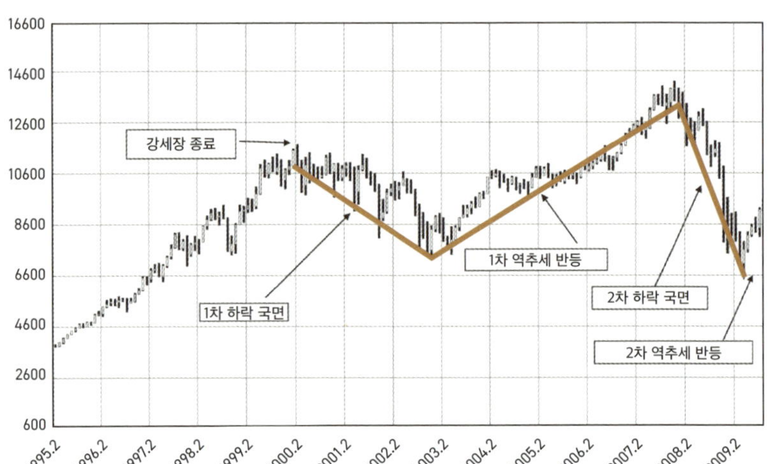

내 분석이 옳다면, 이번 약세장의 1차 하락 국면은 2000년 초에 시작해 2002년 10월에 종료되었다고 볼 수 있다. 제6장으로 돌아가 자료 6-2 다우존스 지수의 투자 퀄리티 추세를 확인해 보면, 1차 하락 국면의 바닥에서도 배당수익률이 3.0%에 미치지 못했음을 알 수 있다. 그런 상황에서 그린스펀 체제의 연준과 부시 행정부가 초저금리 정책에 더해 자본 차익과 배당에 대한 연방 세율 완화까지 밀어붙이며, 2003년 역추세 반등이 본격적으로 전개되었다.

2003년 말부터 2007년 가을까지는 집값 상승으로 불어난 주택 자산 가치, 투기 세력이 전례 없이 쌓아 올린 레버리지, 금융회사들이 과도하게 남용한 파생상품이 결국 주식 시장에 어떤 충격을 남기는지를 확인한 시기였다. 2006년, 다우존스 지수가 2000년의 고점을 돌파하자, 투자자들은 1973년과 마찬가지로 새로운 강세장이 시작됐다고 믿었다. 그러나 1973년의 전개와 유사하게, 시장은 다시 꺾이며 또 한 번의 하락 국면으로 들어섰다.

2차 하락 국면은 2009년 3월 9일 장중에 바닥을 찍었고, 이때 다우존스 지수의 배당수익률은 4.90%까지 상승해 5.0%에 단 10bp0.10% 차이로 근접했다. 같은 시기 블루칩 추세 검증 차트에는 우리가 선별한 최우수 블루칩 그룹 가운데 72%가 저평가 범주에 속한다고 기록되어 있었다. 이는 역추세 반등이 발생할 가능성이 매우 높다는 신호였다.

실제로 이 글을 쓰는 시점에도 매우 강력한 역추세 반등이 전개되고 있다. 이번 약세장이 과거의 패턴을 따른다면, 역추세 반등은 직전 하락 폭의 절반 이상을 되돌릴 가능성이 크며, 다우존스 지수 기준으로는 약 10,300포인트 수준에 해당한다. 이번 반등은 1969년처럼 과거 고점 회복에 그칠 수도 있고, 1973년과 2006년처럼 이전 고점을 돌파하는 결과로 이어질 수도 있다.

이런 패턴을 이해하는 투자자라면 2009년 3월 저점처럼 주요 반전 지점에서 저평가된 신규 자산을 매수할 수 있다. 그러면 직전 하락 국면에서 입은 손실도 일정 부분 만회할 여지가 생긴다. 다만 역추세 반등이 정점을 찍은 뒤 하락 전환이 시작되는 낌새가 보이면, 고평가된 종목에서는 수익을 실현하고, 상승 추세에는 못 미치더라도 크게 오른 종목에는 손절매 주문을 걸어둘 필요가 있다. 다음 하락 국면과 추세 전환에 대비해 현금을 확보하기 위해서다.

## 새로운 강세장

현재의 사이클을 기준으로 보면, 나는 앞으로 하락 국면이 한 차례 더 남아 있다고 판단한다. 2008년 말 다우존스 지수의 배당수익률이 3.0% 구간을 뚫고 거의 5.0%까지 치솟을 정도로 주가가 급락했을 때, 나는 '비이성적 과열'의 시대가 끝났음을 확신했다. 따라서 다우존스 지수가 저평가·고평가 구간의 역사적 기준선인 배당수익률 3.0%와 6.0% 사이, 즉 정상 범위로 되돌아가는 것도 지극히 자연스러운 흐름이라고 보았다. 나는 최소한 2009년 3월 저점을 재시험하는 움직임 정도는 나타날 것으로 보고 있다.

다만 종반전이 어떤 모습으로 전개되든, 밤이 지나면 아침이 오듯 새로운 강세장은 반드시 찾아온다. 그 강세장이 이어지는 동안 상당한 수익 기회가 생길 가능성도 크다. 그러나 그 강세장은 과거와는 전혀 다른 모습을 띨 것이다. 강세장을 떠받치던 순풍이 더 이상 존재하지 않기 때문이다. 초저금리, 연준의 완화적 통화 정책, 개인과 법인에 우호적인 세율, 값싼 자금과 과잉 유동성, 느슨한 규제와 감독, 그리고 비이성적 과열이 한데 섞여 만들어낸 퍼펙트 스톰은 다시 오지 않을 것이다.

그렇다고 비관할 필요는 없다. 시장에는 퀄리티와 가치가 풍부해질 것이고, 가치 투자자에게는 오히려 더 바람직한 환경이 조성될 수 있다. 과거처럼 손쉽게 수익을 내기는 어렵겠지만, 충분히 가능한 일이다.

스미스바니Smith Barney 증권사의 한 광고에서 배우 존 하우스먼

John Houseman은 이런 말을 했다. "우리는 예전 방식대로 이익을 얻습니다. 노력해서 버는 것이죠." 우리는 이 말을 조금 바꾸어 이렇게 말할 수 있다. "앞으로도 우리는 예전처럼, 꾸준히 노력해 수익을 벌어들일 것입니다."

제3부

주식 시장에서
성공하기

# 성공적인 투자 전략 구축하기

"기회는 준비된 사람에게만 찾아온다."
— **루이 파스퇴르**Louis Pasteur

영화 「월스트리트Wall Street」에서 주인공 고든 게코Gordon Gekko는 증권맨 버드 폭스Bud Fox에게 "애초에 어리석은 자가 돈을 손에 넣는 것 자체가 기적"이라고 말한다. 상당히 냉소적으로 들리는 대사인데, 게코가 사기꾼이며 내부자 정보를 이용한 거래로 성공한 인물로 그려진다는 점을 떠올리면 그리 뜻밖의 말도 아니다.

그러나 내 경험상 그런 속임수를 쓰지 않고도 투자에서 충분히 성공할 수 있다. 특별한 재능이 필요한 것도 아니다. 다만 규칙을 지킬 수 있어야 한다. 한마디로, 성실히 일하고 꾸준히 저축할 만큼 현명한 사람이라면 자신의 돈을 직접 관리하는 것이 충분히 가능하다.

물론 부를 축적하는 길이 주식과 주식 시장에만 있는 것은 아니다. 나는 부동산이나 다양한 사업으로 큰 자산을 이룬 사람들도 많이 만났다. 평생 주식을 한 주도 사지 않았지만 옵션이나 상품 시장에서 큰 성과를 거둔 친구들도 있고, 내 가장 친한 친구 중 한 명은 채권 운용 분야에서 최고 수준의 역량을 가진 인물이기도 하다.

그럼에도 나는 주식 관련 책을 쓰고, 주식 시장 소식지를 발행하며, 주식 투자 운용사를 운영하는 사람이다. 그런 내가 장기적인 부 축적 수단으로 고퀄리티 블루칩 주식을 가장 선호하는 것은 자연스러운 일이다. 경험상 블루칩 주식만큼 잠재력은 크고 위험은 상대적으로 낮은 자산군을 찾기 어렵다.

블루칩 주식에 투자하려면 규칙과 인내가 필요하다. 인내의 문제는 내가 독자에게 대신해 줄 수 없지만, 배당 가치 투자 전략만큼 체계적이고 실행하기 쉬운 가치 투자 전략도 드물다는 점만은 분명히 말할 수 있다.


젊든 나이가 들었든 혹은 마음만은 젊든, 미혼이든 기혼이든, 자녀가 있든 없든, 은퇴를 앞두고 있든 이미 은퇴했든 배당 가치 투자 전략은 누구든지 활용할 수 있다. 이 전략을 활용하면 배당수익률은 낮지만 성장 속도가 빠른 기업, 배당수익률이 높고 성숙 단계에 있는 기업, 그 중간에 위치한 기업까지 폭넓게 선별해 총수익을 극대화할 수 있다. 결국 투자자의 상황과 목표가 무엇이든, 배당 가치 투자 전략은 '투자 수익의 확보'에 초점을 맞춘다는 점에서 가장 기본적인 투자 원칙에 가깝다.

이 전략은 단기 매매 기법은 아니지만, 그 안에는 단기적으로도 활용할 수 있는 원칙도 포함되어 있다. 다만 우리의 경험과 여러 전문가의 견해를 종합하면, 배당 가치 투자 전략의 가장 큰 매력은, 허황되지 않고 상식에 부합하며 어떤 시장 환경에서도 수십 년에 걸쳐 꾸준히 효과를 입증해 왔다는 데 있다.

정리하면, 역사적으로 우수한 가치를 인정받아온 블루칩 주식들로 분산 포트폴리오를 구성해 보유하다가 고평가 구간에서 매도해 만족스러운 수익을 얻는다면, 규칙을 지키고 인내해 온 시간만큼의 보상을 충분히 얻어갈 수 있는 셈이다.


## 투자 관리는 투자자의 몫이다

투자에는 모든 상황에 일률적으로 적용되는 해법이 없다. 획일적인 처방은 일반 의약품에나 어울린다. 주식마다 가치 프로필이 다르듯, 투자자의 목표와 목적도 제각각이다. 종목이 개별적으로 분석되어야 하듯이, 투자자 역시 '내게 필요한 것이 무엇인지'를 먼저 분명히 한 뒤 그에 맞는 목표와 전략을 세워야 한다.

아직 자신에게 필요한 것이 무엇인지 정리되지 않았다면 그 단계부터 시작해야 한다. 이런 말이 낯설고 어렵게 느껴지더라도 괜찮다. 도움을 받으면 된다. 자신보다 더 많이 배우고 경험이 많은 사람에게 때때로 조언을 구하는 일은 부끄러운 일이 아니다.


다만 전문가의 도움을 받더라도 투자 과정의 주도권은 반드시 본인이 쥐어야 한다. 금융 서비스 업계에서는 '고객을 관리하는 방법'

을 가장 먼저 배우는 경우가 많다. 그럴 만한 이유도 있다. 투자 경험이 적은 고객에게는 금융회사의 조직력과 체계가 도움이 될 수 있기 때문이다. 하지만 일을 맡기더라도 투자자는 자신이 무엇을 원하고 무엇에 관심이 있는지를 명확히 전달해야 한다.

예컨대 전문가에게는 현재와 은퇴 이후의 예산 점검, 현금흐름 분석, 개인 재무상태표 작성 같은 구체적인 도움만 요청하라는 뜻이다. 업계 종사자들은 투자자를 자기들 시스템 안으로 끌어들이려는 경향이 있는데, 표면상의 이유는 '데이터를 많이 수집해야 한다'는 것이다. 실제로 일을 시작하려면 일정 수준의 정보 제공은 불가피하다.

내 동업자 마크와 내가 아는 한 사람은 계약에 들어가기 전 '어떤 도움을 드릴 수 있을지 파악하겠다'는 명분으로 잠재 고객에게서 방대한 개인정보와 재무 정보를 수집하곤 했다. 그는 그 자료를 꼼꼼히 훑어 사소한 항목까지 찾아낸 뒤, 상담 자리에서 상대에게 그 문제를 알고 있었는지 묻고 '이런 문제가 있는데도 걱정되지 않느냐'는 식으로 압박을 가했다. 대부분의 전문가는 그런 꼼수를 상상조차 하지 않겠지만, 어느 집단에나 썩은 사과는 있기 마련이다.

그래서 다음 세 가지 원칙만 기억해 두면 된다. 첫째, 나만큼 내 일에 신경 써주는 사람은 없다. 둘째, 나만큼 내 상황을 잘 아는 사람은 없다. 셋째, 나만큼 내 자산을 성의껏 관리해줄 사람은 없다.

오늘 당장 계획을 세우면, 내일부터 그 계획은 진행된다.

## 투자의 목표

이제 기업의 퀄리티와 가치를 어떻게 식별하는지 알게 되었으니, 다음 단계는 자신의 목표에 맞춰 종목을 선별하는 방법을 익히는 일이다. 투자의 목표와 목적은 투자자 수만큼 다양하다.

한 번은 내가 투자 박람회에서 강연을 마쳤을 때였다. 한 사람이 다가와 "켈리 씨, 제가 완벽한 주식을 생각해 낸 것 같아요"라고 말했다. 내가 "어떤 주식입니까?"라고 묻자 그는 이렇게 답했다. "항상 오르기만 하고, 매년 배당금을 올려 주고, 차익과 배당금에 세금이 붙지 않아요. 게다가 언제든 현금화할 수 있죠." 나는 "말씀대로라면 완벽한 주식이군요. 그 주식 이름을 저에게도 알려주실 수 있습니까?"라고 되물었다.

그러자 그는 "이름을 알고 있다면 기꺼이 알려드리겠지만, 그런 주식은 없는 것 같아요"라고 말했다. 나는 미소를 지으며, 두 가지 사실을 정확히 짚어 준 점에 고맙다고 했다. 그가 '완벽한 주식'이 무엇인지 설명했을 뿐 아니라, 그런 주식은 존재하지 않는다는 점까지 말해 주었기 때문이다.

이 짧은 일화를 꺼낸 이유는 중요한 진실이 담겨 있기 때문이다. 그가 나열한 조건은 자본 보전, 자본 성장, 소득, 소득 성장, 세제 혜택, 유동성처럼 대부분의 투자자가 중요하게 여기는 핵심 목표를 한꺼번에 정리해 준다.

401(k)나 개인 퇴직연금 계좌 같은 적격 퇴직연금 계좌에 편입

된 종목을 제외하면, 일반 주식이 제공하는 세제 혜택은 제한적이다. 현행법상 배당과 자본 차익에 우대 세율이 적용되고는 있지만, 세율은 의회 결정에 따라 언제든 바뀔 수 있으므로 여기서는 핵심 논점에서 제외하겠다.

반면 많은 투자자가 특히 중시하는 요소는 유동성, 즉 자산을 빠르게 현금으로 전환할 수 있는 능력이다. 장기 투자자에게도 유동성은 중요하다. 현금화가 필요한 순간에 매각할 시장이 없다면, 그 자체로 큰 리스크가 된다. 제3장에서 살펴보았듯이 최우수 블루칩 주식 선별의 여섯 가지 기준 중 하나는 유통 주식 수가 500만 주 이상이어야 한다는 점이다. 이는 유동성과 직결된다. 주식을 사고 팔 때마다 누군가와 일일이 약속을 잡아야 하는 상황을 바라는 사람은 없을 것이다.


투자자는 자신의 생애 단계와 처한 상황에 따라 위 목표들 가운데 하나, 혹은 몇 가지 조합에 더 큰 비중을 두게 된다. 우리 계열사인 'IQ 트렌드 개인자산운용IQ Trends Private Client Asset Management'은 이러한 투자 목표에 우선순위를 매겨 고객에게 제시해 왔고, 특정 고객층에서는 좋은 반응을 얻고 있다.

물론 모든 독자가 우리의 우선순위에 동의할 필요는 없다. 다만 이를 참고해 자신의 목표를 중요도 순으로 정리해 보는 과정은 분명 도움이 될 것이다.


이제부터 제시할 여러 투자자 유형을 참고해, 자신의 투자 목표를 충분히 되짚어 보기를 바란다. 물론 존재하는 모든 투자자 유형이 여기에 담겨 있지는 않다. 그저 투자 목표가 얼마나 다양해질 수 있는지 보여주기 위해 핵심적인 유형만 간략히 추려 제시하려는 것이다.

또한 어느 한 유형이 누구에게나 그대로 들어맞는 것도 아니다. 투자는 본질적으로 매우 개인적인 활동이므로, 각 투자자는 자신의 상황에 맞는 관점과 접근법을 스스로 정립할 필요가 있다.

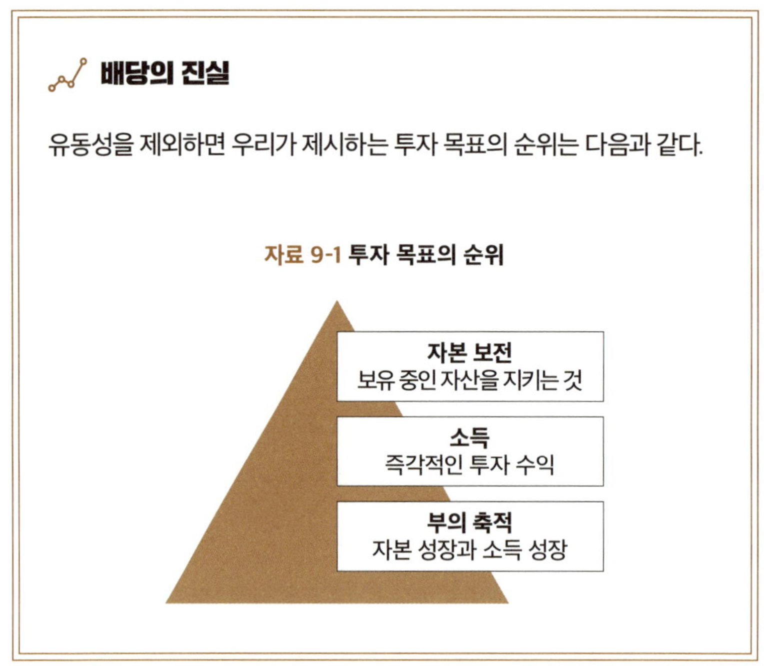


## 자본 보전을 우선시하는 투자자

어떤 이들은 '주식 투자'와 '자본 보전'을 함께 말하는 것 자체가 터무니없다고 여긴다. 주가는 쉽게 변동하고 때로는 극단적으로 요동치기도 하니, 그런 반응도 이해할 만하다. 그러나 자본 보전은 단순히 가격 변동성을 피하는 데 그치지 않는다.

진정한 자본 보전이란, 그 자본으로 살 수 있는 가치, 즉 구매력을 지키는 일이다. 이런 관점에서 보면 장기적으로 구매력을 유지할 가능성이 더 큰 투자 수단은 채권이나 현금·현금성 자산보다 주식일 수 있다.

대체로 은퇴했거나 은퇴가 임박한 사람, 또는 보험금이나 유산처럼 거액을 한꺼번에 수령한 사람들은 자본 보전을 우선순위에 둔다. 기금이나 재단처럼 제3자의 자산을 운용하는 기관도 마찬가지다. 이들은 투자 원금을 지키는 것뿐 아니라, 그 원금이 언제든 구매력을 유지하도록 세심하게 관리해야 한다.

이 범주의 투자자라면 최우수 블루칩 선별 기준을 충실히 따르는 것은 기본이고, 장기간 탁월한 실적을 유지해 온 최우량 기업만을 투자 대상으로 삼아야 한다. 동시에 하락 위험을 최소화하고 상승 여력을 극대화하며 역사적으로 높은 배당수익률을 확보하려면, 가능한 한 저평가 구간에서 낮은 가격에 매수하기 위해 신중하게 접근해야 한다.

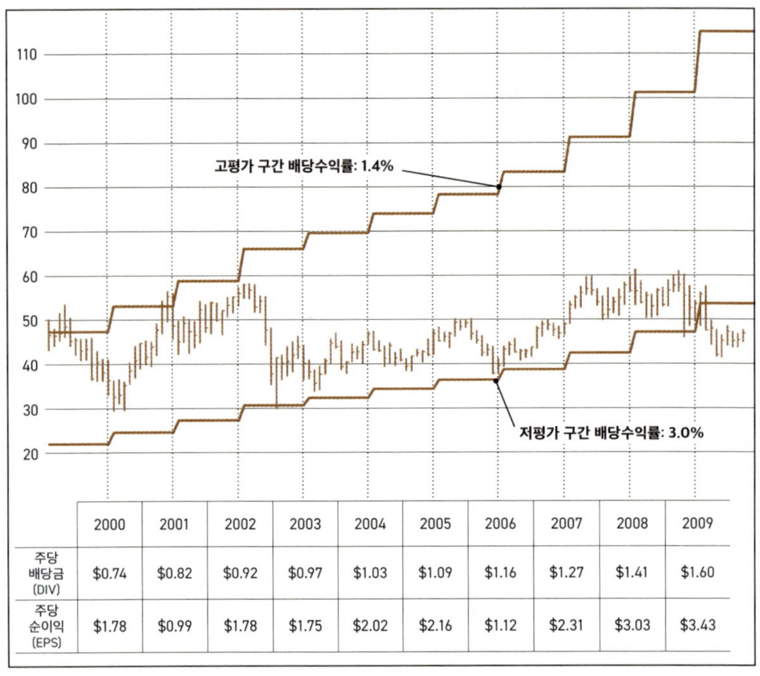



|  | 2000 | 2001 | 2002 | 2003 | 2004 | 2005 | 2006 | 2007 | 2008 | 2009 |
|---|---|---|---|---|---|---|---|---|---|---|
| 주당 배당금 (DIV) | $0.74 | $0.82 | $0.92 | $0.97 | $1.03 | $1.09 | $1.16 | $1.27 | $1.41 | $1.60 |
| 주당 순이익 (EPS) | $1.78 | $0.99 | $1.78 | $1.75 | $2.02 | $2.16 | $1.12 | $2.31 | $3.03 | $3.43 |

**투자 지표**
퀄리티 랭킹: A-
기관투자자 숫자: 2,726
발행주식수(백만 단위): 1,545,459
배당 시작 연도: 1926년
이익률: 18.0%
12개월 주당순이익: 3.43달러
주가수익비율: 13.7026239067055
주당순자산가치: 12.86달러
배당 성향: 47%

**현재 잠재력**
주가: 47달러
배당수익률: 3.4%

**고평가 구간**
주가: 114.2857달러
배당수익률: 1.4%
상승 여력: 67.2857142857143
상승 여력(%): 143%

**저평가 구간**
주가: 53달러
배당수익률: 3.0%
하락 여력: -6
하락 여력(%): -13%

출처:
「밸류 트렌드 분석 보고서」

자료 9-2는 전통적으로 경기 방어 성격이 강한 제약 산업에서 오랜 기간 우수한 실적을 쌓아온 애보트랩스의 주가 차트를 보여준다. 애보트랩스는 2000년 말과 2002년 초, 역사적으로 확인된 고평가 구간에 도달한 뒤 저평가 구간까지 하락했고, 이후에는 저평가 구간과 상승 추세 사이를 오가면서 비교적 안정적인 흐름을 보였다.

그 과정에서 투자자들은 보유 물량을 추가로 매수하거나 배당금을 재투자해 복리로 불릴 기회를 여러 차례 얻을 수 있었다. 2008년 폭락장에서도 이 회사의 주가는 2002년과 2006년의 저점까지 내려가지는 않았고, 자체적인 저점을 형성하며 상대적으로 방어적인 모습을 보였다.

### 소득을 얻어야 하는 투자자

주식 시장이 고금리보다 저금리를 선호한다는 점은 잘 알려져 있다. 자본 조달 비용이 낮아지면 기업의 이익이 개선되고, 결과적으로 수익성에 유리하게 작용하기 때문이다.

반면에 안정적인 소득을 중시하는 투자자에게는 이야기가 달라진다. 금리가 내려가면 채권 등 전통적인 이자소득원의 수익이 줄어들기 때문이다. 특히 근로소득이나 다른 현금 유입이 없는 채권 투자자는, 필요한 소득을 확보하기 위해 고배당 주식으로 시선을 돌리게 된다.

전통적으로 이런 수요는 더 높은 배당수익률을 기대할 수 있는 가스·전력 등 유틸리티 기업이나, 안정적인 배당을 지급해 온 대형 통신주로 향하는 경우가 많다.

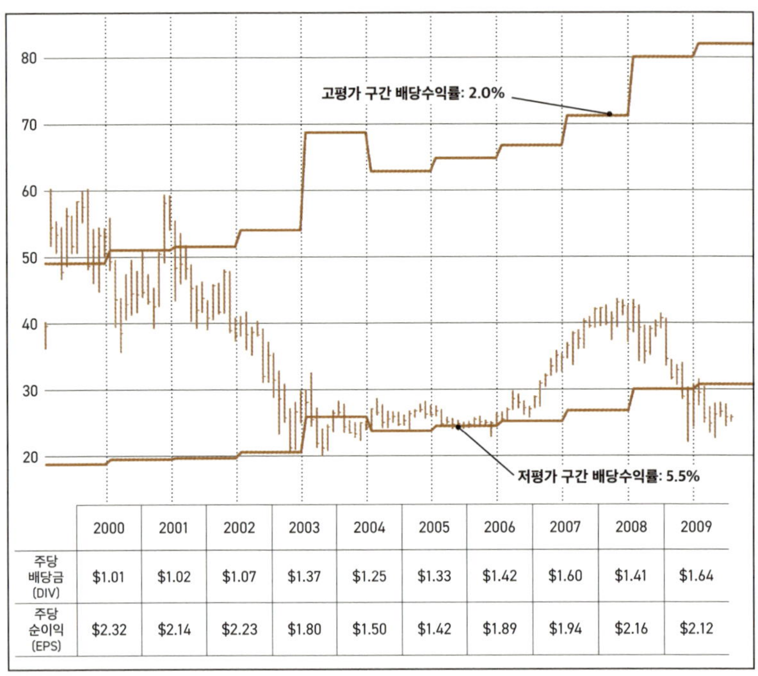



| | 2000 | 2001 | 2002 | 2003 | 2004 | 2005 | 2006 | 2007 | 2008 | 2009 |
|---|---|---|---|---|---|---|---|---|---|---|
| 주당<br>배당금<br>(DIV) | $1.01 | $1.02 | $1.07 | $1.37 | $1.25 | $1.33 | $1.42 | $1.60 | $1.41 | $1.64 |
| 주당<br>순이익<br>(EPS) | $2.32 | $2.14 | $2.23 | $1.80 | $1.50 | $1.42 | $1.89 | $1.94 | $2.16 | $2.12 |

**투자 지표**
퀼리티 랭킹: B+
기관투자자 숫자: 2,961
발행주식수(백만 단위):
5,893,307
배당 시작 연도: 1984년
이익률: 10.1%
12개월 주당순이익: 2.12달러
주가수익비율:
11.7028301886792
주당순자산가치: 16.49달러
배당 성향: 77%

**현재 잠재력**
주가: 24.81달러
배당수익률: 6.6%

**고평가 구간**
주가: 82달러
배당수익률: 2.0%
상승 여력: 57.19
상승 여력(%): 231%

**저평가 구간**
주가: 30달러
배당수익률: 5.5%
하락 여력: –5
하락 여력(%): –20%

출처:
「밸류 트렌드 분석 보고서」

자료 9-3은 2009년 6월 말 기준 AT&T의 주가 차트로, 소득형 투자자가 선호할 만한 고배당 주식의 전형을 잘 보여준다.

덧붙이자면, 미국 정부가 오랫동안 '마벨Ma Bell, AT&T가 지역별 자회사로 분할되기 전의 별칭'을 해체하려고 애써 왔다는 점을 떠올리면

아이러니한 대목이다. 오늘날 AT&T는 과거 어느 때보다도 더 강력한 기업으로 자리 잡았다.

### 자본 성장에 집중하는 투자자

이 범주에는 목적이 서로 다른 투자자들이 폭넓게 포함된다. 세제 관점에서 보면, 소득세율이 높은 구간에 있는 투자자는 고배당주보다 저배당·고성장 주식에 더 큰 매력을 느낄 수 있다. 저배당·고성장 주식은 주가 상승을 통한 자산 증식 효과가 큰 반면, 배당이 낮아 투자자를 더 높은 소득세율 구간으로 끌어올릴 가능성이 상대적으로 적다.

이들 중에는 아직 부유층에 이르지는 못했더라도 소득이 정점에 가까운 사람들이 있다. 이들은 은퇴 이후를 위한 자산을 축적하는 과정에서, 당장의 현금흐름보다 자본 차익을 우선하겠다고 판단하는 경우가 많다.

### 젊은 투자자

마지막 유형은 아직 소득이 정점에 이르지 않았으나, 투자 지평이 길어 고령 투자자에 비해 위험 감수 성향이 높은 젊은 투자자다. 이들은 주가수익비율이 높고 배당 성향이 낮으면서 공격적으로 성장하는 기업에 투자해 자본 차익을 축적해 빠르게 자본을 성장시키려 한다.

그러나 이들 또한 시간이 흘러 은퇴가 가까워져 가면 배당수익률이 더 높은 종목으로 포트폴리오를 옮겨가는 경향이 있다.

자료 9-4 나이키 NKE

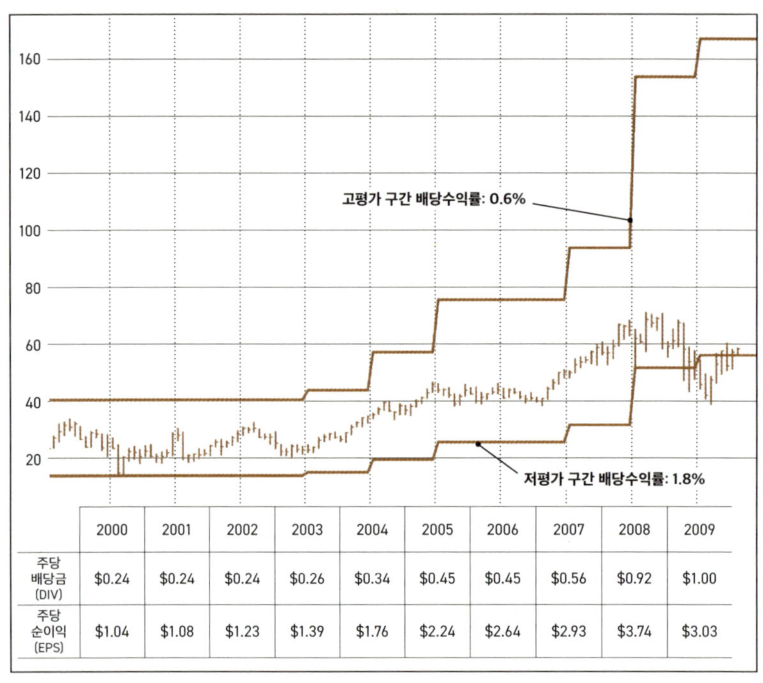



| | 2000 | 2001 | 2002 | 2003 | 2004 | 2005 | 2006 | 2007 | 2008 | 2009 |
|---|---|---|---|---|---|---|---|---|---|---|
| 주당 배당금 (DIV) | $0.24 | $0.24 | $0.24 | $0.26 | $0.34 | $0.45 | $0.45 | $0.56 | $0.92 | $1.00 |
| 주당 순이익 (EPS) | $1.04 | $1.08 | $1.23 | $1.39 | $1.76 | $2.24 | $2.64 | $2.93 | $3.74 | $3.03 |

**투자 지표**
퀄리티 랭킹: A+
기관투자자 숫자: 1,709
발행주식수(백만 단위): 484,349
배당 시작 연도: 1984년
이익률: 7.8%
12개월 주당순이익: 3.03달러
주가수익비율: 19.0792079207921
주당순자산가치: 17.9달러
배당 성향: 33%

**현재 잠재력**
주가: 57.81달러
배당수익률: 1.7%

**고평가 구간**
주가: 166.6667달러
배당수익률: 0.6%
상승 여력: 108.856666666667
상승 여력(%): 188%

**저평가 구간**
주가: 56달러
배당수익률: 1.8%
하락 여력: 2
하락 여력(%): 4%

출처:
「밸류 트렌드 분석 보고서」

자료 9-4는 2009년 8월 중순 기준 나이키의 주식 차트로, 성장 지향 투자자들이 선호하는 종목의 전형을 보여준다. 나이키는 2000년에 역사적으로 반복되어 온 저평가 구간까지 하락한 이후, 규모는 크지 않지만 꾸준한 배당금 인상에 힘입어 상승 추세를 지

속해 왔다. 2008년 10월부터 이 책을 쓰는 시점까지는 포지션을
추가하기에 특히 유리한 구간도 있었다.

여기서 주목할 점은, 나이키가 역사적 고평가 구간에 도달하려
면 앞으로도 주가가 상당 폭 더 상승해야 한다는 사실이다. 또한
지금처럼 배당금을 정기적으로 인상한다면 고평가 기준선 역시 계
속 상향 조정될 가능성이 크다. 그렇게 되면 나이키 주식은 상당
기간 상승 추세를 유지할 여지가 있다.


## 자신의 한계를 알아야 한다

영화 「더티 해리Dirty Harry」에 나오는 "사람은 자신의 한계를 알
아야지."라는 대사는 주식 시장과 직접적으로 연관된 내용은 아니
겠지만 주식 투자의 위험성을 이야기할 때는 절묘하게 들어맞는
말이다.

사람은 저마다 타고난 성향이 다르다. 어떤 투자자가 위험으로
간주하는 요소가 다른 투자자에게는 전혀 위험으로 느껴지지 않
을 수도 있다. 투자자가 위험을 감수하거나 회피하도록 만드는 이
유와 동기는 수많은 심리학자가 평생토록 연구해도 다 알아낼 수
없을 만큼 복잡하다.

이 책에도 집필 기한이 있으니 길게 말하지 않고 바로 핵심으로
들어가겠다. 자신의 투자 상황을 떠올릴 때 마음이 불편해진다면
위험 관리에 문제가 생긴 것이다. 마이클과 나는 고객과 위험 감수

에 대해 이야기할 때 베개 테스트*pillow test*를 자주 예로 든다. 밤잠을 자기 위해 베개에 머리를 대고 나서 마지막으로 떠오르는 생각이 자신의 투자 포트폴리오라면 그 사람은 베개 테스트에 통과하지 못한 것이다. 그런 경우에는 반드시 포트폴리오를 조정해야 한다.

위험 감수는 두 가지 측면에서 고통을 유발할 수 있다. 장래에 필요한 현금을 축적해야 하는 투자자에게는 자본과 소득의 성장이 충분치 않은 포트폴리오가 불안 요인이 되고, 단기간 내에 현금이 필요한 투자자에게는 단기 변동성이 지나치게 큰 포트폴리오가 불안을 안겨준다.

따라서 누구를 위해, 무엇 때문에, 왜, 언제 포트폴리오를 구축하는지 명확히 파악하는 것이 급선무다. 이 부분을 제대로 이해하지 못하면 세상에서 가장 뛰어난 주식 선구안이 있다고 해도 모든 노력이 수포로 돌아갈 수 있다.


자료 9-5의 씨그마알드리치 주식 차트는 투자자가 찾을 수 있는 최상급 가치주의 전형을 보여준다. 배당금이 체계적으로 인상되는 흐름에 맞춰, 주가가 저평가 기준선에 바짝 붙어 움직여 왔다는 점이 확인된다.

겉으로는 저평가 구간의 기준 배당수익률 자체가 다른 종목들에 비해 낮아 보여 지나치기 쉽지만, 그렇게 판단하는 것은 큰 실수다. 왜 그런지 살펴보자.

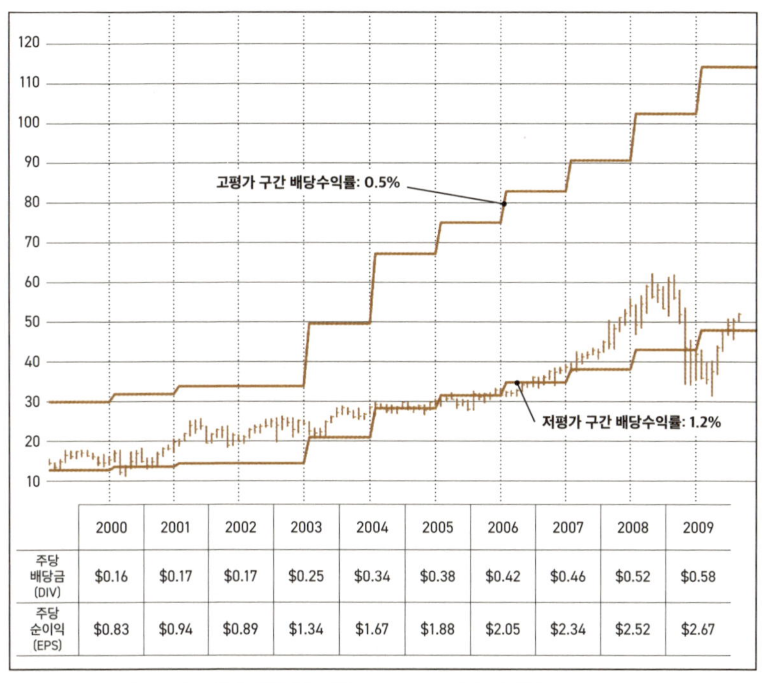



|  | 2000 | 2001 | 2002 | 2003 | 2004 | 2005 | 2006 | 2007 | 2008 | 2009 |
|---|---|---|---|---|---|---|---|---|---|---|
| 주당 배당금 (DIV) | $0.16 | $0.17 | $0.17 | $0.25 | $0.34 | $0.38 | $0.42 | $0.46 | $0.52 | $0.58 |
| 주당 순이익 (EPS) | $0.83 | $0.94 | $0.89 | $1.34 | $1.67 | $1.88 | $2.05 | $2.34 | $2.52 | $2.67 |

**투자 지표**
퀄리티 랭킹: A+
기관투자자 숫자: 938
발행주식수(백만 단위): 122,089
배당 시작 연도: 1970년
이익률: 16.0%
12개월 주당순이익: 2.67달러
주가수익비율: 19.6704119850187
주당순자산가치: 12.54달러
배당 성향: 22%

**현재 잠재력**
주가: 52.52달러
배당수익률: 1.1%

**고평가 구간**
주가: 116달러
배당수익률: 0.5%
상승 여력: 63.48
상승 여력(%): 121%

**저평가 구간**
주가: 48달러
배당수익률: 1.2%
하락 여력: 4
하락 여력(%): 9%

출처:
「밸류 트렌드 분석 보고서」

씨그마알드리치는 퀄리티 랭킹 A+를 보유하고 있을 뿐 아니라, 뛰어난 배당 성장으로 「인베스트먼트 퀄리티 트렌드」에서 G 등급을 받은 기업이다. 1999년에 저평가 상태였던 씨그마알드리치를 주당 11달러에 매수한 「인베스트먼트 퀄리티 트렌드」 구독자들은 현재 매입 원가 기준 약 5.25%의 배당수익률과 400%에 가까운 주가 상승을 누리고 있다.

투자 목표가 무엇이든 가치 투자자가 특히 경계해야 할 것은 과도한 변동성과 성장 정체다. 그런 관점에서 보면 씨그마알드리치는 안정성과 성장성을 함께 갖춘 드문 사례로, 가치 투자자라면 포트폴리오에 담을 만한 종목이라고 할 수 있다.


## 이상적인 포트폴리오 규모


거래 수수료가 규제되기 전이나, 할인 증권사가 등장하기 전에는 포트폴리오에 편입할 수 있는 종목 수가 투자 자금 규모에 크게 좌우됐다. 그 전에는 표준 거래 단위인 100주라운드 롯를 매매할 때마다 수수료가 수백 달러에 달했다. 100주 미만오드 롯 거래에는 그보다 더 높은 비율의 수수료가 붙는 경우도 많았다. 이런 구조에서는 매매 비용이 과도해질 수밖에 없어, 보유 종목 수를 늘리는 데 분명한 한계가 있었다.

반면 오늘날 대부분의 온라인 증권사는 계좌 규모나 연간 거래 횟수에 따라 거래당 7~20달러 수준의 수수료를 부과한다. 거래 비용을 낮추면 장기적으로 포트폴리오의 총수익률을 유의미하게 끌어올릴 수 있으므로, 이는 투자 산업의 중요한 진전이라고 할 수 있다.

또한 이제는 100주 미만 거래에 불이익이 사실상 사라졌기 때문에, 자금 규모가 크지 않은 투자자도 여러 종목으로 분산된 포트폴리오를 직접 구성할 수 있다. 불과 얼마 전까지만 해도 소액 투자자가 충분한 분산 효과를 얻으려면 뮤추얼 펀드에 의존할 수밖에 없었지만, 그런 시대는 지나갔다.

포트폴리오에 담을 종목 수는 투자 지평, 가용 자금 규모, 투자자의 목표와 목적, 경제 및 시장 환경 등 여러 변수에 따라 달라진다. 다우존스 지수가 고평가되어 있거나 장기 추세가 하락 국면일 때는, 지수가 좋은 가치 구간에 진입하거나 저평가 종목이 늘어날 때를 대비해 보유 종목 수를 줄여두는 편이 유리하다. 그래야 향후 매수 기회가 늘어나는 구간에서 더 폭넓은 선택지와 매력적인 가격을 확보할 수 있다. 반대로 다우존스 지수가 저평가되어 있거나 상승 추세의 초기 국면이라면, 경기 확장기에 더 넓은 포트폴리오로 시장에 참여하기 위해 보유 종목 수를 늘리는 것도 가능하다.

다만 우리의 경험에 따르면 포트폴리오 규모는 25개 종목 안팎으로 제한하는 편이 바람직하다. 25개 종목은 분산 효과를 충분히 제공하면서도 관리가 불가능할 정도로 많지는 않은 수준이기 때문이다. 그러면서도 전체 시장을 그대로 따라가는 것보다 초과 수익을 낼 가능성이 높아진다. 이것은 배당 가치 투자 전략의 중요한 장점 중 하나다.

예를 들어 「인베스트먼트 퀄리티 트렌드」는 2000년 1월 첫 호에서 구독자들의 포트폴리오 구성을 돕기 위해 13개 종목으로 구성된 포트폴리오를 제시했다. 아래 대목은 포트폴리오에 대한 설명을 웹사이트에서 옮겨온 것이다.

「인베스트먼트 퀄리티 트렌드」는 투자 경험과 포트폴리오 구축 역량이 각기 다른 구독자들에게 정보를 제공한다. 대부분의 다른 금융 소식지와 달리, 우리는 모델 포트폴리오를 구축하거나 유지하지 않는다. 우리가 추적하는 기업의 범위가 넓고 주가 변동도 역동적인 데다, 신규 구독자도 지속적으로 유입되기 때문에 모델 포트폴리오 방식은 우리에게 적합하지 않다.

다만 금융 소식지 평가를 위해 출범한 「헐버트 파이낸셜 다이제스트Hulbert Financial Digest」는 성과 추적을 목적으로 1986년부터 「인베스트먼트 퀄리티 트렌드」의 포트폴리오를 자체적으로 구성해 유지해 왔다. 이 포트폴리오는 저평가 및 상승 추세 범주에 속한 기업들로 이루어졌으며, 어떤 시점에는 종목 수가 100개에 달하기도 했다. 현실적으로 실제 운용에는 지나치게 큰 규모였다.

한편 여러 연구에 따르면 개인 포트폴리오에 가장 적절한 종목 수는 25개 안팎이다. 그 이유는 앞서 설명한 대로 분산 효과를 확보하면서도 포트폴리오가 관리 불가능한 수준으로 비대해지는 것을 막을 수 있다. 따라서 투자자는 저평가 종목과 상승 추세 종목을 중심으로 하되, 개인적 선호, 투자 목표, 재정 상태, 위험 감내도 등을 함께 고려해 분산 포트폴리오를 신중하게 구성해야 한다.

구독자들의 포트폴리오 구성을 돕기 위해, 그리고 많은 요청에 따라 우리는 2000년 1월에 한 가지 결정을 내렸다. 관행처럼 반복되지만 실질적 도움은 크지 않은 신년 전망을 제공하는 대신, 당시 기준에서 뛰어난 가치를 제공하는 종목들로 포트폴리오를 구성하기로 한 것이다.

자료 9-6 럭키 13 2009.9.30 기준 수익률 17.09%

| 종목명 | 종목기호 | 보유주식수 | 매수가 | 현재가 | 누적배당금 | 평가가치 | 손익 | 손익률 |
|---|---|---|---|---|---|---|---|---|
| 애보트랩스 | ABT | 1 | $52.17 | $49.47 | $1.16 | $50.63 | -$1.54 | -2.95% |
| 애트모스에너지 | ATO | 1 | $23.32 | $28.18 | $0.99 | $29.17 | $5.85 | 25.09% |
| 에머슨일렉트릭 | EMR | 1 | $34.29 | $40.08 | $0.99 | $41.07 | $6.78 | 19.77% |
| 존슨&존슨 | JNJ | 1 | $58.15 | $60.89 | $1.44 | $62.33 | $4.18 | 7.19% |
| 코카콜라 | KO | 1 | $44.41 | $53.70 | $1.23 | $54.93 | $10.52 | 23.69% |
| 맥코믹 | MKC | 1 | $31.09 | $33.94 | $0.72 | $34.66 | $3.57 | 11.48% |
| 알트리아그룹 | MO | 1 | $15.19 | $17.81 | $0.96 | $18.77 | $3.58 | 23.57% |
| 나이키 | NKE | 1 | $48.94 | $64.70 | $1.00 | $65.70 | $16.76 | 34.25% |
| 프록터&갬블 | PG | 1 | $60.20 | $57.92 | $1.28 | $59.20 | -$1.00 | -1.66% |
| 필립모리스 | PM | 1 | $43.16 | $48.74 | $1.62 | $50.36 | $7.20 | 16.68% |
| 씨그마알드리치 | SIAL | 1 | $40.60 | $53.96 | $0.44 | $54.40 | $13.80 | 33.99% |
| 유니언퍼시픽 | UNP | 1 | $46.08 | $58.35 | $1.08 | $59.43 | $13.35 | 28.97% |
| 유나이티드테크놀로지스 | UTX | 1 | $51.33 | $60.93 | $1.16 | $62.09 | $10.76 | 20.96% |
| 합계/평균 | | | $548.93 | $628.67 | $14.07 | $642.74 | $93.81 | 17.09% |

자료 9-6은 '럭키 13 Lucky 13'이라는 별칭으로 불리게 된 포트폴리오를 보여준다. 이 포트폴리오는 당시 시장의 주목을 덜 받았지만 펀더멘털이 탄탄하고 배당수익률이 매력적인 섹터에 초점을 맞춰 설계되었다. 종목 수를 13개로 제한한 것은 포트폴리오의 기반을 구축하기에는 충분하면서도, 이후 새로운 기회가 나타날 때 확

장할 여지를 남기기 위한 것이다.

럭키 13은 2000년 1월 첫 구성 이후 2008년 말까지 연평균 10.88%의 총수익률을 기록하며 주요 지수보다 뚜렷하게 높은 성과를 보였다. 포트폴리오를 제대로 구성하기만 하면, 소규모 포트폴리오도 충분히 높은 총수익을 제공할 수 있음을 보여주는 사례다.


## 반드시 분산하라


이 책 전반에서 나는 퀄리티와 가치라는 두 가지 핵심 축을 강조해 왔다. 이제 투자라는 의자를 지탱하는 세 번째 다리를 더해야 한다. 바로 분산이다.

투자 목표와 목적을 명확히 세우고, 자신의 투자 지평과 위험 감수 성향에 맞는 자산군을 선택하며, 역사적으로 매력적인 가치를 제공해 온 최우량 블루칩을 선별하는 등 모든 과정을 완벽히 수행하더라도, 산업과 섹터를 가로질러 종목을 분산하지 않으면 그동안의 준비와 노력이 한순간에 무너질 수 있다.

주식 시장의 역사를 돌아보면, 수많은 이유로 특정 산업이나 섹터가 큰 폭의 하락을 겪는 사이클이 반복되어 왔다. 어떤 때는 문제가 발생하기 전에 경고 신호가 비교적 뚜렷하게 나타나지만, 그 못지않게 예기치 못한 충격이 갑자기 터지는 경우도 많다.

물론 고퀄리티 블루칩만을 투자 대상으로 삼으면 단기적 하락 위험을 상당히 줄일 수 있다. 그러나 지난 18개월 동안 금융 섹터가 사실상 붕괴된 사례에서 보듯, 어떤 가치 평가 체계로도 사전에 예측하기 어려운 상황은 분명히 존재한다. 그렇기 때문에 특정 산업이나 섹터에 대한 포트폴리오 집중도를 일정 수준 이하로 관리할 필요가 있다.

가상의 상황을 하나 가정해 보자. 25개 종목을 각각 서로 다른 25개 산업·섹터에 고르게 분산해 담는다면, 특정 산업이나 섹터가 포트폴리오 전체에 미치는 위험 노출은 각각 약 4%에 그친다. 이 경우 한 종목에서 전액 손실이 발생하더라도 가능성은 낮지만 배제할 수는 없다 포트폴리오 전체가 받는 충격은 제한적일 것이다.

물론 우리는 이상적인 세계에 살고 있지 않다. 모든 산업이나 섹터가 동시에 역사적 저평가 구간에 들어설 수는 없으므로, 완벽한 분산을 언제나 구현하기는 어렵다. 예컨대 유틸리티 섹터가 역사적으로 매력적인 가치를 제공해 왔고 현재 그 안에 저평가 종목이 6~7개 존재한다고 해보자. 유틸리티 기업은 저평가 구간의 배당수익률이 특히 높은 경향이 있어, 투자자는 그 종목들을 모두 담고 싶어질 수 있다. 그러나 더 합리적인 접근은 서로 다른 지역의 가스 유틸리티와 전력 유틸리티를 각각 하나씩 골라 편입하는 것이다. 이렇게 하면 유틸리티 섹터에 투자하면서도, '유형'과 '지역'이라는 두 축에서 분산을 동시에 달성할 수 있다. 다만 유틸리티처럼 모든 산업·섹터가 지역별·업종별로 구분되는 것은 아니다.

오랫동안 특정 기업이나 산업을 둘러싸고 복수의 기업이 대립 구도를 형성해 온 사례가 많다. 프록터앤드갬블 대 콜게이트-팜올리브, 코카콜라 대 펩시, 월마트 대 타깃 등의 경쟁 구도가 대표적이다. 문제는 이런 기업들이 대개 매우 유사한 성격을 지닌다는 점이다.

이처럼 경계가 모호한 기업들을 투자 대상으로 검토할 때는 다시 기본으로 돌아가, 개별 기업의 펀더멘털과 강점을 비교·검증해야 한다. 두 기업 모두 저평가 구간에 있는지, 퀄리티 랭킹은 어떤지, 가격과 배당수익률 중 어느 쪽이 더 매력적인지, 배당 성향과 부채 비율은 어느 쪽이 더 보수적인지 등을 점검해야 한다.

대부분은 한쪽이 상대적 우위를 보이지만, 양쪽이 박빙인 경우도 적지 않다. 이럴 때는 자금을 나눠 두 기업에 분산 투자하는 방식이 현실적인 해법이 될 수 있다.

투자자가 어떤 기준을 선택하든 결국 분산의 본질은 동일하다. 포트폴리오의 위험을 가능한 한 넓게 퍼뜨려, 예기치 못한 사건이 전체 포트폴리오에 치명적인 손상을 남기지 못하도록 만드는 것이다.

# 10 배당 가치 포트폴리오의 구축과 관리

"첫째, 정확하고 분명하며 실현 가능한 목표와 목적을 세워야 한다. 둘째, 그 목표를 달성하는 데 필요한 수단(지혜, 돈, 재료, 방법)을 갖추어야 한다. 셋째, 그 모든 수단을 목표에 맞게 조정해야 한다."— **아리스토텔레스** Aristotle

내가 이 책을 처음 구상했을 때는 이번 장이 가장 쓰기 쉬울 거라고 생각했다. 내 업무의 상당 부분이 연구, 분석, 종목 선정, 그리고 포트폴리오 결정과 직결되어 있기 때문이다. 그런데 막상 제10장을 쓰려니, 그런 판단이 다소 경솔했다는 생각이 든다.

물론 여기까지 읽은 독자라면, 내가 이런 생각을 하는 이유가 그 일들을 제대로 이해하지 못해서가 아니라는 점을 알 것이다. 나는 그 작업들의 상당 부분을 숨 쉬듯 자연스럽게 수행한다. 솔직히 25년 넘게 이 일을 해오다 보니, 분석의 순서나 의사결정에서 고려해야 할 변수를 하나하나 의식하지 않아도 될 만큼 과정이 자동화되어 있다. 말 그대로 몸에 밴 일이다.

하지만 내 머릿속에 축적된 데이터를 독자의 머릿속으로 그대로 옮겨 심을 방법은 아직 없다. 그래서 지금 내가 할 수 있는 일은, 독자가 손에 쥐고 있을 이 책에 그 내용을 가능한 한 정확하고 온전하게 옮겨 적는 것뿐이다. 다소 추상적인 성향의 독자라면 이 책의 직선적인 서술 방식이 매력적이지 않을 수도 있겠지만, 나는 이런 방식이 관련 내용을 가장 논리적으로 전개할 수 있는 최선의 방법이라고 본다.

이런 이유로 나는 책의 내용을 크게 두 부분으로 나눠 설명해왔다. 첫 번째 부분은 내가 옹호하고 실천하는 전략의 학문적 토대를 제시하는 내용이다. 말하자면 교과서에 가까운 영역인데, 지금까지 우리가 살펴본 내용이 여기에 속한다. 흥미 위주의 서술은 아닐지라도, 학문적 토대는 어떤 작업이든 지적 뼈대가 된다는 점에서 대단히 중요하다.

두 번째 부분은 현실 세계에서의 활용을 다루는 내용인데, 그 중요성은 첫 번째 부분에 결코 뒤지지 않는다. 활용되지 않는 이론은, 학문적으로 흥미로울 수는 있어도 포트폴리오의 수익을 쌓는 방법으로는 별 의미가 없다.

다만 나는 이 '활용'이 일정하게 선형적 순서대로 진행되는 작업이 아니라는 사실을 깨닫게 되었다. 각 단계는 반드시 '경험'이라는 프리즘을 통해 해석되어야 하고, 그 과정에서 수많은 가능성과 추가적인 의사결정이 파생될 수 있다.

간단히 말해, 개별 상황에서 내가 정확히 어떤 조치를 취할지 독자에게 일일이 알려주는 일은 불가능하다. 스포츠에 비유하자면, 선수들이 경기 중에 순간순간 판단하듯 투자자도 현장에서 즉석 판단을 내려야 하는 경우가 많다. 그리고 그 판단은 당시의 여건과 주변 상황에 따라 크게 달라질 수밖에 없다.

이제까지 독자에게 내 논지를 전달하기 위해 '언덕을 넘고 숲을 지나' 가는 식으로 길게 설명해 왔으니, 이제부터는 요점을 정리해 보자.

나는 독자들이 나와 같은 실수를 반복하지 않기를 바라지만, 솔직히 인간의 지적 능력으로 그동안 배운 내용을 빠짐없이 기억해 글로 옮기고 전달하는 일은 현실적으로 불가능하다. 내가 할 수 있는 일은, 투자자가 이 책의 핵심 개념을 투자 결정에 적용할 때 무엇을 고려해야 하는지 가능한 한 폭넓게 다루는 것이다.

어쨌든 여기까지 이어진 장황한 설명을 독자들이 받아들여 준 데 감사한다. 투자와 배당 가치 투자 전략에 대한 열정이 크다 보니, 독자들이 투자에 성공하고 목표와 목적에 도달하는 데 도움이 될 만한 일이라면 무엇이든 알려주고 싶어 설명이 길어졌다.

이번 장에서는 먼저 다양한 시장 환경을 살펴본다. 이어서 앞서 정리한 개념들을 배당과 가치에 초점을 둔 주식 포트폴리오 구성 과정에 적용해본다. 이 과정에는 포트폴리오의 개별 구성 요소와 전체 포트폴리오의 흐름을 어떻게 모니터링할지, 구성 요소와 시장이 다양한 가치 사이클과 가치 국면을 거치며 변화하는 동안 포트폴리오를 어떻게 조정할지 점검하는 단계가 포함된다.

참고로 이번 장에서 말하는 '포트폴리오'는 투자 자금 가운데 주식 투자에 할당된 부분을 의미한다.

## 거시적 탑다운 방식과 미시적 바텀업 방식

주식과 시장을 둘러싼 거의 모든 현상은 대립하는 양면으로 존재한다. 강세와 약세, 롱과 숏, 기본적 분석과 기술적 분석, 고평가와 저평가가 대표적이다. 종목 선정에 있어서도 대립하는 양면이 존재하는데 바로 탑다운top-down 방식과 바텀업bottom-up 방식이다.

탑다운 방식을 사용하는 투자자는 산업이나 개별 기업을 고르기에 앞서 거시경제의 흐름을 먼저 읽는 데 비중을 둔다. 그리고 그 흐름의 수혜를 받을 가능성이 큰 산업을 추린 뒤, 그 산업 안에서 유리한 위치에 있는 기업들을 선별한다.

예컨대 인플레이션이 낮은 수준을 유지할 것이라고 판단되면, 저물가 환경에서 소비자 구매력이 높아진다는 점에 주목해 소매 유통 업종을 검토할 수 있다. 이런 투자자는 월마트나 타깃 같은 유통 기업들을 후보에 올려놓고, 그중에서도 단기 실적 전망이 가장 유리한 종목을 고르려 할 것이다.

반대로 인플레이션이 상승 국면에 진입할 것이라고 본다면, 광산업이 더 매력적인 투자 대상이 될 수 있다. 이 경우에도 투자자는 고인플레이션 전망을 바탕으로 배릭 골드나 프리포트 맥모란 같은 광산 기업을 살펴보고, 고물가 환경에서 상대적으로 더 큰 수혜를 받을 기업을 선별하려 할 것이다.

탑다운 방식을 일상적인 표현으로 바꾸면 '먼저 숲을 보고, 그다음 나무를 보는 방식'이다. 이 접근법을 택한 투자자들은 시장의 핵심 테마와 거시 환경을 먼저 파악한 뒤, 그 흐름에 가장 잘 올라탈 기업을 찾는 편이 유리하다고 믿는다.

논리의 핵심은 간단하다. 현재의 경제 여건이 특정 산업에 불리하다면, 그 산업에 속한 기업은 투자자들의 매수 심리를 자극할 만큼 충분한 이익을 내기 어렵고, 결국 주가 상승으로 이어지기도 힘들다는 것이다.

다만 탑다운 방식에는 약점이 있다. 섹터 전반이 침체돼 있는 국면에서도 예외적으로 좋은 성과를 내는 기업이 존재할 수 있는데, 탑다운 접근만 고집하면 이런 기업을 놓치기 쉽다.

바텀업 방식을 택하는 투자자는 거시경제의 흐름보다 개별 기업 분석을 더 중시한다. 핵심은 기업의 펀더멘털이 탄탄한지, 그리고 '좋은 가치'를 입증할 근거가 충분한지다. 경제·시장·산업의 사이클은 본질적으로 일시적인 현상일 뿐이며, 시간이 지나면 결국 기업의 내재 가치가 시장에서 인정받는다는 논리가 바탕에 깔려 있다.

그래서 바텀업 투자자는 거시경제가 개선되거나 산업 전망이 명확해지기 전에도 선제적으로 매수에 나설 수 있다. 실적 개선이 확인될 때까지 기다리면, 오랜 기간 우수한 성과를 낸 기업을 내재 가치보다 훨씬 낮은 가격에 살 기회를 놓칠 수 있다는 판단 때문이다.

다만 이 방식에는 약점이 있다. 시장 하락이 끝나기 전에 진입하면, 손실이 커지면서 투자 자본이 예상보다 일찍 훼손될 수 있다.

이처럼 탑다운과 바텀업은 성격이 크게 다르다. 어느 한쪽에 과도하게 집착하는 것은 문제지만, 두 방식 모두 나름의 장점이 있다. 배당수익률 전략은 기본적 분석과 기술적 분석을 결합하는 접근이므로, 결과적으로 탑다운과 바텀업의 장점을 함께 활용한다.

탑다운 방식에서 거시경제의 큰 흐름을 파악하려는 태도는 유용하다. 어찌됐든 경제 상황은 주가 흐름에 영향을 미치기 때문이다. 다만 경제 지표만으로는 개별 종목이 고평가·매도 구간인지, 저평가·매수 구간인지 판단할 수 없다. 고평가와 저평가를 식별하려면 현재 배당수익률을 과거의 배당수익률과 비교해야 하는데, 이런 데이터는 기업을 개별적으로 분석하는 바텀업 접근을 통해서만 확보할 수 있다.

경기 호황과 불황이 시장 심리에 어떤 영향을 주는지를 관찰하면, 어느 산업에 접근해야 하고 어느 산업에 거리를 둬야 할지 방향을 잡는 데 도움이 된다. 동시에 지금이 저평가 종목을 새로 매수하기 좋은 시점인지, 혹은 시장에서 과도하게 매도되는 종목을 정리하고 현금 비중을 높여야 할 시점인지 판단하는 데에도 유용하다.

다만 우리가 시장 타이밍을 핵심 전략으로 삼아 매수·매도·보유 시점을 예측하려는 것은 아니다. 우리의 목적은 저평가된 블루칩을 더 낮은 가격에 매수하고, 고평가된 종목을 더 높은 가격에 매도하는 과정을 정교화하기 위해 주식과 시장에 영향을 주는 거시적·미시적 요인을 함께 점검하는 데 있다. 이렇게 한다고 해서 완벽한 저점에서 매수하고 완벽한 고점에서 매도할 수는 없지만, 중간 구간에서 얻을 수 있는 수익의 폭은 키울 수 있다.

장기적으로 여러 종목에서 가격 상승을 통한 차익을 꾸준히 쌓고, 가능한 한 높은 배당수익률을 더 오랜 기간 유지할 수 있다면 복리 수익이 본격적으로 힘을 발휘하는 국면에 도달하게 될 것이다.


## 팽창과 수축


지금도 있는지는 모르겠지만, 내가 어릴 때는 슬링키Slinky라는 장난감이 크게 유행했다. 기억이 가물가물한 독자나 굳이 나이를 드러내고 싶지 않은 독자를 위해 덧붙이자면, 슬링키는 중력과 스프링의 관성 때문에 늘어났다 줄어들었다를 반복하는 나선형 용수철 장난감이다. 요즘 아이에게 슬링키를 보여주면, 아이는 부모를 한 번 힐끗 쳐다보고 Wii나 컴퓨터 게임을 하러 자리를 뜰 가능성이 크다. 그만큼 기술이 세상을 바꿔놓았기 때문이다.

경제는 옛날 슬링키처럼 팽창과 수축을 반복한다. 너무 세게 잡아당기면 끊어지고, 반대로 아무런 긴장을 주지 않으면 활성화되지 못한 채 늘어져 있다. 이런 팽창과 수축의 사이클은 길이가 제각각이지만, 평균적으로는 한 사이클이 대략 4년 정도 이어진다.

경제의 팽창 및 수축 사이클은 주가와 배당수익률의 상승 및 하락 사이클과도 유사하다. 경제의 사이클이든 주식의 사이클이든 모든 변동은 동일한 원인에 의해 일어나기 때문이다. 그 원인이 바로 수요와 공급이다.

## 과열과 붕괴

1990년대 후반을 돌아보면 컴퓨터, 반도체, 모니터, 통신 대역폭 등 기술과 관련된 거의 모든 분야에서 수요가 폭발적으로 늘었다. 수요 급증의 초반에는 공급이 따라가지 못해 가격이 오르고, 기업 이익은 급격히 증가했다. 그 흐름에서 소외되고 싶지 않았던 사람들이 앞다투어 기술주와 닷컴주에 뛰어들면서 생산이 대폭 확대됐고, 경제는 본격적인 호황 국면에 들어섰다.

하지만 잘 알려져 있듯 기술주와 닷컴주 열풍은 결국 극단으로 치달으며 공급 과잉을 낳았다. 기업들은 재고를 줄이기 위해 가격을 크게 내렸고, 이익도 급감했다. 그럼에도 재고가 해소되지 않자 생산이 멈추기 시작했고, 실업률이 오르면서 경제와 시장은 하락 국면으로 접어들었다.

2000년대에는 비슷한 과열이 주택시장에서도 전개됐지만 결정적인 차이가 있었다. 기술주 열풍이 기술 제품과 서비스에 대한 '자연스러운 수요'에서 비롯됐다면, 주택시장 열풍은 정부의 통화정책, 즉 경기 부양 성격의 정책이 수요를 만들어내며 촉발됐다.

연준이 기준금리를 크게 내리자 주택저당증권을 포함한 각종 채권 금리도 함께 하락했다. 그 결과 신규 주택담보대출의 원리금 상환액이 기존 대출과 비슷하거나, 경우에 따라 더 낮아지기까지 했다. 차입자들은 이 조건이라면 더 비싼 집도 감당할 수 있다고 판단했다.

금리 하락과 맞물려 주택담보대출의 자격 요건도 크게 완화되면서 더 많은 사람이 대출을 받아 집을 살 수 있게 됐다. 이렇게 새롭게 생긴 '구매력'이 주택 수요를 밀어 올리자 기존 주택 물량이 빠르게 소진됐고, 이 매수세에 자극받은 주택 건설업자들은 미국 전역에서 신규 주택 건설을 대폭 확대해 나갔다.


호황기에는 열풍에 편승해 수익을 노리는 투기 세력이 등장하기 마련이다. 기술주와 닷컴주 열풍 때는 데이트레이더가 그 역할을 했고, 주택시장 열풍 때는 '플리퍼flipper'라 불린 이들이 비슷한 투기를 벌였다. 대상이 주식이든 부동산이든 다른 자산이든, 투기의 원리는 결국 '들어갔다가 빠져나오는 것'으로 동일하다. 광기에 가까운 호황이 진행될 때 시장에 진입하는 일은 대체로 쉽다. 문제는 빠져나오는 순간이다. 출구가 좁아지거나 사실상 막히는 징후가 보이면, 그때는 이미 파티가 끝났다고 봐야 한다.

투기는 흔히 '더 대단한 바보 이론'의 논리로 굴러간다. 즉, 지금 가격이 아무리 비싸도 그보다 더 비싸게 사 줄 사람이 있다는 믿음이 유지되는 동안에는 열풍이 계속된다는 것이다. 하지만 모든 호황에는 음악이 멈추고 의자를 찾지 못하는 순간이 찾아온다. 주택시장 열풍에서도 가격이 지속 불가능한 수준까지 치솟은 뒤, 더 비싸게 사 줄 사람이 더는 나타나지 않으면서 음악이 멈췄다.

1990년대 기술 산업이나 2000년대 주택시장이 그랬듯, 특정 산업의 호황이 경제 전반을 장악하면 관련 산업과 협력 산업도 함께 성장한다. 그러나 성장의 원천이 힘을 잃는 순간 주변 산업도 동반 둔화된다. 여러 산업이 동시에 위축되거나 붕괴되면 고용이 줄고 소득도 감소한다.

경기 호황은 기업 이익 증가를 통해 주가 상승으로 이어지지만, 경기 수축은 그 반대의 결과를 낳는다. 경기 수축이 심해지고 장기간 이어지면 경제는 침체 국면으로 빠질 수 있다.


## 경기 침체


경기 침체를 기술적으로 판단하는 기준은 국내총생산GDP이 두 분기 연속 마이너스를 기록하는 경우다. GDP는 일정 기간 한 나라에서 생산된 모든 최종 재화와 서비스의 시장 가치를 합산한 지표다.

경기 침체는 전미경제연구소NBER가 공식 발표할 때 확정된다. 다만 대부분의 투자자는 공식 발표를 기다리지 않더라도, 경기 침체가 이미 진행 중이라는 징후를 체감한다. 항상 그렇지는 않지만 대체로 경기 침체는 강세장의 종료, 실업률 상승, 소비 지출의 뚜렷한 둔화보다 먼저 모습을 드러내는 경우가 많다.

지난 60년 동안 경기 침체는 11차례 공식 발표되었다. 1980년을 제외하면 나머지는 모두 약세장이 시작된 뒤 1년 이내에 발생했다. 이는 주식 시장이 미래에 대한 기대와 전망을 가격에 선반영한다는 점과도 맞닿아 있다. 그런 의미에서 시장은 상당한 선견지명을 보여 왔다고 할 수 있다.

경기 침체는 불쾌하지만 자연스러운 조정 과정의 일부다. 경기 호황이나 강세장이 과열될 때 침체는 수요와 공급이 본래 기능을 회복하도록, 시스템에 쌓인 거품을 걷어내는 역할을 한다.

이 때문에 일반적으로 경기 침체기에는 경기 방어주, 즉 비경기 순환주에 비중을 두는 것이 바람직하다고 여겨진다. 식료품, 물·가스·전기 같은 필수 서비스, 샴푸·비누·치약 등 생활필수품을 생산하는 기업들이 여기에 속한다.

물론 경기 방어주라고 해서 하락 추세의 영향을 완전히 피하는 것은 아니다. 다만 필수재를 다루는 기업은 수요 변동이 상대적으로 작아 수익 흐름이 안정적이고, 배당의 지속 가능성도 비교적 높다는 점에서 방어력이 있다.

결국 경기 침체는 세상의 종말이 아니라, 투자 전략의 초점을 조정하라는 경고 신호에 가깝다.

## 경기 회복

밤이 지나면 아침이 오듯, 경기 침체 뒤에는 대체로 경기 회복이 뒤따른다. 침체기에는 비경기 순환주가 상대적으로 견조한 흐름을 보이지만, 회복 국면에 접어들면 경기 순환주가 시장을 주도하는 경우가 많다.


흔히 거론되는 11개 산업 섹터 가운데 9개는 경기 순환 섹터로 분류된다. 운송, 자본재, 기술, 금융, 경기 민감 소비재, 통신, 기초 소재, 헬스케어, 에너지 등이다.

이들이 '경기 순환'으로 묶이는 이유는 경기의 방향에 따라 동반 상승 또는 동반 하락하는 경향이 뚜렷하기 때문이다. 경기가 개선되면 해당 섹터의 실적 기대가 높아지고, 그 기대가 주가에 반영되기 쉽다.

또한 경기 순환 산업들은 경기 사이클의 모든 단계에서 동일한 흐름을 보이는 것이 아니라, 수요가 살아나는 시점이 서로 다르다. 그래서 이들은 경기 초반, 중반, 후반에 상대적으로 강세를 보이는 업종으로 다시 나뉜다.


## 정치가 시장에 미치는 영향

누가 들려준 말인지는 기억나지 않지만, 리처드 닉슨 대통령 시절의 일화가 떠오른다. 닉슨은 '대통령이 아니었다면 무엇을 하고 있었을 것 같으냐'는 질문에, 아마 '주식을 사러 월가로 갔을 것'이라고 답했다고 한다. 그러자 월가 출신의 한 원로인사가 '닉슨이 대통령이 아니었다면, 자신도 주식을 사러 월가에 갔을 것'이라며 말을 보탰다고 한다.

공공 정책은 중요하다. 이것은 여러 경로를 통해 주식과 시장에 영향을 미칠 수 있다. 다만 통념과 달리 그 영향은 정책이 의도한 방향 그대로 나타나기보다, '의도치 않은 결과의 법칙law of unintended consequences'처럼 예상 밖의 방식으로 드러나는 경우가 더 많다.


같은 정책이라도 정치적 입장과 이해관계에 따라 누군가에게는 호재가, 다른 누군가에게는 악재가 된다. 정책은 선거 때마다 유리한 방향이 바뀌기 마련이니 불만이 생기는 것도 자연스럽다. 그러나 시간이 지나면 이런 불만과 이익이 서로 상쇄되며, 전체적으로는 일정한 균형을 이루는 경향이 있다.

당파적 정치의 문제는 논외로 하더라도, 대통령 선거가 치러지는 해에는 주식 시장이 대체로 양호한 수익률을 기록하는 것으로 알려져 있다. 다만 그 원인을 두고는 학계의 분석과 음모론적 해석이 크게 엇갈린다.

| 선거 연도 | S&P 500 수익률 |
|---|---|
| 2008 | -37% |
| 2004 | 10.90% |
| 2000 | -9.10% |
| 1996 | 23.10% |
| 1992 | 7.70% |
| 1988 | 16.80% |
| 1984 | 6.30% |
| 1980 | 32.40% |
| 1976 | 23.80% |
| 1972 | 19% |
| 1968 | 11.10% |
| 1964 | 16.50% |
| 1960 | 0.50% |
| 1956 | 6.60% |
| 1952 | 18.40% |
| 1948 | 5.50% |
| 1944 | 19.80% |
| 1940 | -9.80% |
| 1936 | 33.90% |
| 1932 | -8.20% |
| 1928 | 43.60% |

어쨌든 자료 10-1에서 보듯, S&P 500 지수는 1928년 이후 대통령 선거가 있었던 21개 연도 중 17개 연도, 즉 81%에서 플러스 수익률을 기록했다.

특정 섹터나 그 섹터에 속한 기업이 유망하거나 유리한 위치에 있다고 평가된다 해도 그러한 평가가 어디까지나 주관적인 인식이라는 점을 기억할 필요가 있다. 가치는 반복적으로 확인되는 배당수익률의 패턴을 통해서만 객관적으로 정의될 수 있다. 따라서 배당수익률 기준으로 저평가 구간에 해당하지 않는 주식을 매수해서는 안 된다.

## 연준 정책을 거스르지 마라

우리 할아버지는 "돈이 있어야 당나귀가 움직인다"라고 말씀하셨다. 월가 사람들의 표현대로라면 통화 여건이 주가에 엄청난 영향을 준다는 이야기다. 사실 유동성은 시장의 생명줄과도 같다. 유동성이 풍부하면 시장이 상승하고 유동성이 제한되면 시장이 하락한다.

금리의 방향을 결정하는 주요 요인은 연준의 정책이며, 모든 금리가 연준 정책에 반응한다. 일반적으로 금리가 상승하면 주식 시장이 하락하고 반대로 금리가 하락하면 주식 시장이 상승한다.

금리가 낮거나 하락하고 있을 때는 주식과 경쟁하는 다른 금융 상품들의 매력이 떨어지게 된다. 여기에는 단기 국채, 정기예금, 머니마켓펀드money market fund 등의 단기 채권 상품이 포함된다. 연

4%의 배당금을 지급하는, 저평가된 블루칩 주식과 연 2% 이하의 이자를 지급하는 채권 중에 어느 쪽을 선택하겠는지 생각해보라. 고민하고 말고 할 일도 아니다.

또 하나 중요한 점은 금리가 낮거나 하락하는 환경에서는 기업이 더 낮은 금리로 자금을 차입할 수 있다는 사실이다. 차입에는 높은 비용이 따르는 법인데 그 비용이 줄어들면 기업 이익이 증가할 여지가 생긴다. 월가가 기업의 이익 성장을 기대하게 되면, 주식이 좀 더 높은 가격에 매수되는 경향이 있다.

반대로 금리가 높거나 상승하는 환경에서는 정반대의 일이 벌어지며 주가가 하락한다. 실제 금리 인상이나 금리 인상이 임박했다는 전망 때문에 시장이 하락하는 까닭은 0.25포인트의 금리 인상이 세상을 바꿀 만큼 중요한 사건이라기보다는 월가에 보내는 추세 변화의 신호이기 때문이다.

일단 금리가 낮거나 지속적으로 하락하다가 상승하기 시작하면, 월가는 그러한 금리 상승 추세가 연준의 목표 달성 때까지 유지되리라는 예측을 주가에 선반영한다. 그 목표란 대개 경기 둔화이며, 경기가 둔화하면 기업 이익이 감소하는 경향이 있다.

초기에는 은행, 보험사, 유틸리티 기업처럼 금리에 민감한 종목에서 경기 둔화의 영향이 가장 뚜렷하게 나타난다. 부채 비율이 높은 공업 기업 역시 타격을 입게 되는데, 경기 둔화로 이익이 줄어들면 이미 부채를 잔뜩 짊어진 기업이 한층 더 큰 압박을 받기 때문이다.

## 외화 표시 배당금의 환전

외화로 거래되는 주식에 투자할 때 총수익률은 두 가지로 결정된다. 첫째는 해당 통화 기준의 투자 수익률주가 상승·하락과 배당 등이고, 둘째는 환율 변동이다.

예를 들어 유로존 주식을 매수해 1년 동안 주가가 유로화 기준으로 10% 올랐다고 하자. 같은 기간 유로화가 달러 대비 5% 강세였다면 달러 기준 총수익률은 15%가 된다. 투자 수익 10%에 환차익 5%가 더해지기 때문이다. 반대로 유로화가 5% 약세였다면 총수익률은 5%로 줄어든다. 투자 수익 10%에서 환차손 5%가 빠지기 때문이다.

이 원리는 달러의 움직임으로도 설명할 수 있다. 달러 가치가 외국 통화 대비 하락하면, 같은 해외 자산을 달러로 환산했을 때 가치가 더 크게 잡혀 달러 기준 수익률이 높아지는 경향이 있다. 반대로 달러 가치가 외국 통화 대비 상승하면, 달러 기준 수익률이 낮아진다.

또한 미국 기업 상당수는 다국적 기업이라 해외에서 현지 통화로 매출을 올린다. 이 매출을 달러로 환산하는 과정에서 환율이 영향을 미친다. 같은 현지 통화 매출이라도 환율이 유리하면 달러 기준 매출이 커지고, 불리하면 작아진다.

일부 투자자는 옵션, 선물, 선도계약forward contract 등으로 환헤지를 시도해 환율 변동 위험을 줄이려 한다. 다만 구조가 복잡해 개인 투자자가 이해하고 운용하기 쉽지 않다. 대신 월가는 펀드나 ETF 내부에서 환율 변동을 헤지하는 상품을 만들었는데, 이를 환율 중립형환헤지 펀드라고 부른다.

다만 「인베스트먼트 퀄리티 트렌드」는 해외 주식을 분석 대상으로 삼지 않는다. 기준을 충족하는 해외 기업의 경우 배당금 환전 구조가 복잡해 특정 시점의 배당수익률을 정확히 계산하기가 어렵기 때문이다. 결과적으로 해외 주식에서는 배당 가치 투자 전략의 핵심인 저평가·고평가 구간을 설정하는 작업 자체가 까다로워진다.

## 포트폴리오를 구성해보자

시장 전반에 투자자가 유리한 환경이 조성되고, 새로운 강세장이 막 시작된다면 그보다 반가운 우연도 없을 것이다. 그런 상황이라면 내가 이 책에서 어떤 말을 하든, 결국 천재처럼 보일 테니 말이다.

하지만 현실은 그렇지 않다. 그래서 이번 항목에서는 '지금 내가 포트폴리오를 새로 구성한다면'이라는 가정 아래, 판단 과정을 독자에게 그대로 보여 주려 한다. 물론 원고 집필이 끝난 뒤 서점에 진열되기까지는 몇 달의 시차가 생기므로, 그 사이 시장 환경이 크게 달라질 수도 있다.

그럼에도 나는 지금까지 해온 방식대로 절차를 설명할 것이다. 다만 편입 종목 수나 포트폴리오 내 비중은 상황에 따라 달라질 수 있다. 모든 투자 시나리오를 빠짐없이 고려하는 것은 사실상 불가능하기 때문이다. 그럼에도 독자에게 지침이 될 만한, 실용적인 원칙과 요령 몇 가지는 분명히 제시할 수 있다.

### 현재의 장기 추세는?

시장의 장기 추세primary trend는 하락 국면이다. 다우존스 지수가 배당수익률 3% 선을 하회한 채 1만 포인트 아래로 급락하면서 약세장이 사실상 확정되었다. 2009년 3월부터 다우존스 지수는 역추세 반등을 시작했는데, 이런 국면은 순환적 강세장cyclical bull market 또는 되돌림retracement 으로도 불린다.

통상 역추세 반등되돌림은 직전 하락폭의 30~50%를 되돌리는 경향이 있다. 다만 제8장 자료 8-3에서 보았듯, 경우에 따라서는 하락폭 전부를 만회하거나 1973년처럼 이전 고점을 넘어 신고점을 기록하는 사례도 있다. 그러나 역추세 반등이 직전 하락폭의 50%를 회복하는 수준에 이르면, 나는 대체로 한층 신중한 태도로 전환하곤 한다.

### 현재의 가치 국면은?

다우존스 지수는 여전히 하락 추세에 있다. 시장이 역추세 반등을 누리고 있는 만큼, 다우존스 지수가 이미 상승 추세로 전환됐다고 보는 사람도 적지 않을 것이다. 그러나 현 수준에서 '진정한' 상승 추세로 판단하려면 다우존스 지수가 이전 고점을 넘어 신고점을 기록해야 한다.

### 블루칩 추세 검증 차트의 분석은?

「인베스트먼트 퀄리티 트렌드」 2009년 9월 중순 호 기준으로 저평가 범주 종목은 최우수 블루칩의 30.8%를 차지한다. 다우존스 지수가 배당수익률 5.0% 부근에서 바닥을 다지며 지지선을 형성했던 2009년 3월 저평가 비중 72%과 비교하면, 저평가 종목의 비율이 크게 낮아졌음을 알 수 있다.

3월 이후 저평가 비중이 뚜렷하게 감소한 것은 중기 추세secondary trend가 강세로 전환됐고, 순환적 강세장이 진행 중임을 시사한다. 반등이 이어진다면 저평가 종목 비율은 역사적 고평가 구간의 기준선인 17% 수준까지 더 내려갈 가능성이 있다.

### 현재의 금리 추세는?

연준은 세계 금융위기에 대응해 기준금리를 0%~0.25%로 낮췄다. 이론적으로는 명분을 모두 내려놓고 기준금리를 0%로 고정할 수도 있겠지만, 그렇게까지 할 실익은 크지 않은 데다 신용시장을 불안하게 만들어 오히려 역효과를 낼 수 있다. 따라서 기준금리가 지금보다 더 내려갈 가능성은 사실상 없다고 봐도 된다.

연준이 2010년 중반 이전에 금리를 조정할 가능성은 크지 않지만, 다음번 추세 변화의 방향은 인상 쪽이 될 가능성이 높다. 다만 현재 시점에서 보면, 아무리 신용도가 높은 채권이라도 투자 관점에서는 주식의 경쟁 상대가 되기 어렵다.

### 팽창기냐 수축기냐 침체기냐?

현재까지 NBER은 2007년 12월에 시작된 경기 침체가 종료되었다고 공식 선언하지 않았다. 다만 벤 버냉키Ben Bernanke 연준 의장을 비롯한 다수의 경제학자와 금융 전문 기자들은 침체가 이미 끝났다는 견해를 내놓았다.

경제 공황에 대한 두려움은 상당 부분 가라앉았지만, 정부 지원 없이도 자생적으로 경제가 성장하고 있다는 뚜렷한 증거는 아직 부족하다.


## 포트폴리오 전략


맨 처음 할 일은 앞서 나온 정보를 광범위한 관점에서 보고 정리하는 것이다.


- 장기 추세는 하락 추세이지만, 중기 추세는 강세 국면이 여전히 진행 중이다. 그러나 다우존스 지수 기준으로는 이전 하락

폭의 50%나 이를 웃도는 수준까지 되돌림이 이루어졌다.

- 다우존스 지수는 하락 추세다.
- 블루칩 추세 검증 차트에 따르면 저평가 종목의 비율이 30.8%다. 고평가 구간에 해당하는 17%보다는 높지만, 저평가 구간에 해당하는 70~80%에는 한참 못 미치는 비율이다.
- 금리 환경은 주식과 시장에 우호적이며, 이러한 상황은 앞으로 1년 가까이는 지속될 것으로 보인다. 다음번 금리 추세의 변화 방향은 인상일 것이다.
- 경기 침체는 종료되었을 가능성이 크지만, 경제는 여전히 취약한 상태다. 정부의 지속적인 지원 없이는 경제가 다시 침체에 빠질 가능성도 있다.

나는 과거에 이보다 더 나쁜 국면도 겪어봤고, 훨씬 더 좋은 국면도 겪어봤다. 다만 지금은 상승 여력보다 하락 위험이 더 크다고 판단한다. 따라서 현시점에서는 신중하고 보수적인 태도를 취하는 편이 바람직하다고 본다.

이런 환경에서는 경기 방어주가 가장 합리적인 선택이며, 투자자의 위험 감내도에 따라 자본의 25~50%를 경기 방어주에 배분해도 무방하다. 개인적으로는 25% 정도가 가장 편안하다.

투자 환경이 어떻든 나는 늘 저평가 범주 종목부터 검토한다. 그 다음으로는 퀄리티 랭킹이 높고, 배당금을 꾸준히 인상해 왔으며, 배당 성향이 보통이거나 낮고, 부채 비율이 낮고, PER이 과도하지 않으며, 순자산가치가 합리적인 종목을 우선적으로 찾는다.

**자료 10-2 22개 종목**

| 종목 | 상태 | 주가 | 배당금 | 배당 수익률 (배당금 ÷주가) | 하락 여력 (주가 -저평가 기준) | 하락 여력(%) (하락 여력 ÷주가) | 저평가 기준 | 고배당 수익률 | 상승 여력 (고평가 기준- 주가) | 상승 여력(%) (상승 여력 ÷주가) | 고평가 기준 | 저배당 수익률 | S&P 평가 | 52주 최저가 | 52주 최고가 | 주당 순자산 가치 | 12개월 주당 순이익 | 주가 수익 비율 | 배당 성향 | 배당 위험 | 부채 수준 | 베타 계수 | 종목 코드 |
|---|---|---|---|---|---|---|---|---|---|---|---|---|---|---|---|---|---|---|---|---|---|---|---|
| 애보트랩스 | G U | 47 | 1.6 | 3.38% | -6 | -13% | 53 | 3.00% | 67 | 141% | 114 | 1.40% | A- | 41 | 60 | 13 | 3.43 | 14 | 47% |  | 45% | 6 | ABT |
| 알트리아그룹 | G U | 18 | 1.36 | 7.77% | -10 | -55% | 27 | 5.00% | 28 | 159% | 45 | 3.00% | A | 14 | 21 | 2 | 1.52 | 12 | 89% |  | 260% | 6 | MO |
| 아처대니얼스 | G U | 27 | 0.56 | 2.05% | -1 | -3% | 28 | 2.00% | 29 | 105% | 56 | 1.00% | A+ | 14 | 32 | 21 | 2.65 | 10 | 21% |  | 46% | 6 | ADM |
| AT&T | U | 27 | 1.64 | 6.08% | -3 | -11% | 30 | 5.50% | 55 | 204% | 82 | 2.00% | B+ | 21 | 31 | 17 | 2.02 | 13 | 81% |  | 57% | 4 | T |
| 오토매틱 데이터 | G U | 39 | 1.32 | 3.39% | -31 | -79% | 69 | 1.90% | 150 | 385% | 189 | 0.70% | A+ | 31 | 44 | 11 | 2.64 | 15 | 50% |  | 1% | 6 | ADP |
| 벡턴디킨슨 | G U | 69 | 1.32 | 1.93% | 3 | 4% | 66 | 2.00% | 97 | 141% | 165 | 0.80% | A | 58 | 83 | 22 | 4.82 | 14 | 27% |  | 20% | 6 | BDX |
| 셰브론 | G U | 71 | 2.72 | 3.85% | -7 | -10% | 78 | 3.50% | 65 | 92% | 136 | 2.00% | A- | 56 | 87 | 44 | 8.13 | 9 | 33% |  | 8% | 6 | CVX |
| 코카콜라 | G U | 53 | 1.64 | 3.10% | -2 | -3% | 55 | 3.00% | 152 | 287% | 205 | 0.80% | A | 37 | 55 | 10 | 2.7 | 20 | 61% |  | 12% | 6 | KO |
| 콜게이트팜 올리브 | G U | 77 | 1.76 | 2.30% | 3 | 4% | 73 | 2.40% | 84 | 109% | 160 | 1.10% | A+ | 54 | 78 | 5 | 3.91 | 20 | 45% |  | 165% | 6 | CL |
| CVS케어마크 | G U | 35 | 0.3 | 0.85% | -2 | -6% | 38 | 0.80% | 40 | 113% | 75 | 0.40% | A+ | 23 | 38 | 25 | 2.25 | 16 | 13% |  | 26% | 5 | CVS |
| 엑셀론 | G U | 50 | 2.1 | 4.21% | 4 | 8% | 46 | 4.60% | 50 | 101% | 100 | 2.10% | B+ | 38 | 69 | 18 | 4.2 | 12 | 50% |  | 134% | 5 | EXC |
| 존슨&존슨 | G U | 61 | 1.96 | 3.23% | 5 | 8% | 56 | 3.50% | 48 | 80% | 109 | 1.80% | A+ | 46 | 70 | 17 | 4.55 | 13 | 43% |  | 19% | 6 | JNJ |
| 맥도날드 | G U | 57 | 2.2 | 3.86% | -4 | -7% | 61 | 3.60% | 53 | 93% | 110 | 2.00% | A- | 46 | 64 | 12 | 3.77 | 15 | 58% |  | 71% | 6 | MCD |
| 나이키 | G U | 59 | 1 | 1.71% | 3 | 5% | 56 | 1.80% | 108 | 184% | 167 | 0.60% | A+ | 38 | 68 | 18 | 3.03 | 19 | 33% |  | 6% | 6 | NKE |
| 오버시스쉽 홀딩 | G U | 38 | 1.75 | 4.60% | 3 | 8% | 35 | 5.00% | 65 | 171% | 103 | 1.70% | B+ | 20 | 64 | 71 | 8.35 | 5 | 21% |  | 83% | 5 | OSG |
| 펩시코 | G U | 59 | 1.8 | 3.07% | -23 | -39% | 82 | 2.20% | 91 | 156% | 150 | 1.20% | A+ | 44 | 72 | 9 | 3.23 | 18 | 56% |  | 36% | 6 | PEP |
| 필립모리스 인터내셔널 | G U | 48 | 2.32 | 4.87% | 1 | 2% | 46 | 5.00% | 30 | 62% | 77 | 3.00% | A+ | 32 | 52 | 3 | 3.25 | 15 | 71% |  | 45% | 6 | PM |
| 프록터&갬블 | G U | 58 | 1.76 | 3.03% | -12 | -21% | 70 | 2.50% | 102 | 176% | 160 | 1.10% | A+ | 44 | 72 | 21 | 4.26 | 14 | 41% |  | 34% | 6 | PG |
| 씨그마 알드리치 | G U | 52 | 0.58 | 1.11% | 4 | 8% | 48 | 1.20% | 64 | 121% | 116 | 0.50% | A+ | 31 | 56 | 13 | 2.67 | 20 | 22% |  | 12% | 6 | SIAL |
| TJX컴퍼니스 | G U | 37 | 0.48 | 1.30% | 0 | 0% | 37 | 1.30% | 59 | 161% | 96 | 0.50% | A+ | 18 | 39 | 7 | 2.22 | 17 | 22% |  | 40% | 6 | TJX |
| 유나이티드 테크놀로지스 | G U | 62 | 1.54 | 2.50% | -8 | -14% | 70 | 2.20% | 67 | 109% | 128 | 1.20% | A+ | 37 | 64 | 18 | 4.4 | 14 | 35% |  | 37% | 6 | UTX |
| 월마트 스토어스 | G U | 49 | 1.09 | 2.20% | -5 | -10% | 55 | 2.00% | 60 | 120% | 109 | 1.00% | A+ | 46 | 61 | 17 | 3.41 | 15 | 32% |  | 57% | 6 | WMT |

제7장의 도표 7-3은 「인베스트먼트 퀄리티 트렌드」 2009년 9월 중순 호에 실린 저평가 범주 종목 목록을 보여준다. 나는 이 목록을 바탕으로 앞서 말한 기준을 적용해 종목을 추렸고, 그 결과 자료 10-2와 같은 22개 종목을 선정했다. 우리는 이 목록을 참고해 모델 포트폴리오를 구성하려 한다.

첫 번째로 고른 종목은 애보트랩스ABT다. 이 회사는 퀄리티 랭킹 A-를 받았고, 「인베스트먼트 퀄리티 트렌드」 기준으로 지난 12년간 연평균 10% 이상 배당을 인상한 기업에 부여되는 G 등급도 획득했다. 배당 성향과 부채 비율은 모두 50% 미만이며, PER은 14배 수준이다. 제약 산업은 특허 등 무형자산의 비중이 크기 때문에 순자산가치BV는 여기서 핵심 판단 기준으로 삼지 않겠다. 업종 특성상 경기 방어주 성격이 뚜렷하다는 점도 장점이다.

다음은 알트리아 그룹이다. 퀄리티 랭킹은 A이고, G 등급도 받았다. PER은 12배로 무난하다. 다만 수치만 보면 문제는 분명하다. 배당 성향이 89%로 높고, 부채 비율은 260%에 달한다. 얼핏 보면 '왜 이런 종목을 넣느냐'는 반응이 나올 만하지만, 이 경우에는 숫자만 보고 즉시 배제하기보다 추가 점검이 필요하다. 담배 회사는 전형적인 죄악주sin stock로 분류되지만, 수요가 경기 변동에 둔감한 편이라 사업 지속 가능성이 높고, 현금창출력이 매우 강한 업종에 속한다.

알트리아는 흔히 말하는 캐시카우다. 현금이 꾸준히 들어오는 구조 자체가 강점이다. 부채 비율이 과도해 보이는 이유도 맥락이 있다. 2008년 말, 이 회사가 주요 경쟁사 중 하나인 US 토바코를 인수하면서 재무 구조에 부채가 크게 반영된 것이다. 그 인수의 핵심 효과는 담배 산업 내에서 상대적으로 성장 속도가 빠른 무연 담배 제품군을 포트폴리오에 편입했다는 데 있다.

이쯤에서 '그럴듯한 설명 말고, 실제로 기업의 체력이 받쳐주느냐'를 확인해야 한다. 여기서 유용한 지표가 ROE 자기자본이익률다. ROE는 주주자본 대비 순이익의 비율로, 주주 자본을 활용해 얼마나 효율적으로 이익을 만들어내는지 보여준다. 단기 수치는 흔들릴 수 있으므로, 나는 여러 기간에 걸친 장기 평균에서 일관성이 확인되는 종목을 선호한다. 알트리아의 장기 평균 ROE는 약 20% 수준인데, 이 정도 수익성이면 높은 배당 성향과 높은 부채라는 외형적 부담을 어느 정도 감당할 수 있다고 해석된다.

이후 목록에는 아처대니얼스미들랜드, AT&T 등도 포함되어 있고, 내가 좋아하지만 이번 환경에서는 제외하는 종목도 있다. 예컨대 오토매틱데이터프로세싱은 금리 상승 환경에서 상대적으로 더 좋은 성과를 내는 경향이 있어, 여기서는 최종 편입에서 제외하겠다. 이 점은 '좋은 기업과 지금 넣기 좋은 기업이 항상 같지는 않다'는 사례로 기억해둘 만하다.

그 밖에 최종 후보로 고려한 종목들은 벡턴디킨슨, 셰브론, 코카콜라, 콜게이트-팜올리브, CVS케어마크, 엑셀론, 존슨앤드존슨, 맥도널드, 나이키, 오버시스쉽홀딩그룹, 펩시코, 필립모리스인터내셔널, 프록터앤드갬블, 씨그마알드리치, TJX컴퍼니스, 유나이티드테크놀로지스, 월마트스토어스 등이다. 이 예시에서는 최종적으로 21

개 기업을 선별했는데, 이는 분산 효과를 확보하기에 충분하면서도 상한선25개에는 약간 못 미치는 규모다.

이제 포트폴리오가 특정 산업에 과도하게 쏠려 있는지 점검해 보자. 애보트랩스와 존슨앤드존슨은 모두 대형 제약사지만, 주력 분야가 서로 다르다. 물론 제약 산업 전체가 타격을 입으면 두 종목 모두 단기적으로는 하락할 가능성이 크다. 다만 두 기업 모두 역사적 저평가 구간에 들어가 있고, 배당을 뒷받침할 만큼 이익이 유지되는 한 주가 하락폭이 과도하게 커질 가능성은 상대적으로 낮다.

벡턴디킨슨도 헬스케어에 속하지만 의약품을 만드는 회사는 아니다. 의료기관, 생명과학 연구소, 임상시험실뿐 아니라 일반 소비자를 대상으로 의료 소모품, 의료기기, 실험 장비, 진단 제품 등을 제조·판매하는 의료기술 기업이다.

씨그마알드리치는 제약·바이오의약·바이오테크 기업들이 의약품과 치료제를 만들 때 필요한 화학 원료를 공급하는 특수 화학 기업이다. 이 회사의 성패는 '대형 신약 한 방'에 달려 있지 않다. 다양한 화학 화합물을 안정적으로 판매하는 구조 자체가 경쟁력이며, 이 분야에서 우위가 뚜렷하다.

CVS케어마크는 CVS파머시와 롱스드럭스체인을 통해 처방 조제와 각종 헬스케어 서비스를 제공한다. 동시에 업계에서 빠르게 성장하는 처방약 급여 관리PBM 사업도 운영한다. 이는 약가 협상, 가격 결정, 급여 약품 목록 관리 등을 중개하는 서비스로, 수익원이 다층적이라는 점에서 의미가 있다.

생활소비재 쪽에서는 콜게이트-팜올리브와 프록터앤드갬블이 일부 영역에서 겹치고, 코카콜라와 펩시코도 마찬가지다. 다만 펩시코는 스낵 식품 비중이 커서 수익 구조가 더 분산되어 있다.

에너지·운송 조합도 균형이 있다. 셰브론은 생산 원유·석유 기업이고, 오버시스쉽홀딩 그룹은 원유와 석유 제품 해상 운송을 주력으로 하는 벌크 해운 기업이다. 생산과 운송을 함께 담으면 같은 테마 안에서도 수익 동인이 달라져 포트폴리오 내부 분산에 도움이 된다.

엑셀론은 전력 유틸리티로서 방어형 포트폴리오에 하나쯤 들어갈 만한 축이다. 맥도날드는 경기 변동과 무관하게 현금흐름이 비교적 안정적인 편이라 '기본 체력' 역할을 한다. 월마트와 TJX컴퍼니스는 모두 소매업이지만 시장 내 포지션이 달라 소비 환경 변화에 대한 민감도가 다르다. 나이키는 브랜드 지배력이 강해 경기 악화 국면에서도 수요가 완전히 꺾이지 않는 편이라는 점이 강점이다.

통신에서는 AT&T가 '생활 인프라' 성격을 갖는다. 여기에 배당 수익률까지 매력적이면 방어 포지션으로서 설득력이 커진다. 유나이티드테크놀로지스는 엘리베이터·에스컬레이터, HVAC, 소화 설비, 항공기 엔진·터빈, 항공우주, 헬리콥터 등 사업이 다각화되어 있어 단일 업황에 대한 의존도가 상대적으로 낮다.

남은 축은 아처대니얼스미들랜드 장기 원자재·농산물 관련 노출와 담배 회사 두 곳이다. 알트리아 그룹은 미국 내 비중이 크고, 필립모리스인터내셔널은 해외 시장 중심이라 지역 측면에서도 분산 효과를 기대할 수 있다.

정리하면, 방어형 포트폴리오로서 전체 구성이 나쁘지 않다. 시장이 추가 하락하더라도 다수 종목이 상대적으로 잘 버틸 가능성이 있고, 반대로 시장이 상승하면 자본 차익을 기대할 만한 여지도 남아 있다. 게다가 아직 전체 자본의 50~75%는 추가로 배치할 수 있는 여력이 남아 있다. 이제, 가장 가능성이 높은 두 가지 시나리오를 상정해 판단을 이어가자.

### 시나리오 1

중기 추세가 상승세이므로 시장에는 상향 편향upward bias•이 형성돼 있다. 다만 장기 추세가 여전히 약세장이라는 점은 나만 아는 사실이 아니기 때문에, 투자 자본이 경기 방어적 섹터로 이동하더라도 이상할 게 없다. 이런 흐름이 나타나면 앞서 언급한 종목들 가운데 일부는 상승 추세로 전환될 가능성도 있다.

문제는 시장이 하락 국면으로 꺾이기 시작할 때 어떤 선택을 하느냐이다. 반복적으로 확인된 저평가 구간에서 매수한 종목들이라는 점을 고려해, 기존 보유분을 유지한 채 이후 추가 매수로 대응할 것인가? 아니면 손절매 주문으로 수익을 확정한 뒤, 가격이 더 내려가 선택지가 넓어졌을 때 시장에 재진입할 것인가?

### 시나리오 2

시장은 직전 하락폭의 약 50%를 되돌린 상태다. 그러나 장기 추

---

세는 여전히 하락세이고, 다우존스 지수도 하락 추세를 벗어나지 못했으며, 경제 여건 역시 아직은 비교적 취약하다. 이런 점을 감안하면 현재의 반등이 언제든 마무리되고 3차 하락 국면이 시작될 가능성이 있다.

우리는 대부분의 약세장이 다우존스 지수의 배당수익률이 6.0% 또는 그에 근접한 수준에 도달할 때 종료된다는 사실을 알고 있다. 물론 배당수익률이 5.0% 수준에서 하락이 멈추고 반등한 사례도 있다. 이를 종합하면, 시장이 2009년 3월 저점을 재시험하더라도 그 아래로 크게 내려가지 않을 가능성이 크다.

하락 국면이 한 번 더 나타나든, 저점을 재시험하는 데 그치든, 이제는 대응 방식을 결정해야 한다. 선택지는 세 가지다. 평균 매입 단가를 낮추거나, 전량 매도하거나, 아무것도 하지 않는 것이다. 다만 어떤 결정을 내리든 자신의 위험 감내도, 투자 기간, 목표와 목적, 세금 동향 등을 함께 고려해야 한다.


매입 단가 평균법dollar-cost averaging은 주가 수준과 무관하게 일정 금액을 특정 주식에 정기적으로 투자하는 방식이다. 이 방법을 쓰면 주가가 낮을 때는 더 많은 주식을 매수하고, 주가가 높을 때는 매수 수량이 줄어든다. 그 결과 평균 매입 단가가 점차 낮아지는 효과를 기대할 수 있다. 또한 특정 시점에 큰 금액을 한 번에 투입해 '시점 선택'에 실패할 위험을 줄여준다.

예를 들어 ABC 주식을 매달 100달러씩 3개월 동안 매수한다고 하자. 10월 주가가 33달러면 3주를 산다. 11월에 주가가 25달러로 내려가면 4주를 추가 매수한다. 12월에 20달러가 되면 5주를 더 산다. 이렇게 하면 총 12주를 매수하고, 주당 평균 매입 단가는 25달러가 된다.

이제 참고해두면 좋을 몇 가지 사항을 살펴보자.

1. 이번 약세장은 이미 전체 구간의 3분의 2 정도를 지난 것으로 보이지만, 남은 3분의 1은 훨씬 험난할 가능성이 있다.
2. 이번에 시장이 바닥을 찍는 시점이 오면, 평생에 한 번 있을까 말까 한 최고의 매수 기회가 될 수 있다.
3. 일부 종목은 이미 약세장의 저점을 형성했을 가능성이 크다. 반대로 아직 저점을 만들지 못한 종목도 비슷한 숫자로 존재할 것이다. 어떤 종목이 어느 쪽인지 묻는다면, 나도 알 수 없다. 시장은 언제나 공정하게 움직이지 않는다.
4. 절대적인 고점과 저점을 맞힐 수 있다고 말하는 사람들은 믿기 어렵다. 그 중간 구간에서라도 꾸준히 수익을 확보할 수 있다면 그것으로 충분하다.
5. 제대로 된 가격에 매수한 보유 종목이 일시적으로 손실을 보더라도 당황하지 마라. 이것 역시 결국 지나간다.

결국 투자 결정은 자신의 위험 감내도, 투자 기간, 목표와 목적, 세금 문제 등을 종합적으로 고려한 뒤 내려야 한다.

# 11 주식 시장과 경제

"중도를 걷는 것이 가장 안전하다."
— **오비디우스**Ovidius

앞서 말했듯이 내일자 신문을 미리 볼 수 있는 사람은 없다. 미래는 본질적으로 불확실하다. 하지만 시장 예측이 무의미해 보인다고 예측을 포기할 수는 없다. 시장을 관찰하고 평가하며 자산을 운용하는 입장에서는, 불완전하더라도 전망을 제시할 책임이 있기 때문이다.

이번 장에서 나는 단정적인 결론을 내리기보다는 오랜 연구와 경험을 통해 얻고 걸러낸 몇 가지 견해, 역사적 맥락, 그리고 합리적인 추정을 제시하고자 한다. 이러한 고찰이 독자 여러분의 사고와 분석 과정에도 도움이 되기를 바란다.

## 주식 시장

2009년 9월 말 기준으로 주요 주가 지수들은 2009년 3월 저점 대비 50% 이상 반등했다. 이 정도면 새로운 강세장이 이미 시작됐다고 믿는 사람들도 나온다. 2007년 10~11월 고점 이후 처음으로 의미 있는 되돌림이 나타난 만큼, 강세장이 진행 중이라는 주장에 설득력이 실리는 것도 무리는 아니다. 하지만 내 판단으로 보자면 지금의 움직임은 전형적인 약세장 반등에 가깝다. 그렇게 보는 이유는 앞선 장들에서 충분히 설명했다.

더 나아가 지금까지의 연구를 종합하면, 역사적으로 약세장이 V자형 저점으로 끝난 사례는 없었다. 주식 차트에 익숙하지 않은 독자를 위해 덧붙이자면, V자형 저점은 주가가 가파르게 하락하다 멈춘 뒤 하락 속도에 버금가는 기세로 급반등하며 V자 형태를 만드는 패턴을 말한다. V자형 반전의 예시는 제8장 자료 8-3에서 확인할 수 있다. 1차 하락 국면과 2차 하락 국면이 멈춘 뒤 V자 형태로 되돌림이 나타났다는 점에 주목하라. 둘 모두 반등 뒤에 추가 하락이 나왔다.

물론 '모든 일에는 처음이 있다'는 말처럼, 과거에 없었다고 해서 이번에도 불가능하다고 단정할 수는 없다. 미스터 마켓은 언제든 예상을 벗어난다. 다만 1995년부터 2007년까지 시장이 극단적 고평가 상태였다는 사실을 감안하면, 2009년 3월 저점이 이번 약세장 사이클의 종점이었다는 쪽에 전 재산을 걸고 싶지는 않다. 내가 틀렸다고 밝혀지면 기꺼이 인정하겠다. 2009년 3월이 바닥이었다는 뜻은, 새로운 강세장이 시작돼 주가 상승 국면이 전개되고 있다는 의미이기 때문이다.

1974년 마지막으로 큰 규모의 약세장이 끝난 뒤 시장은, 다우존스 지수를 기준으로 배당수익률 5%에서 6% 사이를 오가는 박스권 장세에 들어섰다. 그 흐름은 1982년 새로운 강세장이 시작되면서야 끝났다. 그와 같은 상황이 재현된다면 반길 사람은 많지 않겠지만, 당시에는 낮은 주가와 높은 배당수익률이 결합되며 막대한 가치가 축적된 것도 사실이다.

앞서 살펴본 대로 1995년부터 2007년까지 가격에 비정상적 거품이 누적됐다는 점을 고려하면, 이번에도 1974년과 유사한 조정·횡보 국면이 전개된다 해도 놀랄 일은 아니다. 다만 그 기간이 그때보다 짧기를 바랄 뿐이다. 만약 이 시나리오가 현실화된다면, 여러분과 나는 생애에서 가장 위대한 매수 기회를 맞이하게 될지도 모른다.

## 주목해야 할 산업과 종목

제9장에서 언급했듯이 배당 가치 투자 전략은 바텀업과 탑다운 접근을 함께 활용한다. 2009년 9월 중순 「인베스트먼트 퀄리티 트렌드」의 저평가 범주를 보면, 포함 종목의 상당수가 경기 방어적 산업에 속해 있음을 확인할 수 있다.

시장이 매우 강하게 반등하는 국면인 만큼, 투자자들이 경기 순환 산업과 종목에 베팅하는 것은 충분히 예상 가능한 흐름이다. 다만 현재의 경기 순환주 선호는 역사적으로 검증된 '좋은 가치 구간'에 있기 때문이라기보다, 경기 침체 종료와 경기 회복에 따라 실적이 반등하리라는 기대가 커졌기 때문으로 보인다. 결과는 머지않아 드러날 것이다.

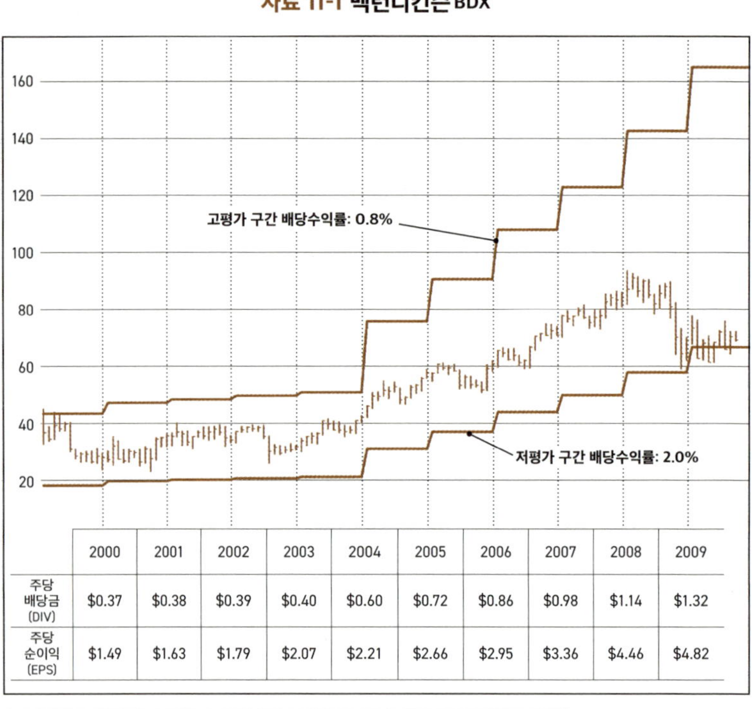

**자료 11-1 벡턴디킨슨 BDX**



| | 2000 | 2001 | 2002 | 2003 | 2004 | 2005 | 2006 | 2007 | 2008 | 2009 |
|---|---|---|---|---|---|---|---|---|---|---|
| 주당 배당금 (DIV) | $0.37 | $0.38 | $0.39 | $0.40 | $0.60 | $0.72 | $0.86 | $0.98 | $1.14 | $1.32 |
| 주당 순이익 (EPS) | $1.49 | $1.63 | $1.79 | $2.07 | $2.21 | $2.66 | $2.95 | $3.36 | $4.46 | $4.82 |

**투자 지표**
퀄리티 랭킹: A
기관투자자 숫자: 1,651
발행주식수(백만 단위): 239,390
배당 시작 연도: 1926년
이익률: 16.7%
12개월 주당순이익: 4.82달러
주가수익비율: 14.2116182572614
주당순자산가치: 21.77달러
배당 성향: 27%

**현재 잠재력**
주가: 68.5달러
배당수익률: 1.9%

**고평가 구간**
주가: 165달러
배당수익률: 0.8%
상승 여력: 96.5
상승 여력(%): 141%

**저평가 구간**
주가: 66달러
배당수익률: 2.0%
하락 여력: 3
하락 여력(%): 4%

출처:
「밸류 트렌드 분석 보고서」

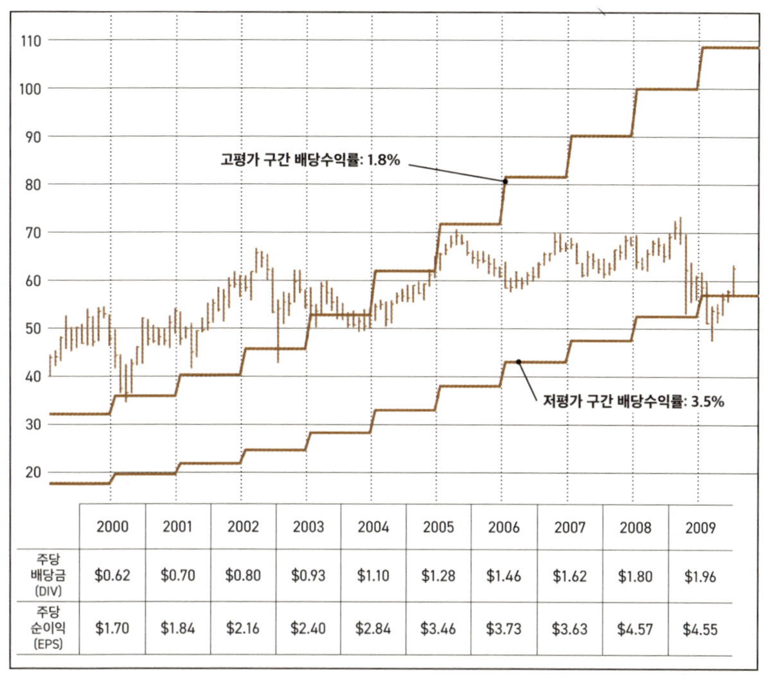



|  | 2000 | 2001 | 2002 | 2003 | 2004 | 2005 | 2006 | 2007 | 2008 | 2009 |
|---|---|---|---|---|---|---|---|---|---|---|
| 주당 배당금 (DIV) | $0.62 | $0.70 | $0.80 | $0.93 | $1.10 | $1.28 | $1.46 | $1.62 | $1.80 | $1.96 |
| 주당 순이익 (EPS) | $1.70 | $1.84 | $2.16 | $2.40 | $2.84 | $3.46 | $3.73 | $3.63 | $4.57 | $4.55 |

**투자 지표**
퀄리티 랭킹: A+
기관투자자 숫자: 3,355
발행주식수(백만 단위):
2,755,566
배당 시작 연도: 1944년
이익률: 20.8%
12개월 주당순이익: 3.44달러
주가수익비율:
13.5802197802198
주당순자산가치: 15.87달러
배당 성향: 43%

**현재 잠재력**
주가: 61.79달러
배당수익률: 3.2%

**고평가 구간**
주가: 108.8889달러
배당수익률: 1.8%
상승 여력:
47.0988888888889
상승 여력(%): 76%

**저평가 구간**
주가: 56달러
배당수익률: 3.5%
하락 여력: 6
하락 여력(%): 10%

출처:
「밸류 트렌드 분석 보고서」

현재 저평가 범주에 속한 경기 방어주 가운데 비중이 가장 큰 종목군은 헬스케어다. 여기에는 제약, 의료기기, 의료장비, 의료서비스가 포함된다. 헬스케어 비중이 커진 이유도 분명하다. 당시 미국 의회에서 사상 최대 규모의 헬스케어·건강보험 개혁이 논의되

고 있었고, 결론이 어떻게 날지혹은 결론이 나긴 할지조차 불확실성이
컸기 때문이다. 투자자들은 전망이 더 명확해질 때까지 헬스케어
섹터에 대해 관망하는 쪽을 택한 것으로 보인다.

　하지만 내 경험상, 그리고 대다수 투자자에게 잘 드러나지 않는
기회를 포착해온 배당 가치 투자 전략의 특성을 감안하면, 개혁이
진행되든 지연되든 애보트랩스, 벡턴디킨슨자료 11-1, CVS케어마크,
존슨앤드존슨자료 11-2 같은 기업은 단순히 버티는 수준을 넘어 장
기적으로 경쟁력을 유지하며 성장할 가능성이 크다.


　미국에서 가장 규모가 큰 인구학적 연령 집단은 여전히 베이비
붐 세대다. 이들은 복용 중인 의약품이나 치료, 보조적 의료 서비
스를 쉽게 포기할 가능성이 낮다. 제3장에서 언급했던 맥도날드는
2009년에 또다시 배당금을 10% 인상한다고 발표했다. 이는 저평
가·고평가의 가격 기준선이 다시 한번 상향 조정된다는 뜻이다. 거
대 담배 기업인 알트리아그룹과 분사 기업인 필립모리스인터내셔널
은 모두 역사적 기준에서 매력적인 가치와 비교적 높은 배당수익
률을 제공하고 있다. 이 책에서 여러 차례 언급한 AT&T, 나이키,
씨그마알드리치, 월마트 같은 확고한 블루칩 기업들 역시 과거와
비교해도 여전히 매력적인 가치 구간에 있다. 또한 코카콜라와 펩
시코 같은 대표적 청량음료 기업, 콜게이트팜올리브와 프록터앤드
갬블 같은 생활용품 기업 역시 탁월한 퀄리티를 갖춘 블루칩이며,
역사적 기준으로 매우 우수한 가치 구간에 진입해 있다.

## 경제

이 책을 쓰는 2009년 현재, 연준 의장이자 경제학계의 최고 권위자로 꼽히는 벤 버냉키는 2007년 12월에 공식적으로 시작된 경기 침체가 이미 끝났다고 말한다. 정치인과 중앙은행 관계자, 경제학자, 주요 언론의 시장 분석가들 역시 경기 침체뿐 아니라 세계 금융위기 자체도 종료되었다는 쪽에 대체로 의견을 같이한다. 주식 시장이 저점 대비 50%나 오른 상황인 만큼, 그런 주장이 힘을 얻는 것도 무리는 아니다.

거시경제에 대한 견해에 서열이 있다면 내 의견은 맨 아래쯤에 놓일 것이다. 그러니 평범한 종목 선별가에 불과한 내가 그런 권위자들의 판단에 맞서 이견을 내세울 생각은 없다. 다만 내 눈에 비친 현재의 세계 거시경제는, 칭찬할 만한 상태와는 거리가 멀다.

그럼에도 지금까지 수고한 이들의 공로는 인정받아 마땅하다. 각국 정부와 중앙은행은 어떤 방식으로든 수요와 공급의 법칙을 거스르는 듯한 조치를 쏟아냈고, 그 결과 시장은 저점에서 50%나 반등했다. 하지만 그것은 애초에 충분히 예상 가능한 일이기도 했다. 어떤 시장도 영원히 한 방향으로만 움직일 수는 없기 때문이다.

이 반등이 언제까지 이어질지는 누구도 알 수 없다. 다만 나는 "시장은 당신이 감당할 수 있는 기간보다 훨씬 더 오래 비이성적인 상태에 머물 수 있다"는 존 케인스John Keynes의 말이, 이번에도 다시 확인될 가능성을 배제하기 어렵다고 본다.

내 판단으로 이번 반등의 상당 부분은, 그동안 관망하며 현금을 쌓아두었던 펀드매니저들이 자금을 다시 시장에 투입한 데서 비롯됐다. 자신의 분석과 직관에 반하더라도 시장 흐름을 끝까지 외면할 펀드매니저는 드물다. 동료들보다 성과가 뒤처지는 일만큼은 용납하기 어렵기 때문이다.

그러나 나는 이런 낙관이 오래가지는 않을 것이라고 본다. 불안 신호가 조금이라도 뚜렷해지는 순간, 자금은 다시 다른 곳으로 빠르게 이동할 가능성이 크다.


정부의 현금 지원과 경기 부양책이 일정 부분 효과를 내기는 했지만, 실물경제가 뚜렷하게 개선되었다고 보기는 어렵다. 내가 아는 한 최근에는 대규모 인프라 투자가 본격화된 사례도 없고, 제조업 생산 능력 역시 장기 추세를 크게 밑돌고 있다. 고용 측면에서도 공공 부문을 제외하면 뚜렷한 진전이 보이지 않는다.

은행들은 가파른 수익률 곡선 덕분에 당장은 이익을 내고 있지만, 곳곳에 잠재 리스크가 남아 있다. 우선 신용카드 연체 규모가 상당하다. 다음으로 서브프라임과 직접 관련이 없는 트랜치tranche에서도 변동금리 주택담보대출의 재융자 문제가 불거질 수 있다. 여기에 더해 상업용 부동산 재융자 역시 점점 어려워질 조짐이 보이는데, 이는 주거용 부동산보다 더 큰 위험으로 번질 가능성이 있다.

미국 달러를 둘러싼 문제도 우려스럽다. 미국의 최대 채권국인 중국이 달러 자산 편중을 줄이고, 다른 통화와 실물자산으로 분산을 시작한 모습이 뚜렷하기 때문이다. 특히 중국 정부는 금에 강한 관심을 보이며, 자국민이 새로 축적한 자산의 일부를 금화나 소형 골드바 형태로 보유하도록 사실상 장려하는 전례 없는 조치까지 취했다.

종합하면 중국은 미국이 경제적으로 험난한 구간에 들어섰고, 앞으로도 넘어야 할 고개가 많다는 점을 이미 간파한 듯하다. 물론 미국이 이런 난국을 맞는 것은 처음도 마지막도 아닐 것이다. 그럼에도 미국은 창의성과 회복력이 강한 나라이고, 여전히 세계의 부러움을 사는 자산과 강점을 다수 보유하고 있다.

요컨대 경제는 앞으로도 수년간 적지 않은 도전에 직면할 수밖에 없다. 그러나 주식 시장은 늘 그랬듯, 그런 도전 속에서도 기회를 만들어낼 것이다. 그 도전에 대응하면서 기회를 찾아 포착하고 활용하는 것, 그것이 우리가 해야 할 일이다.

"지금 품고 있는 그 질문들과 함께 살아가라. 그러다 보면 먼 훗날 스스로도 알아차리지 못한 사이에 서서히 그 답을 체감하게 될 것이다."

—라이너 마리아 릴케Reiner Maria Rilke

우리는 40년이 넘는 기간 동안 투자 소식지를 발행하며 구독자들의 질문에 수백 차례 답해 왔다. 투자 워크숍이나 강연 현장에서 받은 질문까지 합치면 그보다 훨씬 많을 수도 있다. 또한 앞서 출간한 두 권의 책과 「인베스트먼트 퀄리티 트렌드」를 비롯한 여러 간행물에 실은 수많은 논평을 통해 배당 가치 투자 전략을 다양한 각도에서 다뤄 왔다.

그럼에도 이번 장의 제목이 '질문과 답변'인 만큼, 질문은 많을수록 좋다. 질문이 많아질수록 더 넓고 깊은 정보를 얻을 수 있기 때문이다. 다행히 「인베스트먼트 퀄리티 트렌드」 구독자들은 투자 문제를 참신한 시각으로 바라보는 재능이 있는 듯하다. 아래의 질문들은 모두 구독자들에게서 받은 것들이다.

# 배당금

**Q: 배당이 위험해졌다는 사실은 어떻게 알 수 있는가?**

A: 우리 할아버지께서 자주 하신 말씀처럼 "빈 우물에서 물을 길어 올릴 수는 없는 법"이다. 배당금은 이익에서 지급된다. 그런데 배당금이 이익과 같거나 이익을 초과하는 수준으로 지급되기 시작하면, 기업은 사업을 운영하고 확장할 여력을 잃게 된다. 한마디로 우물이 마르는 셈이다. 당장은 현금흐름이나 유보금으로 배당을 이어갈 수 있겠지만, 재무 문제가 해소되지 않는 한 그런 방식은 임시방편에 불과하다. 치료 없이 반창고만 붙이는 것과 다르지 않다.

그래서 우리는 기업의 배당 성향을 먼저 확인한다. 배당 성향은 주당배당금을 최근 12개월 주당순이익으로 나눈 뒤 100을 곱해 산출한다. 예를 들어 주당배당금이 1.60달러이고 최근 12개월 주당순이익이 3.43달러라면, $1.60 \div 3.43 = 0.466$이다. 여기에 100을 곱하면 배당 성향은 46.6%로 계산된다.

경험상 우리는 공업 기업은 배당 성향 50% 이하, 자본 구조가 다른 유틸리티 기업은 75% 이하를 선호한다. 배당 성향이 지나치게 높으면 미래 성장을 위한 투자 여력이 줄어들 수 있다. 물론 자기자본이익률이 높은 수준으로 유지된다면 부담이 덜할 수도 있다. 다만 조건이 같다면 우리는 순이익과 배당 지급의 균형을 유지하면서 배당금을 꾸준히 늘려 가는 기업을 더 바람직하다고 본다.

**Q: 배당금 인상 가능성이 있는지 어떻게 예측할 수 있는가?**

A: 성장 속도가 빠른 기업은 대체로 배당 성향을 낮게 유지한다. 이런 차이 때문에 성장 기업의 주주들은 보통 배당 소득보다 자본 차익을 통해 보상받는 경우가 많다. 반면 성장률은 낮더라도 성숙 단계에 접어들어 이익이 안정적으로 발생하는 기업은 배당에 더 적극적일 수 있다.

우리가 선호하는 기업은 이익을 늘리면서도 배당금을 함께 인상할 수 있는 기업이다. 「인베스트먼트 퀄리티 트렌드」는 이런 기업에 'G' 등급을 부여하는데, 지난 12년 동안 배당금 인상률이 연평균 10% 안팎인 기업이 여기에 해당한다.

경험상 G 등급 기업이 배당 성향을 30% 이하로 유지하고 있다면, 가까운 시일 내에 배당금을 인상할 가능성이 크다.

**Q: 2003년 세금 개혁법에 따라 배당금 우대 세율이 2011년에 종료될 수도 있다는데, 그럼 배당주 주가에는 어떤 영향이 있을까?**

A: 연방 소득세법을 한 번이라도 들여다본 적이 있는가? 회계사거나 불면증 환자가 아닌 한 그럴 일은 거의 없을 것이다. 그만큼 분량이 방대하고, 조항은 끊임없이 개정된다. 미국 세법은 의회가 영향력을 과시하는 대표적인 영역이기 때문에, 집권 정당이 어디든 세법은 계속 바뀐다.

역사적으로 배당금에 적용되는 연방세율은 여러 차례 인상되기도 했고 인하되기도 했다. 시장은 이런 변화에 처음엔 반사적으로 반응하지만, 시간이 지나면 결국 내재 가치라는 본질을 기준으로 균형을 찾아간다.

간단히 말해 투자자에게는 '엉클 샘', 즉 미국 정부라는 동업자가 있다. 그가 투자자의 주머니 속에 손을 얼마나 깊이 넣느냐는 시기에 따라 달라질 수 있지만, 손이 주머니 안에 있다는 사실 자체는 변하지 않는다. 내 동업자 마이클이 자주 하는 말처럼 "그것이 현실"이다.

문제는 많은 투자자가, 세금이라는 꼬리가 투자라는 몸통을 흔들도록 내버려둔다는 점이다. 끊임없이 바뀌는 세법에 맞춰 투자 전략을 그때그때 조정하려 든다면 실패하기 쉽다. 그런 방식으로는 장기적 성공을 기대하기 어렵다.

내가 이 책에서 제시한 건전한 투자 원칙을 꾸준히 지키면 된다. 블루칩 주식은 자산을 불리고, 현금 수요를 충족하고도 남을 만큼의 자본 성장을 가져다줄 것이다.

**Q: 자사주 매입이 주식의 가치를 높인다고 보는가?**

A: 기술적으로만 보면 자사주 매입은 주식의 가치를 높인다. 유통 주식 수가 줄어들면 주당순이익은 증가하고, 주가수익비율은 낮아지기 때문이다.

다만 핵심은 '언제' 하느냐다. 현명한 투자자들은 역사적으로 확인된 저평가 구간에서만 주식을 매수해야 한다는 점을 알고 있다. 그런데 많은 기업 경영진은 그 단순하지만 중요한 원칙을 제대로 적용하지 못한다.

2000년대 초반 자사주 매입이 유행처럼 번졌지만, 실제로는 주가가 이미 상승 추세에 깊이 들어선 뒤에 집행된 경우가 많았고, 심지어 고평가 구간에서 매입한 사례도 적지 않았다. 이런 매입은 결국 주주의 돈을 비싼 가격에 자사주로 바꿔치기하는 꼴이 되어, 주주 가치를 높이기보다 훼손하기 쉽다.

그래서 나는 그 자금을 자사주 매입에 쓰기보다는 주주에게 직접 환원해 각자가 소비하거나, 저평가된 기업의 주식에 투자할 수 있게 하는 편이 더 바람직했을 것이라고 본다.


## 주식


**Q: 하락 추세에 있던 주식이 상승 추세 범주로 이동하는 경우도 있는가?**

A: 있다. 다만 하락 추세에 있던 주식이 '곧바로' 상승 추세로 재진입하는 경우는 사실상 한 가지뿐이다. 주가가 최고가를 경신하는 동시에, 배당금 인상이 고평가 기준선의 가격을 끌어올려 추가 상승 여력을 만들어낼 때다.

하지만 대개 이런 일이 벌어진다고 해도 특히 새로운 사이클의 초기에 그 상승 여력이 하락 위험을 상쇄할 만큼 충분히 커지지는 않는다. 그래서 하락 추세에 있던 주식이 상승 추세 범주로 재진입하는 순간은, 오히려 매도에 가장 유리한 시점인 경우가 많다.


**Q: 상승 추세 범주에 있는 주식의 매수를 추천하는가?**

A: 추세란 그것이 유지되는 동안에만 투자자의 친구다.

개별 종목의 추세는 전체 시장의 장기 추세에 의해 크게 좌우된다. 강세장에서는 고평가 구간까지의 상승 여력이 저평가 구간으로의 하락 위험보다 크다면, 상승 추세에 있는 종목도 매력적인 매수 대상이 될 수 있다.

반대로 약세장에서는 상승 추세에 있던 종목조차 다시 저평가 범주로 밀려날 가능성이 크다. 우리는 약세장이 확인되면 투자 대상을 저평가 범주 종목으로 제한하는 편이 바람직하다고 본다.

그렇다고 상승 추세 종목을 무조건 배제하라는 뜻은 아니다. 상승 추세 종목이라도 저평가 구간으로 되밀릴 위험이 크지 않다면 보유를 유지해도 좋다. 또한 상승 추세 종목이 조정을 거쳐 저평가 범주로 내려올 때, 오히려 좋은 매수 기회를 포착할 수 있는 경우가 많다.

**Q: 빛바랜 블루칩 범주에 속한 기업이 꼭 퀄리티 측면에서 '나쁜 기업'인가?**

**A:** '좋다/나쁘다'는 표현은 주관적이다. 우리가 최우수 블루칩 선별 기준을 쓰는 이유는 감정과 주관을 배제하고, 기업을 퀄리티 지표만으로 평가하기 위해서다. 이 기준의 장점은 1만 3,000개가 넘는 상장 주식 전체를 대상으로 하면서도 약 96%를 걸러내 투자 대상을 명확히 좁혀 준다는 점이다.

여기에 배당수익률을 기준으로 삼은 가치 프로필을 결합해 각 종목의 현재 가치를 평가하고 범주로 분류하면, 투자자는 검토 단계에서 저평가 종목에 집중할 수 있다. 이런 규칙적 접근은 최우수 블루칩 중에서도 최상위 종목에만 투자하게 만들며, 원금 보호, 배당을 통한 즉각적인 현금흐름 확보및 배당 성장, 고평가 구간에서의 자본 차익 실현이라는 핵심 목표 달성에 유리하다.

따라서 어떤 종목이 '빛바랜 블루칩'으로 이동했다는 것은 그 기업이 곧바로 '나쁜 기업'이 되었다는 뜻이 아니라, 더 이상 우리의 엄격한 퀄리티 기준을 충족하지 못한다는 뜻이다. 이들 가운데 상당수는 이후에도 무난히 영업 성과를 유지한다. 하지만 최우수 블루칩 지위 상실이 문제의 전조가 되는 경우도 적지 않다. 이런 국면에서는, 수익 가능성보다 손실 위험이 더 커진다고 보는 것이 합리적이다.

**Q: 빛바랜 블루칩 범주로 강등된 종목을 매도해야 하는가?**

**A:** 일반적으로 빛바랜 블루칩으로의 강등은 '주의가 필요하다'는 경고 신호다. 다만 이 단계에서 곧바로 결론을 내리기보다, 먼저 강등의 원인이 무엇인지부터 가려내야 한다. 해당 기업이 문제를 신속히 해결해 강등이 일시적 사건에 그치는 경우도 있다. 반대로 어떤 경우에는 강등이 이후 연쇄적으로 이어질 부정적 사건을 예고하는 신호탄이 되기도 한다.

따라서 문제 소지가 있는 종목을 걸러내려면 최근 이력을 면밀히 점검하는 것이 좋다. 예컨대 강등 이전부터 해당 종목이 오랫동안 배당 위험 상태배당금이 최근 12개월 누적 이익을 초과하는 상태에 있었고, 부채 비율도 지속적으로 높게 유지됐다면 그 종목은 정리하는 편이 더 합리적일 수 있다. 그리고 한 가지는 분명히 기억해야 한다. 퀄리티를 대신할 만한 수익성 지표는 없다.

**Q: 저평가 범주를 분석할 때 표에 제시된 각 항목에는 어떤 비중을 두는가?**

A: 저평가 범주의 종목을 검토할 때, 우리는 S&P가 부여하는 이익·배당 퀄리티 랭킹에서 분석을 시작한다. 이 항목은 기업이 이익을 안정적으로 창출해 배당금을 지속적으로 지급할 수 있는지를 포괄적으로 보여주는 지표다. 물론 A+를 가장 선호하지만, A+는 매우 예외적으로 우수한 종목에만 주어지는 등급이므로 현실적으로는 A 등급 이상만 되어도 강한 후보가 된다.

지면상 S&P가 퀄리티 랭킹 산정에 반영하는 모든 요소를 여기서 다 설명할 수는 없다. 더 깊이 알고 싶은 독자라면 S&P에 퀄리티 랭킹 관련 자료백서를 요청해 확인하는 방법이 있다.

S&P 퀄리티 랭킹 다음으로 우리가 중요하게 보는 항목은 'G' 지정 여부다. G 등급은 지난 12년 동안 연평균 10% 수준의 배당성장률을 기록한 종목에 부여된다. 이런 기업은 복리 효과를 극대화하기에 유리하고, 경험상 꾸준한 주가 상승으로 이어질 가능성도 높았다.

그다음으로는 'BC 개수'를 눈여겨본다. 이는 해당 종목이 최우수 블루칩 선별 기준 6가지 중 몇 가지를 충족하는지를 나타낸다. 우리는 이 항목을 특히 엄격하게 본다. 당연히 6개를 모두 충족하는 종목이 최선이지만, 탁월한 기업이라도 특정 시점에는 6개를 모두 만족하지 못하는 경우가 적지 않다.

재무 안정성 항목에서는 배당 성향과 부채 비율을 핵심으로 본다. 배당 성향이 50% 이하유틸리티 기업은 75% 이하라면, 배당을 유지하는 수준을 넘어 배당금을 인상할 만큼 이익을 늘릴 여력이 있다는 의미로 해석할 수 있다. 부채는 적절히 활용하면 기업 성장의 유용한 수단이 될 수 있지만, 부채 비율이 장기간 비정상적으로 높게 유지된다면 리스크가 누적되고 있다는 신호일 수 있다. 그래서 우리는 대체로 부채 비율 50% 이하<sub></sub>유틸리티 기업은 75% 이하를 선호한다.

## 배당 가치 투자 전략

**Q: 인수가 발생하면 지배 기업의 저평가·고평가 배당수익률 기준선이 달라지는가?**

A: 대체로 인수 기업은 시가총액과 유통 주식 수 측면에서 피인수 기업보다 규모가 크다. 따라서 저평가·고평가 패턴에 더 큰 영향을 미치는 쪽은 인수 주체인 지배 기업이며, 배당수익률의 범위도 대체로 지배 기업의 기존 패턴을 따라 형성되는 경향이 있다.

다만 인수 절차가 완전히 마무리되어 이익과 배당의 흐름이 실제로 달라지면, 투자자들은 그 변화를 반영해 배당수익률의 상·하한 기준선 저평가·고평가 기준선을 재조정하게 된다.

**Q: 약세장이 확인된 이후에는 포트폴리오를 어떻게 조정해야 하는가?**

A: 시장이 저평가 구간에 있거나 상승 추세 초입일 때도, 주식에 배정된 자본의 90% 이내만 투자하는 편이 바람직하다. 나는 어떤 경우에도 100%를 전액 투자하지 않는다. 예기치 못한 현금 수요가 생길 수도 있고, 뜻밖의 기회가 나타날 수도 있기 때문이다.

다만 시장이 고평가 구간에 진입하면 원칙이 바뀐다. 이때의 기본 원칙은 포트폴리오에 편입된 고평가 종목을 전부 매도하는 것이다. 단, 고평가 상태에서도 강세를 유지하는 종목은 수익 극대화를 위해 추적 손절매를 활용한다. 또한 상승 추세에 있으면서 고평가 구간과의 가격 격차가 50% 미만인 종목에도 손절매를 설정한다. 핵심은, 갑작스러운 추세 반전과 하락에 대비해 방어 태세를 갖추는 것이다.

시장이 고평가 구간에 도달해 고점을 형성하려는 조짐이 보일 때 최우선 목표는 자본 보전이다. 시장이 고평가되어 있거나 주요 하락 추세에 있을 때는 자본 증식보다 원금 회수가 더 중요하다. 그래서 나는 이런 국면에서는 전체 자본의 25% 이상을 투자하고 싶지 않다. 그리고 그 25%마저도 반드시 저평가된 블루칩 종목으로만 제한한다.

구체적 운용 흐름은 다음과 같다. 보통 다우존스 지수가 고평가 구간에서 하락을 시작하면, 배당수익률 4% 수준의 가격대에서 지지선을 형성한 뒤 역추세 반등으로 전환되는 경우가 많다. 이때 추가로 25%를 저평가된 블루칩에 투입해도 좋다. 이후 역추세 반등으로 이전 하락 폭의 약 50%가 만회되면, 그 시점에 다시 손절매 주문을 설정한다.

2차 하락 국면이 본격화되면 손절매가 체결되면서 두 번째로 투입했던 자본의 상당 부분이 청산되고, 전체 자본 중 투자 비중은 다시 25% 수준으로 내려온다. 이어지는 2차 하락은 대체로 다우존스 지수 기준 배당수익률 5% 수준에서 지지를 받은 뒤 두 번째 역추세 반등으로 전환된다. 이때 나는 추가로 자본의 50%를 저평가된 블루칩에 투입해, 투자 비중을 75%까지 늘린다. 그리고 두 번째 역추세 반등이 이전 하락 폭의 약 50%를 만회하면, 손절매를 매우 촘촘하게 설정해 3차 하락을 대비한다.

3차 하락 국면은 대개 가장 가파르게 전개되므로 손절매가 체결되기 쉽다. 그 결과 투자 비중은 다시 25%로 낮아지고 현금 비중은 75%로 돌아간다. 일반적으로 3차 하락은 다우존스 지수 기준 배당수익률 6% 수준에서 지지를 받는데, 이 구간은 약세장이 끝나는 저점과 겹치는 경우가 많다. 바로 이 시점에서 나는 남아 있던 현금 75%를 25%씩 나누어 저평가된 블루칩에 단계적으로 투입해, 전체 자본 대비 투자 비중이 90~95%에 이를 때까지 분할매수한다.

자료 12-1은 시장의 배당수익률이 6%에 이르거나 그 이상으로 올라간 시점들이 약세장 저점과 맞물려 나타났다는 점을 보여준다. 이 관찰이 위의 운용 원칙을 지탱하는 핵심 근거다.

**자료 12-1 다우존스 산업평균지수 1896~2008년**

| 연도 | 연초<br>다우지수 | 연중<br>최고종가 | 날짜 | 연중<br>최저종가 | 날짜 | 연말<br>종가 | 연간<br>등락폭 | 연간<br>등락률(%) | 순자산<br>가치 | 순이익 | 주가수익<br>비율 | 배당금 | 배당<br>수익률(%) |
|---|---|---|---|---|---|---|---|---|---|---|---|---|---|
| 2008 | 13043.96 | 13058.20 | 5월 2일 | 7552.29 | 11월 20일 | 8776.39 | -4488.43 | -33.84 | N.A. | N.A. | N.A. | 316.40 | 3.61 |
| 2007 | 12474.52 | 14164.53 | 10월 9일 | 12050.41 | 3월 5일 | 13264.82 | +801.67 | +6.43 | 3115.48 | 199.87 | 66.4 | 298.99 | 2.25 |
| 2006 | 10847.41 | 12510.57 | 12월 27일 | 10667.39 | 1월 20일 | 12463.15 | +1745.65 | +16.29 | 3323.94 | 728.02 | 17.1 | 267.75 | 2.15 |
| 2005 | 10729.43 | 10940.50 | 3월 4일 | 10012.36 | 4월 20일 | 10717.50 | -65.51 | -0.61 | 3510.65 | 476.39 | 22.5 | 246.85 | 2.30 |
| 2004 | 10409.85 | 10854.54 | 12월 28일 | 9749.99 | 10월 25일 | 10783.01 | +329.09 | +3.15 | 3359.70 | 588.96 | 18.3 | 239.27 | 2.22 |
| 2003 | 8607.52 | 10453.92 | 12월 31일 | 7524.06 | 3월 11일 | 10453.92 | +2112.29 | +25.32 | 2918.09 | 519.96 | 20.1 | 209.42 | 2.00 |
| 2002 | 10073.40 | 10635.25 | 3월 19일 | 7286.27 | 10월 9일 | 8341.63 | -1679.87 | -16.76 | 2286.69 | 385.58 | 21.6 | 189.68 | 2.27 |
| 2001 | 10646.15 | 11337.92 | 5월 21일 | 8235.81 | 9월 21일 | 10021.50 | -765.35 | -7.10 | 2463.72 | 369.51 | 27.1 | 181.07 | 1.81 |
| 2000 | 11357.51 | 11722.98 | 1월 14일 | 9796.03 | 3월 7일 | 10786.85 | -710.27 | -6.18 | 1315.16 | 485.14 | 22.2 | 172.08 | 1.60 |
| 1999 | 9184.27 | 11497.12 | 12월 31일 | 9120.67 | 1월 22일 | 11497.12 | +2315.69 | +25.22 | 1638.10 | 477.22 | 24.1 | 168.52 | 1.47 |
| 1998 | 7965.04 | 9374.27 | 11월 23일 | 7539.07 | 8월 31일 | 9181.43 | +1273.18 | +16.10 | 1691.68 | 383.35 | 24.0 | 151.13 | 1.65 |
| 1997 | 6442.49 | 8259.31 | 8월 6일 | 6391.69 | 4월 11일 | 7908.25 | +1459.98 | +22.64 | 1594.14 | 391.29 | 20.2 | 136.10 | 1.72 |
| 1996 | 5177.45 | 6560.91 | 12월 27일 | 5032.94 | 1월 10일 | 6448.27 | +1331.15 | +26.01 | 1414.04 | 353.88 | 18.2 | 131.14 | 2.03 |
| 1995 | 3838.48 | 5216.47 | 12월 13일 | 3832.08 | 1월 30일 | 5117.12 | +1282.68 | +33.45 | 1337.33 | 311.02 | 16.4 | 116.56 | 2.27 |
| 1994 | 3756.60 | 3978.36 | 1월 31일 | 3593.35 | 4월 4일 | 3834.44 | +80.35 | +2.14 | 1305.32 | 256.13 | 15.0 | 105.66 | 2.75 |
| 1993 | 3309.22 | 3794.33 | 12월 29일 | 3241.95 | 1월 20일 | 3754.09 | +452.98 | +13.72 | 1117.81 | 146.84 | 25.6 | 99.66 | 2.65 |
| 1992 | 3172.41 | 3413.21 | 6월 1일 | 3136.58 | 10월 9일 | 3301.11 | +132.28 | +4.17 | 1146.03 | 108.25 | 30.5 | 100.72 | 3.05 |

| 연도 | 연초<br>다우지수 | 연중<br>최고종가 | 날짜 | 연중<br>최저종가 | 날짜 | 연말<br>종가 | 연간<br>등락폭 | 연간<br>등락률(%) | 순자산<br>가치 | 순이익 | 주가수익<br>비율 | 배당금 | 배당<br>수익률(%) |
|---|---|---|---|---|---|---|---|---|---|---|---|---|---|
| 1991 | 2610.64 | 3168.83 | 12월 31일 | 2470.30 | 1월 9일 | 3168.83 | +535.17 | +20.32 | 1301.31 | 49.27 | 64.3 | 95.18 | 3.00 |
| 1990 | 2810.15 | 2999.75 | 7월 16일 | 2365.10 | 10월 11일 | 2633.66 | -119.54 | -4.34 | 1331.52 | 172.05 | 15.3 | 103.70 | 3.94 |
| 1989 | 2144.64 | 2791.41 | 10월 9일 | 2144.64 | 1월 3일 | 2753.20 | +584.63 | +26.96 | 1276.14 | 221.48 | 12.4 | 103.00 | 3.74 |
| 1988 | 2015.25 | 2183.50 | 10월 21일 | 1879.14 | 1월 20일 | 2168.57 | +229.74 | +11.85 | 1075.47 | 215.46 | 10.1 | 79.53 | 3.67 |
| 1987 | 1927.31 | 2722.42 | 8월 25일 | 1738.74 | 10월 19일 | 1938.83 | +42.88 | +2.26 | 1008.95 | 133.05 | 14.6 | 71.20 | 3.67 |
| 1986 | 1537.73 | 1955.57 | 12월 2일 | 1502.29 | 1월 22일 | 1895.95 | +349.28 | +22.58 | 986.48 | 115.59 | 16.4 | 67.04 | 3.54 |
| 1985 | 1198.87 | 1553.10 | 12월 16일 | 1184.96 | 1월 4일 | 1546.67 | +335.10 | +27.66 | 944.97 | 96.11 | 16.1 | 62.03 | 4.01 |
| 1984 | 1252.74 | 1286.64 | 1월 6일 | 1086.57 | 7월 24일 | 1211.57 | -47.07 | -3.74 | 916.70 | 113.58 | 10.7 | 60.63 | 5.00 |
| 1983 | 1027.04 | 1287.20 | 11월 29일 | 1027.04 | 1월 3일 | 1258.64 | +212.10 | +20.27 | 888.21 | 72.45 | 17.4 | 56.33 | 4.47 |
| 1982 | 882.52 | 1070.55 | 12월 27일 | 776.92 | 8월 12일 | 1046.54 | +171.54 | +19.60 | 881.51 | 9.15 | 114.4 | 54.14 | 5.17 |
| 1981 | 972.78 | 1024.05 | 4월 27일 | 824.01 | 9월 25일 | 875.00 | -88.99 | -9.23 | 975.59 | 113.71 | 7.7 | 56.22 | 6.42 |
| 1980 | 824.57 | 1000.17 | 11월 20일 | 759.13 | 4월 21일 | 963.99 | +125.25 | +14.93 | 928.50 | 121.86 | 7.9 | 54.36 | 5.64 |
| 1979 | 811.42 | 897.61 | 10월 5일 | 796.67 | 11월 7일 | 838.74 | +33.73 | +4.19 | 859.41 | 124.46 | 6.7 | 50.98 | 6.08 |
| 1978 | 817.74 | 907.74 | 9월 8일 | 742.12 | 2월 28일 | 805.01 | -26.16 | -3.15 | 890.69 | 112.79 | 7.1 | 48.52 | 6.03 |
| 1977 | 999.75 | 999.75 | 1월 3일 | 800.85 | 11월 2일 | 831.17 | -173.48 | -17.27 | 841.76 | 89.10 | 9.3 | 45.84 | 5.51 |
| 1976 | 858.71 | 1014.79 | 9월 21일 | 858.71 | 1월 2일 | 1004.65 | +152.24 | +17.86 | 798.20 | 96.72 | 10.4 | 41.40 | 4.12 |
| 1975 | 632.04 | 881.81 | 7월 15일 | 632.04 | 1월 2일 | 852.41 | +236.17 | +38.32 | 783.61 | 75.66 | 11.3 | 37.46 | 4.39 |

| 연도 | 연초 다우지수 | 연중 최고종가 | 날짜 | 연중 최저종가 | 날짜 | 연말 종가 | 연간 등락폭 | 연간 등락률(%) | 순자산 가치 | 순이익 | 주가수익 비율 | 배당금 | 배당 수익률(%) |
|---|---|---|---|---|---|---|---|---|---|---|---|---|---|
| 1974 | 855.32 | 891.66 | 3월 13일 | 577.60 | 12월 6일 | 616.24 | -234.62 | -27.57 | 746.95 | 99.04 | 6.2 | 37.72 | 6.12 |
| 1973 | 1031.68 | 1051.70 | 1월 11일 | 788.31 | 12월 5일 | 850.86 | -169.16 | -16.58 | 690.23 | 86.17 | 9.9 | 35.33 | 4.15 |
| 1972 | 889.30 | 1036.27 | 12월 11일 | 889.15 | 1월 26일 | 1020.02 | +129.82 | +14.58 | 642.87 | 67.11 | 15.2 | 32.27 | 3.16 |
| 1971 | 830.57 | 950.82 | 4월 28일 | 797.97 | 11월 23일 | 890.20 | +51.28 | +6.11 | 607.61 | 55.09 | 16.2 | 30.86 | 3.47 |
| 1970 | 809.20 | 842.00 | 12월 29일 | 631.16 | 5월 26일 | 838.92 | +38.56 | +4.82 | 573.15 | 51.02 | 16.4 | 31.53 | 3.76 |
| 1969 | 947.73 | 968.85 | 5월 14일 | 769.93 | 12월 17일 | 800.36 | -143.39 | -15.19 | 542.25 | 57.02 | 14.0 | 33.90 | 4.24 |
| 1968 | 906.84 | 985.21 | 12월 3일 | 825.13 | 3월 21일 | 943.75 | +38.64 | +4.27 | 521.08 | 57.89 | 16.3 | 31.34 | 3.32 |
| 1967 | 786.41 | 943.08 | 9월 25일 | 786.41 | 1월 3일 | 905.11 | +119.42 | +15.20 | 476.50 | 53.87 | 16.8 | 30.19 | 3.33 |
| 1966 | 968.54 | 995.15 | 2월 9일 | 744.32 | 10월 7일 | 785.69 | -183.57 | -18.94 | 475.92 | 57.68 | 13.6 | 31.89 | 4.06 |
| 1965 | 869.78 | 969.26 | 12월 31일 | 840.59 | 6월 28일 | 969.26 | +95.13 | +10.88 | 453.27 | 53.67 | 18.1 | 28.61 | 2.95 |
| 1964 | 766.08 | 891.71 | 11월 18일 | 766.08 | 1월 2일 | 874.13 | +111.18 | +14.57 | 417.39 | 46.43 | 18.8 | 31.24 | 3.57 |
| 1963 | 646.79 | 767.21 | 12월 18일 | 646.79 | 1월 2일 | 762.95 | +110.85 | +17.00 | 425.90 | 41.21 | 18.5 | 23.41 | 3.07 |
| 1962 | 724.71 | 726.01 | 1월 3일 | 535.76 | 6월 26일 | 652.10 | -79.04 | -10.81 | 400.97 | 36.43 | 17.9 | 23.30 | 3.57 |
| 1961 | 610.25 | 734.91 | 12월 13일 | 610.25 | 1월 3일 | 731.14 | +115.25 | +18.71 | 385.82 | 31.91 | 22.9 | 22.71 | 3.11 |
| 1960 | 679.06 | 685.47 | 1월 5일 | 566.05 | 10월 25일 | 615.89 | -63.47 | -9.34 | 369.87 | 32.21 | 19.1 | 21.36 | 3.47 |
| 1959 | 587.59 | 679.36 | 12월 31일 | 574.46 | 2월 9일 | 679.36 | +95.71 | +16.40 | 339.02 | 34.31 | 19.8 | 20.74 | 3.05 |
| 1958 | 439.27 | 583.65 | 12월 31일 | 436.89 | 2월 25일 | 583.65 | +147.96 | +33.96 | 310.97 | 27.95 | 20.9 | 20.00 | 3.43 |

| 연도 | 연초 다우지수 | 연중 최고종가 | 날짜 | 연중 최저종가 | 날짜 | 연말 종가 | 연간 등락폭 | 연간 등락률(%) | 순자산 가치 | 순이익 | 주가수익 비율 | 배당금 | 배당 수익률(%) |
|---|---|---|---|---|---|---|---|---|---|---|---|---|---|
| 1957 | 496.03 | 520.77 | 7월 12 | 419.79 | 10월 22일 | 435.69 | -63.78 | -12.77 | 298.69 | 36.08 | 12.1 | 21.61 | 4.96 |
| 1956 | 485.78 | 521.05 | 4월 6일 | 462.35 | 1월 23일 | 499.47 | +11.07 | +2.27 | 284.78 | 33.34 | 15.0 | 22.99 | 4.60 |
| 1955 | 408.89 | 488.40 | 12월 30일 | 388.20 | 1월 17일 | 488.40 | +84.01 | +20.77 | 271.77 | 35.78 | 13.7 | 21.58 | 4.42 |
| 1954 | 282.89 | 404.39 | 12월 31일 | 279.87 | 1월 11일 | 404.39 | +123.49 | +43.96 | 248.96 | 28.18 | 14.4 | 17.47 | 4.32 |
| 1953 | 292.14 | 293.79 | 1월 5일 | 255.49 | 9월 14일 | 280.90 | -11.00 | -3.77 | 244.26 | 27.23 | 10.3 | 16.11 | 5.73 |
| 1952 | 269.86 | 292.00 | 12월 30일 | 256.35 | 5월 1일 | 291.90 | +22.67 | +8.42 | 213.39 | 24.78 | 11.8 | 15.43 | 5.29 |
| 1951 | 239.92 | 276.37 | 9월 13일 | 238.99 | 1월 3일 | 269.23 | +33.82 | +14.37 | 202.60 | 26.59 | 10.1 | 16.34 | 6.07 |
| 1950 | 198.89 | 235.47 | 11월 24일 | 196.81 | 1월 13일 | 235.41 | +35.28 | +17.63 | 194.19 | 30.70 | 7.7 | 16.13 | 6.85 |
| 1949 | 175.03 | 200.52 | 12월 30일 | 161.60 | 6월 13일 | 200.13 | +22.83 | +12.88 | 170.12 | 23.54 | 8.5 | 12.79 | 6.39 |
| 1948 | 181.04 | 193.16 | 6월 15일 | 165.39 | 3월 16일 | 177.30 | -3.86 | -2.13 | 159.67 | 23.07 | 7.7 | 11.50 | 6.49 |
| 1947 | 176.39 | 186.85 | 7월 24일 | 163.21 | 5월 17일 | 181.16 | +3.96 | +2.23 | 149.08 | 18.80 | 9.6 | 9.21 | 5.08 |
| 1946 | 191.66 | 212.50 | 5월 29일 | 163.12 | 10월 9일 | 177.20 | -15.71 | -8.14 | 131.40 | 13.63 | 13.0 | 7.50 | 4.23 |
| 1945 | 152.58 | 195.82 | 12월 11일 | 151.35 | 1월 24일 | 192.91 | +40.59 | +26.65 | 122.74 | 10.56 | 18.3 | 6.69 | 3.47 |
| 1944 | 135.92 | 152.53 | 12월 16일 | 134.22 | 2월 7일 | 152.32 | +16.43 | +12.09 | 118.33 | 10.07 | 15.1 | 6.57 | 4.31 |
| 1943 | 119.93 | 145.82 | 7월 14일 | 119.26 | 1월 8일 | 135.89 | +16.49 | +13.81 | 113.03 | 9.74 | 14.0 | 6.30 | 4.64 |
| 1942 | 112.77 | 119.71 | 12월 26일 | 92.92 | 4월 28일 | 119.40 | +8.44 | +7.61 | 107.50 | 9.22 | 13.0 | 6.40 | 5.36 |
| 1941 | 130.57 | 133.59 | 1월 10일 | 106.34 | 12월 23일 | 110.96 | -20.17 | -15.38 | 102.33 | 11.64 | 9.5 | 7.59 | 6.84 |

| 배당수익률(%) | 배당금 | 주가수익비율 | 순이익 | 순자산가치 | 연간등락률(%) | 연간등락폭 | 연말종가 | 날짜 | 연중최저종가 | 날짜 | 연중최고종가 | 연초다우지수 | 연도 |
|---|---|---|---|---|---|---|---|---|---|---|---|---|---|
| 5.38 | 7.06 | 12.0 | 10.92 | 98.75 | -12.72 | -19.11 | 131.13 | 6월 10일 | 111.84 | 1월 3일 | 152.80 | 151.43 | 1940 |
| 4.07 | 6.11 | 16.5 | 9.11 | 95.58 | -2.92 | -4.52 | 150.24 | 4월 8일 | 121.44 | 9월 12일 | 155.92 | 153.64 | 1939 |
| 3.22 | 4.98 | 25.8 | 6.01 | 87.13 | +28.06 | +33.91 | 154.76 | 3월 31일 | 98.95 | 11월 12일 | 158.41 | 120.57 | 1938 |
| 7.26 | 8.78 | 10.5 | 11.49 | 88.30 | -32.82 | -59.05 | 120.85 | 11월 24일 | 113.64 | 3월 10일 | 194.40 | 178.52 | 1937 |
| 3.92 | 7.05 | 17.9 | 10.07 | 85.55 | +24.82 | +35.77 | 179.90 | 1월 6일 | 143.11 | 11월 17일 | 184.90 | 144.13 | 1936 |
| 3.16 | 4.55 | 22.7 | 6.34 | N.A. | +38.53 | +40.09 | 144.13 | 3월 14일 | 96.71 | 11월 19일 | 148.44 | 104.51 | 1935 |
| 3.52 | 3.66 | 26.6 | 3.91 | N.A. | +4.14 | +4.14 | 104.04 | 7월 26일 | 85.51 | 2월 5일 | 110.74 | 100.36 | 1934 |
| 3.40 | 3.40 | 47.3 | 2.11 | N.A. | +66.69 | +39.97 | 99.90 | 2월 27일 | 50.16 | 7월 18일 | 108.67 | 59.29 | 1933 |
| 7.71 | 4.62 | N.A. | -0.51 | N.A. | -23.07 | -17.97 | 59.93 | 7월 8일 | 41.22 | 3월 8일 | 88.78 | 74.62 | 1932 |
| 10.78 | 8.40 | 19.0 | 4.09 | N.A. | -52.67 | -86.68 | 77.90 | 12월 17일 | 73.79 | 2월 24일 | 194.36 | 169.84 | 1931 |
| 6.76 | 11.13 | 14.9 | 11.02 | N.A. | -33.76 | -83.90 | 164.58 | 12월 16일 | 157.51 | 4월 17일 | 294.07 | 244.20 | 1930 |
| 5.13 | 12.75 | 12.5 | 19.94 | N.A. | -17.17 | -51.52 | 248.48 | 11월 13일 | 198.69 | 9월 3일 | 381.17 | 307.01 | 1929 |
| N.A. | N.A. | N.A. | N.A. | N.A. | +48.22 | +97.60 | 300.00 | 2월 20일 | 191.33 | 12월 31일 | 300.00 | 203.35 | 1928 |
| N.A. | N.A. | N.A. | N.A. | N.A. | +28.75 | +45.20 | 202.40 | 1월 25일 | 152.73 | 12월 31일 | 202.40 | 155.16 | 1927 |
| N.A. | N.A. | N.A. | N.A. | N.A. | +0.34 | +0.54 | 157.20 | 3월 30일 | 135.20 | 8월 14일 | 166.64 | 158.54 | 1926 |
| N.A. | N.A. | N.A. | N.A. | N.A. | +30.00 | +36.15 | 156.66 | 3월 30일 | 115.00 | 11월 6일 | 159.39 | 121.25 | 1925 |
| N.A. | N.A. | N.A. | N.A. | N.A. | +26.16 | +24.99 | 120.51 | 5월 20일 | 88.33 | 12월 31일 | 120.51 | 95.65 | 1924 |

| 연도 | 연초 다우지수 | 연중 최고종가 | 날짜 | 연중 최저종가 | 날짜 | 연말 종가 | 연간 등락폭 | 연간 등락률(%) | 순자산 가치 | 순이익 | 주가수익 비율 | 배당금 | 배당 수익률(%) |
|---|---|---|---|---|---|---|---|---|---|---|---|---|---|
| 1923 | 98.77 | 105.38 | 3월 20일 | 85.76 | 10월 27일 | 95.52 | -3.21 | -3.25 | N.A. | N.A. | N.A. | N.A. | N.A. |
| 1922 | 78.91 | 103.43 | 10월 14일 | 78.59 | 1월 10일 | 98.73 | +17.63 | +21.74 | N.A. | N.A. | N.A. | N.A. | N.A. |
| 1921 | 72.67 | 81.50 | 12월 15일 | 63.90 | 8월 24일 | 81.10 | +9.15 | +12.72 | N.A. | N.A. | N.A. | N.A. | N.A. |
| 1920 | 108.76 | 109.88 | 1월 3일 | 66.75 | 12월 21일 | 71.95 | -35.28 | -32.90 | N.A. | N.A. | N.A. | N.A. | N.A. |
| 1919 | 82.60 | 119.62 | 11월 3일 | 79.15 | 2월 8일 | 107.23 | +25.03 | +30.45 | N.A. | N.A. | N.A. | N.A. | N.A. |
| 1918 | 76.68 | 89.07 | 10월 18일 | 73.38 | 1월 15일 | 82.20 | +7.82 | +10.51 | N.A. | N.A. | N.A. | N.A. | N.A. |
| 1917 | 96.15 | 99.18 | 1월 3일 | 65.95 | 12월 19일 | 74.38 | -20.62 | -21.70 | N.A. | N.A. | N.A. | N.A. | N.A. |
| 1916 | 98.81 | 110.15 | 11월 21일 | 84.96 | 4월 22일 | 95.00 | -4.15 | -4.19 | N.A. | N.A. | N.A. | N.A. | N.A. |
| 1915 | 54.63 | 99.21 | 12월 27일 | 54.22 | 2월 24일 | 99.15 | +24.42 | +32.68 | N.A. | N.A. | N.A. | N.A. | N.A. |
| 1914 | 78.59 | 83.43 | 3월 20일 | 71.42 | 7월 30일 | 74.73 | -4.05 | -5.14 | N.A. | N.A. | N.A. | N.A. | N.A. |
| 1913 | 88.42 | 88.57 | 1월 9일 | 72.11 | 6월 11일 | 78.78 | -9.09 | -10.34 | N.A. | N.A. | N.A. | N.A. | N.A. |
| 1912 | 82.36 | 94.15 | 9월 30일 | 80.15 | 2월 10일 | 87.87 | +6.19 | +7.58 | N.A. | N.A. | N.A. | N.A. | N.A. |
| 1911 | 82.11 | 87.06 | 6월 19일 | 72.94 | 9월 25일 | 81.68 | +0.32 | +0.39 | N.A. | N.A. | N.A. | N.A. | N.A. |
| 1910 | 98.34 | 98.34 | 1월 3일 | 73.62 | 7월 26일 | 81.36 | -17.69 | -17.86 | N.A. | N.A. | N.A. | N.A. | N.A. |
| 1909 | 86.27 | 100.53 | 11월 19일 | 79.91 | 2월 23일 | 99.05 | +12.90 | +14.97 | N.A. | N.A. | N.A. | N.A. | N.A. |
| 1908 | 59.61 | 99.38 | 11월 13일 | 58.62 | 2월 13일 | 86.15 | +27.40 | +46.64 | N.A. | N.A. | N.A. | N.A. | N.A. |
| 1907 | 94.25 | 96.37 | 1월 7일 | 53.00 | 11월 15일 | 58.75 | -35.60 | -37.73 | N.A. | N.A. | N.A. | N.A. | N.A. |

| 연도 | 연초 다우지수 | 연중 최고종가 | 날짜 | 연중 최저종가 | 날짜 | 연말 종가 | 연간 등락폭 | 연간 등락률(%) | 순자산 가치 | 순이익 | 주가수익 비율 | 배당금 | 배당 수익률(%) |
|---|---|---|---|---|---|---|---|---|---|---|---|---|---|
| 1906 | 95.00 | 103.00 | 103.00 | 85.18 | 7월 13일 | 94.35 | -1.85 | -1.92 | N.A. | N.A. | N.A. | N.A. | N.A. |
| 1905 | 70.39 | 96.56 | 96.56 | 68.76 | 1월 25일 | 96.20 | +26.59 | +38.20 | N.A. | N.A. | N.A. | N.A. | N.A. |
| 1904 | 47.38 | 73.22 | 73.22 | 46.41 | 3월 12일 | 69.61 | +20.50 | +41.74 | N.A. | N.A. | N.A. | N.A. | N.A. |
| 1903 | 64.60 | 67.70 | 67.70 | 42.15 | 11월 9일 | 49.11 | -15.18 | -23.61 | N.A. | N.A. | N.A. | N.A. | N.A. |
| 1902 | 64.95 | 68.44 | 68.44 | 59.57 | 12월 15일 | 64.29 | -0.27 | -0.42 | N.A. | N.A. | N.A. | N.A. | N.A. |
| 1901 | 70.44 | 78.26 | 78.26 | 61.52 | 12월 24일 | 64.56 | -6.15 | -8.70 | N.A. | N.A. | N.A. | N.A. | N.A. |
| 1900 | 68.13 | 71.04 | 71.04 | 52.96 | 9월 24일 | 70.71 | +4.63 | +7.01 | N.A. | N.A. | N.A. | N.A. | N.A. |
| 1899 | 60.41 | 77.61 | 77.61 | 58.27 | 12월 18일 | 66.08 | +5.56 | +9.19 | N.A. | N.A. | N.A. | N.A. | N.A. |
| 1898 | 49.31 | 60.97 | 60.97 | 42.00 | 3월 25일 | 60.52 | +11.11 | +22.48 | N.A. | N.A. | N.A. | N.A. | N.A. |
| 1897 | 40.74 | 55.82 | 55.82 | 38.49 | 4월 23일 | 49.41 | +8.96 | +22.15 | N.A. | N.A. | N.A. | N.A. | N.A. |
| 1896 | 40.94 | 44.90 | 44.90 | 28.48 | 8월 8일 | 40.45 | N.A. | N.A. | N.A. | N.A. | N.A. | N.A. | N.A. |

**Q:** 나는 「인베스트먼트 퀄리티 트렌드」 지난 호의 '시의적절 배당주 10선Timely-Ten'에 포함된 종목 중 하나를 매수했는데, 그 종목이 이번 호에서는 제외되었다면 이를 매도하고 이번 호에 새로 선정된 종목으로 갈아타야 하는가?

**A:** 반드시 짚고 넘어가야 할 사안이다. 결론부터 말하면, 갈아탈 필요는 없다. 우리가 오랫동안 유지해온 원칙은 저평가 구간에 있는 종목을 매수 대상으로 삼는 것이다. 물론 매우 드물게 이 원칙에서 벗어나 저평가가 아닌 종목을 추천한 적도 있지만, 그런 경우는 예외적이며 전적으로 필자의 재량과 직관에 따른 판단이다. 또한 그 예외에는 대개 경고의 문구와 충분한 설명을 함께 덧붙인다.

또 하나의 원칙은 '저평가된 우량주는 언제 매수해도 된다'는 것이다. 그래서 우리는 독자가 이번 호에서 처음으로 「인베스트먼트 퀄리티 트렌드」를 접한다고 가정하고 '시의적절 배당주 10선'을 선정한다. 즉 최신 호의 10선은 ① 지금 시점에서 새 포트폴리오를 구성한다면 우선 담을 종목, ② 아직 완성되지 않은 포트폴리오에 추가로 편입할 종목, ③ 이미 운용 중인 포트폴리오에서 마음에 들지 않는 종목을 일부 교체할 때 비교 기준으로 삼을 종목을 의미한다.

어떤 종목이 10선에 포함됐다가 제외되는 가장 흔한 이유는, 우리가 그 종목이 상승 추세에 진입해 더 이상 '지금 사기엔' 적절하지 않다고 판단했기 때문이다. 다만 그 종목이 여전히 저평가 상태인데도 이번 호에서 빠졌다면, 이는 '매도 신호'라기보다 '같은 시점에서 더 매력적인 대안이 생겼다'는 뜻에 가깝다. 즉 제외는 '비중

확대추가 매수 우선순위'의 변화일 뿐, '보유분 매도'의 필요성을 의미하지 않는다.

따라서 저평가 구간에서 매수한 종목이라면, 원칙적으로는 상승 추세를 거쳐 고평가 구간에 도달할 때까지 보유하는 편이 바람직하다.

## 책

- 『배당은 거짓말하지 않는다 - 블루칩 주식의 가치를 찾아라(Dividends Don't Lie: Finding Value in Blue-Chip Stocks)』(1988, Dearborn Financial Publishing) 제럴딘 와이스(Geraldine Weiss) 및 자넷 로(Janet Lowe) 지음
- 『다우 이론 자세히 알아보기 - 찰스 다우의 사설이 오늘날 주는 교훈 (Dow Theory Unplugged: Charles Dow's Original Editorials and Their Relevance Today)』(2009, W&A Publishing) 로라 세더(Laura Sether) 지음
- 『엘리엇 파동 이론 - 시장 행동의 열쇠(Elliott Wave Principle: Key to Market Behavior)』(2001, John Wiley & Sons) A.J. 프로스트(A.J. Frost) 및 로버트 프렉터(Robert Prechter) 지음
- 『시장의 마법사들(Market Wizards: Interviews With Top Traders)』(1989, the New York Institute of Finance) 잭 슈웨거(Jack D. Schwager) 지음
- 『어느 주식 투자자의 회상(Reminiscences of a Stock Operator)』(2009, John Wiley & Sons) 에드워드 르페브르(Edward Lefevre) 지음
- 『벤저민 그레이엄의 증권분석(Security Analysis)』(2005, McGraw-Hill Trade) 벤저민 그레이엄 및 데이비드 도드(David L. Dodd) 지음
- 『손자병법(The Art of War)』 손자 지음
- 『배당 커넥션 - 배당으로 주식 시장에서 가치를 창출하는 법(The Dividend Connection: How Dividends Create Value in the Stock Market)』(1995, Dearborn Financial Publishing) 제럴딘 와이스(Geraldine Weiss) 및 그레고리 와이스(Gregory Weiss) 지음
- 『다우 이론(The Dow Theory)』(1994, Fraser Publishing) 로버트 리어(Robert Rhea) 지음

- 『현명한 투자자(Intelligent Investor: The Definitive Book on Value Investing)』(1949, Harper & Brothers) 벤저민 그레이엄(Benjamin Graham) 지음
- 『월가에서 승리하기(Winning on Wall Street)』(1986, Warner Books) 마틴 츠바이크(Martin E. Zweig) 지음

## 잡지, 뉴스레터, 신문

- 배런스(Barron's)
- 다우 이론 레터스(Dow Theory Letters)[폐간]
- 포브스(Forbes)
- 헐버트 파이낸셜 다이제스트(Hulbert Financial Digest)
- 인베스트먼트 퀄리티 트렌드(Investment Quality Trends)
- 스톡스 퓨처스 옵션스 매거진(Stocks, Futures and Options Magazine)[폐간]
- 이코노미스트(The Economist)
- 파이낸셜 타임스(The Financial Times)
- 월스트리트 저널(The Wall Street Journal)
- USA 투데이(USA Today)

## 웹사이트

- 허스먼 펀드: 주간 시장 논평(Hussman Funds: Weekly Market Comment), http://hussmanfunds.com/WeeklyMarketComment.html
- 인베스트먼트 퀄리티 트렌드(Investment Quality Trends), www.iqtrends.com
- MSN 머니(MSN Money), www.moneycentral.msn.com[폐간]

"인격에서든 태도에서든 스타일에서든 모든 것에 있어 최고의 탁월함은 단순함이다."

—헨리 워즈워스 롱펠로 Henry Wadsworth Longfellow

내가 가장 자주 받는 질문은 '배당 가치 투자 전략이 정말로 효과적인가?'이다. 질문자가 의식했든 아니든 이 질문은 본질적으로 '나도 배당 가치 투자 전략으로 효과를 볼 수 있을까?'라는 의문을 담고 있다.

간단하게 답하자면 반드시 그렇다. 자세하게 답하자면 부연 설명이 필요하겠지만.

이 책에서 내가 우리 할아버지를 자주 언급한 이유는, 그분이 내 성장 과정에 지대한 영향을 미쳤기 때문이다. 할아버지의 가르침은 삶의 경험에서 우러나온 것이었고, 나는 내 경험이 쌓인 뒤에야 그 지혜의 가치를 온전히 이해할 수 있었다.

할아버지는 초등학교를 마치지 못해 정규 교육을 충분히 받지 못했다. 1900년대 초 켄터키 동부의 농업 중심 사회에서는 소년들이 가족의 농사일과 생업을 돕는 일손으로 필요했기 때문이다. 할아버지는 "나는 험난한 인생을 겪으며 세상을 배웠다"고 말하곤 했다.

더 나은 삶을 살기 위해 할아버지는 아주 어린 나이에 집을 떠났다. 일자리를 구하기는 쉽지 않았지만 재주가 뛰어나 근근이 생계를 이어 갔다. 그러다 대공황이 닥치자 증조부모를 돕기 위해 다시 고향으로 돌아왔다.

할아버지는 다재다능했고, 특히 많은 사람 앞에서 말하는 데 재능이 있었다. 증조부모가 독실한 신앙인이어서 할아버지도 성경 내용에 밝았다. 그는 성경 지식과 말솜씨를 바탕으로 길모퉁이에서 설교를 하고, 모자를 돌려 푼돈을 모으곤 했다.

그렇게 모은 돈은 또 다른 재능이었던 내기 당구에 쓰였다. 할아버지는 여러 당구장을 돌며 실력을 겨뤄 수입을 얻었고, 돈이 충분히 모이면 경마장으로 향했다. 경주마를 고르는 안목이 뛰어나 상당한 돈을 따기도 했다. 그는 이런 방식으로 대공황기 내내 가족을 부양했다.

고향으로 돌아오기 전 떠돌이 시절에 했던 허드렛일 중에는 건물 도색도 있었다. 경기가 회복되기 시작하자 할아버지는 형제들과 함께 도색 전문 회사를 세웠고, 이후에는 페인트 상점과 철물점까지 운영했다. 남들이 꺼리는 일감까지 마다하지 않고 맡았고, 경쟁자가 거의 없었던 덕분에 사업은 켄터키 동부에서 손꼽히는 규모로 성장했다.

할아버지는 주식 시장의 원리에 정통한 사람은 아니었다. 다만 은행에 돈을 넣어두는 것만으로는 자산이 충분히 불어나지 않는다는 사실을 깨닫고 주식 투자를 시작했다. 도박을 두려워하는 성향은 아니었지만, 시행착오를 겪으며 주식 투자가 본인 말대로 "만만치 않은 일"이라는 점을 배웠다. 그 과정에서 그는 가치 식별의 필요성과 배당의 중요성을 점차 체득했다. 어린 시절, 할아버지가 투자 경험에서 얻은 교훈을 들려주던 시간은 내 경제 교육의 큰 부분을 차지했다.

대학에서 통계학을 수강하던 때, 연습문제를 풀기 위해 주식 시장 데이터를 활용한 적이 있다. 바로 그 무렵 벤저민 그레이엄을 알게 되었고, 그의 저서 『현명한 투자자』를 읽었다. 책을 읽다 몇몇 대목에서는 나도 모르게 소리 내어 웃었다. 그레이엄의 주장 가운데 이미 할아버지가 가르쳐준 내용과 정확히 겹치는 부분이 있었기 때문이다.

이 이야기를 같은 스터디 그룹 친구에게 했더니 그는 "그레이엄이 마음에 들면 찰스 다우의 글도 읽어봐"라고 권했다. 권유대로 다우의 글을 읽고 또 한 번 놀랐다. 다우가 가치에 대해 쓴 내용 대부분이, 할아버지가 경험으로 깨닫고 내게 전해 준 교훈과 정확히 일치했기 때문이다.

나는 1984년에 투자 업계에 들어왔다. 주식과 주식 시장에 대한 열정을 할아버지가 내 안에 심어 주고 키워 주었기 때문이다. 지적 호기심이 있는 사람이라면 누구나 그렇듯, 나 역시 배당 가치 투자 전략에서 몇 차례 벗어나 보기도 했고, 금융학이 내놓은 각종 최첨단 경제·금융 이론에 잠시 눈길을 준 적도 있다. 다행히 그런 일탈은 오래가지 않았지만, 그때 얻은 교훈은 오랫동안 내게 남았다.

나는 1984년에 처음으로 「인베스트먼트 퀄리티 트렌드」를 읽었다. 캘리포니아 라호이아의 한 증권사에서 근무하던 시절, 그곳 대표가 잡지 한 부를 건네며 읽어 보라고 권했기 때문이다. 그는 내가 최소한의 상식만 갖춘 사람이라면 제럴딘 와이스의 조언을 따르게 될 것이고, 그래야 고객들에게도 실질적인 도움을 줄 수 있다고 말했다.

1989년 『배당은 거짓말하지 않는다』 원저가 출간되었을 때 나는 책의 대부분을 외우다시피 했다. 그리고 2002년, 제럴딘을 처음 만났을 때의 감격은 지금도 생생하다. 배당 투자 분야에서 상징적인 인물인 제럴딘을 직접 만났으니 감격하지 않을 수 없었다. 결국 오늘날 나는 「인베스트먼트 퀄리티 트렌드」의 편집장이자, 그 계열사인 IQ 트렌드 개인 자산 운용에서 최고투자책임자CIO 겸 포트폴리오 매니저로 일하는 영광을 누리고 있다.

이제 '우리의 배당 가치 투자 전략이 실제로도 효과가 있느냐'는 질문으로 돌아가 보자. 결론은 간단하다. 효과가 있다. 주식 투자에서 성공을 거두는 일은 생각보다 어렵지 않다. 다만 규칙, 인내, 그리고 퀄리티와 가치에 대한 안목이 필요하다.

투자자의 목표와 목적이 무엇이든, 그에 부합하는 고품질 블루칩 배당주는 언제나 존재한다. 그런 종목을 저평가 구간에서 매수하고 고평가 구간에서 매도하면, 자본과 소득이 함께 성장하는 흐름을 만들 수밖에 없다. 그리고 자본과 소득의 성장이야말로 투자를 하는 유일한 이유다.

마지막으로, 제럴딘이 늘 하던 방식대로 이 글을 마치고자 한다. 여러분의 투자 여정이 평생에 걸친 성공으로 이어지기를, 그리고 그 과정에서 기쁘고 풍성한 '배당의 순간들'을 맞이하기를 바란다. 또한 여러분과 여러분의 가정에 전능하신 분의 축복이 함께하기를 기원한다.

영광이 성부와 성자와 성신께, 처음과 같이 이제와 항상 영원히 아멘Gloria Patri, et Filio, et Spiritui Sancto. Sicut erat in principio, et nunc, et semper, et in sæcula sæculorum, Amen.

믿음이라는 은총을 내려주신 성삼위께 모든 감사를 돌린다. 또한 사랑과 지지를 아끼지 않은 내 아름다운 아내 캐시와 우리의 멋진 다섯 남매 트리니티 페이스, 키건 패트릭, 질리언 그레이스, 에번 마이클, 크리스천 블레이즈에게도 깊은 감사를 전한다.

어떤 삶이든 믿음과 가족만으로 충분히 충만해질 수 있지만, 나는 직업적으로도 매우 풍요로운 삶을 누려 왔다. 금전적 보상 또한 무시할 수 없지만, 딜레마에 처한 고객들에게 적절한 해법을 제시해 인정받았던 경험과 그 과정에서 쌓인 삶의 지혜는 값으로 환산하기 어려울 만큼 소중하다. 이 모든 것을 종합하면, 나는 분에 넘칠 정도로 큰 보물을 얻은 사람이라고 말할 수 있다.

많은 이들에게 직업은 삶을 유지하기 위한 필수 조건이다. 그러나 나는, 그 사실을 어떤 태도로 받아들이느냐에 따라 직업이 단순한 생계 수단을 넘어 소명이나 천직으로 바뀔 수 있다는 점을 깨닫게 되었다.

성경에는 사람이 "얼굴에 땀을 흘려야 양식을 먹을 수 있으리라"
는 말씀이 있다. 그렇다고 해서 그 땀이 반드시 평범하고 따분하며
기쁨 없는 노동만을 의미하는 것일까? 다행히 그런 정의는 성경 어
디에도 기록되어 있지 않다. 설령 그런 해석이 가능하다 하더라도,
그것은 결국 스스로의 선택에 달려 있을 것이다.

나의 경우, 인생의 여정이 축복으로 채워져 왔음을 감사한 마음
으로 인정하지 않을 수 없다. 나는 사려 깊은 멘토들에게서 현명한
조언을 들을 수 있었고, 일하는 과정에서 자신의 희망과 고민과 꿈
을 기꺼이 나누어 준 훌륭한 사람들과 교류할 수 있었다. 무엇보다
도 나는 삶을 통해 겸손을 배웠다. 그 선한 사람들이 자신의 희망
과 꿈을 이루는 일을 내게 믿고 맡겨 주었기 때문이다.

나는 돌아가신 할아버지 엘버트 넬슨 더밋께 큰 빚을 졌다. 할아
버지는 비유하자면, 토양을 일구고 씨앗을 심어 정원을 가꾸었으며
그 정원이 풍요롭게 유지되도록 돌보아 주신 분이다. 가치에 대한
할아버지의 타고난 감각과 상식은 값으로 매길 수 없는 교훈이 되
었고, 그분의 사랑과 인내는 끝이 없었다. 나는 지금도 할아버지가
몹시 그립다.

마이클 미니 같은 좋은 동업자이자 친구를 만난 것 또한 큰 축
복이다. 마이클은 단순한 조력자에 그치지 않는다. 내가 어디에 착
지할지도 모른 채 절벽을 향해 달려갈 때마다, 사소한 세부 사항까
지 빠짐없이 점검하고 안전망이 제대로 설치되어 있는지 확인해 준
다. 마이클, 당신은 내게 친형제나 다름없다.

마지막으로, 그 누구 못지않게 소중한 존재이자 배당 투자 분야에서 비할 데 없이 뛰어난 인물인 제럴딘 와이스에게도 감사의 마음을 전한다. 제럴딘은 기존의 틀을 깨고 유리천장을 허물었으며, '월가의 금융인들조차 어머니의 상식과 경험을 이기기 어렵다'는 사실을 몸소 증명했다. 자신의 작업을 활용할 수 있도록 나를 믿고 맡겨준 데 감사한다. 무엇보다도 우정과 지혜에 깊이 감사한다. 하느님의 더 큰 영광을 위하여 Ad Majorem Dei Gloriam.

역자 | **서정아**

이화여대 영어영문학과를 졸업한 후 외국계 금융기관에서 근무했으며, 이화여대통역번역대학원에서 석사학위를 받았다. 번역 에이전시 엔터스코리아에서 활동 중이다. 주요 역서로는 『인플레이션의 습격』, 『하루 30분 미국주식 대박나기』, 『정면돌파: 금융위기 극복을 위해 월가와 맞서 싸우다』, 『엔드게임: 전 세계를 집어삼킨 금융위기 그리고』, 『대중국 투자 지침서』, 『존 보글 가치투자의 원칙: 왜 인덱스펀드인가』 등이 있다.

## 배당은 거짓말하지 않는다

초판 1쇄 인쇄 2026년 2월 25일
초판 1쇄 발행 2026년 3월 25일

**지은이**  켈리 라이트
**옮긴이**  서정아
**펴낸이**  이종문(李從問)
**펴낸곳**  국일증권경제연구소

**등 록**  제406-2005-000029호
**주 소**  경기도 파주시 광인사길 121 파주출판문화정보산업단지(문발동)
**사무소**  서울시 중구 장충단로8가길 2(장충동1가, 2층)

**영업부**  Tel 02)2237-4523 | Fax 02)2237-4524
**편집부**  Tel 02)2253-5291 | Fax 02)2253-5297
**평생전화번호**  0502-237-9101~3

**홈페이지**  www.ekugil.com
**블 로 그**  blog.naver.com/kugilmedia
**페이스북**  www.facebook.com/kugilmedia
**E-mail**  kugil@ekugil.com

ISBN 978-89-5782-258-6(03320)

- 값은 표지 뒷면에 표기되어 있습니다.
- 잘못된 책은 구입하신 서점에서 바꿔드립니다.